阅读即行动

YOU MUST
CHANGE YOUR LIFE

活着，
或者
创造

里尔克、罗丹
与二十世纪初的巴黎

THE STORY OF
RAINER MARIA RILKE
AND AUGUSTE RODIN

[美] 蕾切尔·科贝特 Rachel Corbett 著　　晰鸣 译

北京联合出版公司
Beijing United Publishing Co.,Ltd.

图书在版编目(CIP)数据

活着,或者创造:里尔克、罗丹与二十世纪初的巴黎 / (美)蕾切尔·科贝特著;晰鸣译. -- 北京:北京联合出版公司,2024.9. -- ISBN 978-7-5596-7730-3

Ⅰ. K835.215.6;K835.655.72

中国国家版本馆 CIP 数据核字第 2024QP4603 号

Rachel Corbett
YOU MUST CHANGE YOUR LIFE: The Story of Rainer Maria Rilke and Auguste Rodin
Copyright © 2016 by Rachel Corbett
Simplified Chinese edition published
by arrangement with Larry Weissman Literary,
through The Grayhawk Agency Ltd.

北京市版权局著作权合同登记　图字:01-2024-3306

活着,或者创造:里尔克、罗丹与二十世纪初的巴黎

作　　者:[美]蕾切尔·科贝特
译　　者:晰　鸣
出 品 人:赵红仕
出版统筹:杨全强　杨芳州
责任编辑:孙志文
特约编辑:万　川
封面设计:SOBERswing

北京联合出版公司出版
(北京市西城区德外大街83号楼9层　100088)
北京联合天畅文化传播公司发行
北京启航东方印刷有限公司印刷　新华书店经销
字数 225 千字　889 毫米×1194 毫米　1/32　12.375 印张
2024 年 9 月第 1 版　2024 年 9 月第 1 次印刷
ISBN 978-7-5596-7730-3
定价:68.00 元

版权所有,侵权必究
未经书面许可,不得以任何方式转载、复制、翻印本书部分或全部内容。
本书若有质量问题,请与本公司图书销售中心联系调换。
电话:010-64258472-800

目录

导言　001

第一部分
诗人与雕塑家

005

第二部分
大师与门徒

097

第三部分
艺术与共情

279

致谢　319

注释　321

索引　360

导言

二十岁那年，我第一次读了《给青年诗人的信》（Letters to a Young Poet）。是妈妈给了我这本方形的薄册子，封面上"青年诗人"的字样做了烫金，夸张地伸展开来。作者的名字，莱纳·马利亚·里尔克（Rainer Maria Rilke），对我来说陌生又美好。

那时，我住在一座中西部的大学城，离家只有几英里远，平庸的孩子们的平淡的奋斗，构成了一幅单调的风景。像身边所有人一样，我也没有想过要当作家。临近毕业，我唯一明白无误地感到的冲动，就是离开此地。然而我既没钱，也没有明确的目的地。妈妈告诉我，她年轻时曾从这本书中得到慰藉，或许我也会喜欢。

那天晚上阅读这本书时，就像有人向我耳语悠长的日耳曼语长句，而那些正是年轻的我一直以来渴望听到的印证。"寂寞只不过是在你周围扩张的空间。""相信不确定性。""伤感，意味着生活正把你捧在手中，改变你。""把孤独认作你的家园。"我看到自己头脑中每一种消极的东西都可以被扭转过来。没有明确的前景，也就无须满足某种期待；没有钱，也就没有负担。

回想之下，我看得出里尔克的建议多么容易误导人不负责任。但是我们很难为此责备他。他写这十封信的时候，自己也才二十七岁；对方则是一腔热血、年方十九的诗人弗朗茨·克萨韦尔·卡普斯（Franz Xaver Kappus）。他不会知道这些信会被收录成集、奉为经典，成为人们在婚礼、毕业典礼、葬礼中最爱引用的文本之一——在今天可能还被认为是史上最文艺的自我养成读本。

羽翼渐丰的诗人遣词造句之际，这些词句也塑造了他，让我们得以见证一位艺术家的成长之路。这本书的魅力之所以持久，是因为它将诗人在写作过程中历经的狂乱蜕变凝结了下来。在人生的任何时期，你都可以在经历波折时将它捧起，随意翻开一页，获得安慰。那些语言像是适用于所有人，又仿佛是在对你私语。

尽管这些信的成因已经广为人知，但很少有读者清楚，里尔克向卡普斯传达的洞见并非全部是自己的领悟。一九〇二年，诗人为了写一本关于他的偶像奥古斯特·罗丹（Auguste Rodin）的书搬到了巴黎；在这之后不久，他开始寄出这些信件。在里尔克看来，罗丹的艺术中原始、粗犷的情感——《吻》的饥渴、《思想者》的疏离、《加莱义民》的苦痛——对世界各地的年轻艺术家们来说都有灵魂塑造的力量。

罗丹允许这位不知名的作家进入自己的世界时，正处于自己能力的巅峰。起初，里尔克只是常伴罗丹左右的崇拜者，三年之后，则成了他极度信任的助理。他持续地记录着大师的每一句格言妙语，并常常在信中向卡普斯转述。于是，罗丹的声音透过信纸洪亮地响起，他的智慧通过里尔克传达给卡普斯，并在此后的一个世纪中，在这些信的数百万年轻读者殷切的心中回响。

这些年来,我多少听说过里尔克曾为罗丹工作。对于这则逸闻,我很少了解到细节,却一直很好奇。这两个人物在我看来彼此太不协调了,我甚至感觉他们根本就是生活在不同世纪、不同大洲的人。罗丹是年过六十的理性的法国人,里尔克则是二十几岁的德国浪漫派。罗丹诉诸肢体、感官,里尔克则是形而上的、精神的。罗丹的作品跃入地狱,里尔克的作品则飘飞于天使之国。但很快我就发现他们的人生是如何紧密地交织在一起——其中一位的艺术成长,如何映射出了另一位的影子;他们看似对立的特性如何互补;如果罗丹是山,里尔克就是环绕着他的云雾。

我努力想弄明白这两个年龄差距悬殊的人物如何彼此理解,在此过程中,我的研究开始涉及共情。我们今天所说的共情是指感受他人情感的能力,其实这是一个起源于艺术哲学的概念,用于解释为什么某些绘画或雕塑能够打动人。这个词刚被创造出来的时候,里尔克曾在大学里学习过这个理论。很快这个词就出现在西格蒙德·弗洛伊德(Sigmund Freud)、威廉·沃林格(Wilhelm Worringer)和当时其他主要知识分子奠基性的著作中。共情概念的创生,与世纪末的欧洲在艺术、哲学和心理学领域许多激动人心的转变密切相关,并从此改变了艺术家看待自己作品的方式,以及观者理解作品的方式。

在我明白里尔克与罗丹的相通之处的同时,最终将两人推开的分歧也渐渐变得清晰。他们与女性的关系,以及对女性社会地位的看法，在他们对彼此的认识中发挥着举足轻重的作用。两人都着迷于有雄心的独立女性，但最终两人的妻子都为了成全丈夫的事业，牺牲了自己的理想。罗丹经常警告里尔克，当心女人们操纵男人、让他们无法专注于工作的倾向。很长一段时间里，里尔克都没有质疑过导师这种沙文主义的观点，但一位女性挚友的死——她的绘画天赋过早地断送于一次不合时宜的受孕——却颠覆了他对于"为艺术而受难"的全部看法。

总之，本书描绘的是两位艺术家在巴黎杂乱的街道中摸索，找到各自的道路，最终成为大师的过程。更重要的是，它展现了创作的意愿如何驱使年轻的艺术家们战胜一切毁灭灵性的童年经历，不惜一切代价创作自己的作品。"你必须改变你的人生"，不仅是艺术对里尔克的训诫，也是他对所有被困、脆弱、目光饥渴、希望有朝一日举起怯懦的手、抓住某种工具开始创造的青年们发出的命令。

读完妈妈给我的书的最后一页，我把书合上，久久捧在手中——在看完一本你深知会影响你一生的书之后，你就会这样。接着我翻回开头，发现这本书是题赠给妈妈的。那时她也差不多是我这个年纪，也在经历着一番挣扎。赠书的友人还把里尔克最著名的段落之一抄在了扉页上："也许我们生命中一切可怕的龙其实都是公主，正等着看我们勇敢而优雅地做出行动，哪怕就一次。也许一切让我们害怕的东西在最深层的本质上都很无助，都需要我们的爱。"去吧，这些文字似乎在说。把自己投向未知，到未被邀请的地方去，然后继续前进。

第一部分
诗人与雕塑家

第一章

所有艺术家都必须学会看，但对于少年时代的奥古斯特·罗丹来说，这点要求尤其急迫。他在寄宿学校眯着眼睛挨了五年，才意识到黑板上模模糊糊的东西是自己的近视眼造成的。他不愿盲目地盯着前方，于是将注意力转向了窗外那番壮观得不容错过的景象——那是位于法国北部古老村庄博韦的圣彼得主教座堂。

对一个孩子来说，它大概就像一只怪兽。这座哥特式建筑杰作始建于一二二五年，设计之初，它的塔楼的金字塔顶直插云霄，高达五百英尺，意在成为欧洲最高的主教座堂。然而在三个世纪中两度坍塌之后，建筑师们终于在一五七三年放弃了原来的方案。他们留下的是一个由石块、玻璃和铁组成的巨大混合结构，令人望而生畏。

许多本地人走过时，甚至不会注意到这座教堂，或者只是隐约注意到它庞大的体积。但对于少年罗丹，这座教堂让他得以从眼前难以理解的课程中解脱出来，进入一个激起他无限好奇的视觉世界。他对教堂的宗教功能并不感兴趣；他着迷的是写在墙上的故事，建筑内部神秘的黑暗，那些如人体般协调的线条、拱、光与影。肋拱顶笼罩着长长的脊柱般的中殿，飞扶壁如翅膀或手臂般伸展，而位于中央的唱诗席则有如心脏。在来自英吉利海峡的强风之下，教堂的柱群摇摆着保持稳定，在罗丹看来正如人体不断调整维持平衡。

尽管这个孩子还没法理解这座建筑的构造，但于一八五三年离开寄宿学校的时候，他已经明白，这座教堂才是他真正的学校。他将一次次地重回此地，满怀敬畏地"仰着头"，钻研它呈现出来的艺术，想象它内部的奥秘。他和信徒们一起在教堂做礼拜，却不是因为这是上帝的殿堂。他想：让人们屈膝祈祷的，更应是这形式本身。

弗朗索瓦·奥古斯特·勒内·罗丹于一八四〇年十一月十二日在巴黎出生。这是对法国艺术的未来十分重要的一年：埃米尔·左拉（Émile Zola）、奥迪隆·雷东（Odilon Redon）和克劳德·莫奈（Claude Monet）也生于这一年。但这些美好年代的种子，要从相当干旱、保守的土壤中发芽。在工业革命和法国大革命的双重冲击之下，路易-菲力浦国王统治下的巴黎成了一座充满堕落和贫困的城市——正如《恶之花》和《悲惨世界》中所描绘的那样。新的制造业吸引了成千上万的外来劳工，但城市却缺乏支撑他们生活的基础设施。这些新来的人们挤进公寓，共享床铺、食物和病菌。微生物在满溢的下水道中繁殖，将狭窄的中世纪街道变成了疾病蔓延的壕沟。霍乱和梅毒大肆传播的同时，小麦短缺导致面包价格飙升，极大地扩大了穷人和上层资产阶级之间的差距。

在那个时代，巴黎一直忙着登记急剧增加的穷人、妓女和孤儿，罗丹的父亲作为警官，在工作中发现了许多机会。让-巴蒂斯特·罗丹（Jean-Baptiste Rodin）就像《悲惨世界》中正邪参半的副探长沙威，在一八三二年的巴黎共和党人起义中，以及在一八四八年推翻了国王的革命中，他都巡逻在街道上，寻找着皮条客和妓女。他严格遵循原则，为人专制，因此这份工作非常适合他在警察系统里节节高升。

那一年，当圣雅克街上搭起了街垒时，让-巴蒂斯特和做裁缝的妻子玛丽将八岁的奥古斯特送到了博韦的寄宿学校。在那里，这个红发的小个子孩子安全地避开了巴黎的血腥骚乱。与此同时，波德莱尔（Baudelaire）正挥着枪冲上街头，巴尔扎克（Balzac）则差点饿死。

奥古斯特不是一个优秀的学生。他时常逃课，成绩很差，数学尤其差。尽管博韦的学校提供的教育，与他父亲不断高升的职位很匹配，但学费却成了家庭的负担。五年后，让-巴蒂斯特感到博韦的教育似乎不太可能为儿子找到一份工作，于是决定不再继续浪费钱。奥古斯特十四岁时，父亲让他退学了。这个男孩一直喜欢用双手劳作，也许技术学校会更适合他。

奥古斯特回到巴黎时，几乎不认识自己的故乡了。一年前，法国新任总统拿破仑三世（Napoleon III）任命乔治-欧仁·奥斯曼（Georges-Eugène Haussmann）男爵对这座城市进行现代化改造——或者说将它砸得稀巴烂——看法因人而异。奥斯曼极度崇尚对称，他将巴黎雕琢成了一张巨大的网格，按社会阶级划分为一系列区。他推掉了起伏的山丘，把天际线拉平，强行营造出一种秩序感。他将砖铺的蜿蜒街巷拓宽，铺成了无法搭设街垒的柏油大道，既能阻碍叛乱者，又适合购物者漫步。全面的清洁工程在全城范围内展开了。工程师们设计了新的下水道系统，先进得甚至成了旅游景点。全城的街道上装了数千盏煤气灯，以点亮夜晚，驱走罪犯。

从数万幢中世纪房屋的瓦砾中，矗立起一排排五层高的新古典主义公寓，它们由大小统一的石块建成，由此形成的街道整齐而笔直。这些快速推进的工程，将当地传统的房屋换成了那些似乎根本不属于任何地区、任何时代的建筑，让许多巴黎人对于自己土生土长的城市感到陌生。对很多人来说，在街上没完没了地搭建脚手架，看起来不像是进步，反而更像自己的城市被屠戮之后留下的尸骨。

而对于职业雕塑师们来说，奥斯曼持续数十年的重建计划意味着好生意。所有这些新建筑的立面都需要做檐口和石雕。这个新兴的工匠阶层以及即将出现的钟表匠、木工和金匠的主要的训练场，是皇家绘画与数学学院，俗称"小学院"（Petite École）。这里免学费，相当于给工人阶级上的"大学院"，即巴黎美术学院（Grande École des Beaux-Arts）——这所显赫的高等院校培养出了雷诺阿（Renoir）、修拉（Seurat）和布格罗（Bouguereau）这样的艺术家；而小学院毕业生的作品在正式艺术展览中亮相的情况，则几乎闻所未闻。

刚刚回到巴黎、没有明确兴趣和志向的罗丹，于一八五四年报名进入了小学院。他不认为自己是艺术家，当然也没有大学院的教授们拥护的那些把艺术比作宗教、语言和法律的崇高见解。对于罗丹来说，雕塑首先是一门职业，在当时、在后来都是如此。

有些传记作家猜测，罗丹的视力缺陷可能有助于让他的触觉发育得极度灵敏。这也许能够解释为什么他总是在手中摆弄着黏土球。即使在他最终买了单片眼镜之后，他也只是用它来放大一些最小的细节。大多数时候，他工作时都是极力凑近，鼻子紧贴着黏土（或者像一位情人挖苦的那样，紧贴着他的模特们）。

和他的大多数同学一样，罗丹入学时原本准备学习油画。但由于买纸和铅笔比买颜料和画布便宜，他最终选择了素描课。这段艰难的生活最终迎来了一个幸运的结局：罗丹遇见了霍拉斯·勒考克·德·布瓦博德朗（Horace Lecoq de Boisbaudran）教授——他纠正了罗丹观察的方式，真正打开了他的眼睛。

每天早上，罗丹带上绘画装备，在他纤瘦的脖子上系一条围巾，去上八点钟的素描课。矮胖、面容柔和的勒考克喜欢在每节课开始时对大家进行临摹训练。他认为，敏锐的观察力是所有伟大艺术家共有的秘密。要正确掌握它，必须将物体分解，以弄清它的本质：临摹从 A 点到 B 点的直线，然后添加对角线、圆弧等等，直到各部分共同显现出整体。

一天早晨，勒考克在学生们面前放了一件物品，让大家临摹下来。他在过道中走来走去，观察着学生们的画，这时，他注意到罗丹只是描摹下大致的轮廓，然后自己填充细节。他看罗丹并不像是个懒学生，因此无法理解为什么他没有按部就班地来画。于是他突然想到，可能这个孩子根本看不清。就这样，勒考克通过观察一次练习，便看出困扰罗丹十几年的神秘疾病其实就是普通的近视。

勒考克的课带来的另一项脱胎换骨的启示，则需要罗丹花更多时间才能把握。老师经常让学生们到卢浮宫去观察画作。他告诉大家，不能只是用草图将画作描摹下来，而是要真正把画中的比例、模式、颜色记在心里。罗丹青春期的时光，就是坐在提香（Titian）、伦勃朗（Rembrandt）、鲁本斯（Rubens）作品前的长凳上度过的。这些画面如同音乐一般，在他心中绽放、扩张。他在脑海中演练着每个笔触，晚上回家后依然兴奋不已，再凭记忆把这些作品复现出来。

上课之余，他还常去国家图书馆，从画册中临摹优秀的画作。他先照着意大利大画家们的作品大致画出草图，回家后再凭记忆填充其中的细节。作为图书馆的常客，他在十六岁时，成了被允许使用印刷室的年纪最小的学生之一。

对有些人来说，勒考克对于临摹的强调，似乎只是在训练学生们复制他人的作品。从很多角度看来，这都是一种精准掌握造型方式和比例的传统方法，也吻合美术学院的教学大纲。但勒考克的教学方法还有另一重目的。他认为年轻的艺术家们必须掌握基本的造型方法，是为了有朝一日打破它。"艺术本质上是个人化的。"他说道。记忆训练的目的，其实在于让学生们在一幅画作的属性——展现之际，能够有时间确认自己对它的反应。柔和的弧形线条是否激发了宁静的感受？一片浓重的黑影是否引起了焦虑？某些颜色是否触发了回忆？一旦艺术家确认了这些关联，他们就可以开始将自己的强烈感受落实为外部的表现形式，也就是他们自己的创作。说到底，勒考克现代性的教学法是在鼓励艺术家们不严格根据事物的外观，而是遵循它们给人的感觉来作画。情感与物质就此融为一体。

罗丹的个人风格大约在十六岁左右开始出现，从他这一时期的笔记本中，我们已经可以看到一位执着于形式一贯性和剪影表现手法的艺术家。他的素描已经显示出后来成为他个人标志的倾向——将人物形象联结在一起，让他们的身体形成一组和谐的整体。日后，这些群像演变成了环形构造的杰作《加莱义民》和《吻》。

罗丹毕业很多年后，乃至已经作为印象派雕塑家——而非复现前人作品的雕塑匠——闻名于世之后，勒考克的教诲依然在对他产生影响。几十年后，他受到委托制作维克多·雨果（Victor Hugo）的胸像，但这位作家不肯长时间保持一个姿势，于是他记起勒考克的训练，趁雨果穿过大厅或阅读时瞥他几眼，稍晚再凭记忆进行雕塑。勒考克教导他：我们用眼睛看，而用心灵观察。

很快，罗丹已经完全掌握了小学院提供的全部课程。他学习的进度太快，老师们后来已经没有作业可以布置给他了。他也根本不想跟同学们搞社交。他只想工作。唯一的例外是莱昂·福尔盖（Léon Fourquet）：这位好友对他表现出非凡的支持，而且两人都喜欢长久地就生命的意义和艺术家的社会价值展开辩论。

两位年轻人常常在卢森堡公园漫步，想象着米开朗琪罗（Michelangelo）和拉斐尔（Raphael）是否也曾像他们一样极度渴望得到认可。他们共同憧憬着成名的日子，但福尔盖很早就意识到，这将是罗丹一个人的命运。福尔盖继续研习雕刻大理石的艺术——罗丹从未学习这门技艺——与此同时，他早就看出笼罩在罗丹身上的命运的光环，后来也在好几年间为他的朋友工作。"你是为艺术而生的，而我是为了把你构思的东西雕刻在大理石上而生的——正因为如此，我们应该一直在一起。"他在给罗丹的信中这样写道。

到了一八五七年，罗丹已经拿到了学校的几个最高绘画奖项。其实，他除了一个领域以外都十分出众，而那恰恰是检验艺术成就的黄金标尺——描绘人体。对罗丹来说，人的形体是"一座行走的神庙"。用泥来塑造人体的过程，在他看来近乎建造一座大教堂。从记事起，他就一直着迷于人形。小时候，他经常看到妈妈把生面饼摊平，从中切出有趣的图案。有一次，她把面团交给了他，他就捏出头和圆鼓鼓的身体，让妈妈放进沸腾的油里。面团人炸好了，她就把这些滑稽的"畸形儿"一个接一个捞了出来。罗丹后来说，这是他的第一堂艺术课。

由于雕塑工作只会委托给"真正的"艺术家，技术学校也就没有理由开设人体写生课程。罗丹要研习人体，就只能转到大学院去。因此，一八五七年，在小学院的学习满三年之际，罗丹决定踏上申请之路，面对严苛的审核。

在为期六天的入学考试中，罗丹每天下午都要和其他画家和雕塑家一起围着一位模特工作。据一些人描述，他工作时激烈地挥舞着手臂，以至于其他学生都过来围观——他已经在做日后让他出名的那种不成比例、四肢粗壮的人像了。但在当时，他的艺术和他的手势一样颠覆常规，超出了招生委员会的接受能力。他通过了绘画考试，但雕塑考试没有合格，他的申请失败了。

接下来的学期，罗丹又申请了一次，再下一个学期也一样，但两次又都失败了。反复申请被拒，令罗丹陷入了绝望，他的父亲甚至开始为他担心了。他给儿子写信，要他坚强起来。"总有一天，人们会像谈论那些伟大的人一样谈论你——艺术家奥古斯特·罗丹离开了我们，但他依然活在后世，活在未来。"关于艺术，让-巴蒂斯特只知道干这个不赚钱，但是他深知坚持不懈的力量："精力、意志、决心——想着诸如此类的词，你就会成功。"

罗丹最终走出这段挫折的方式是摒弃艺术学院。他认为那里充满了任人唯亲之辈，掌管门户的精英们"手握着艺术天堂的钥匙，却向一切真正的才华关上大门"！他怀疑自己被拒，是因为他拿不出知名艺术家的推荐信——其他学生都通过家庭关系得到了这样的文件。

罗丹彻底放弃了艺术学院。他继续着自己的艺术创作，但是既然他已经否定了他的"天堂"，他也就不再临摹古希腊和古罗马的田园风格的雕塑，同时开始追求某种生存美学。从此，他的艺术开始植根于生活，植根于一切日常的苦难。他开始着力表现顽强地求生存的人，以及那些在与生活的抗争中惨遭失败的人。

到了十八岁，罗丹该有一份体面的工作了。一八五八年，他找到了一份为建筑装饰品搅拌石膏、制作模具的工作。他只是装配线上的一个齿轮；建筑师的图纸上标明需要鲜花、女像柱或恶魔头像，罗丹就用石膏雕刻出来；接着他将这个模型交给石匠，让他们用石头或金属进行复制；最后，建筑工人将雕塑固定在建筑物的立面上。

这种刻板的雕塑流程让罗丹感到沉闷和沮丧。一次，他瞥见镜子里的自己，有那么一刻，他觉得自己就像叔叔——他也是一名石膏工匠，总穿着一件沾有白色石膏糊的工作服。他开始相信自己可能这辈子就只能做这种工作了。也许他一直以来只是愚蠢地自认为可以成为艺术家。"既然只有乞丐的命，还是赶紧拿着口袋去乞讨吧。"他当时对妹妹这样感叹道。

不过，随着罗丹越来越投入日常工作，一个新世界渐渐开始为他敞开。一天，他和同事康斯坦特·西蒙（Constant Simon）从花园里采了一些树叶和鲜花，带回工作室制作石膏模型。西蒙观察了罗丹的手法。"你做得不对。"他告诉年轻的同事。"你把所有的叶子都做成平的了。你应该让它们的尖端朝自己翻起，要做出它们的纵深。"他解释说，应该让被塑造的形象从里向外、朝观者推进，不然的话，你就只是勾勒出了它的轮廓而已。

"我立刻就明白了，"罗丹说，"至今这依然是我创作的基本原则。"他感到不可思议，自己竟然没有早点想到这么简单又这么绝妙的逻辑。他想，自己通过树叶的案例，学到的东西比大多学生在艺术学院学到的全部还要多。年轻人总在忙着临摹古典时代的雕塑，几乎没有注意到大自然。而且他们往往只顾着模仿艺术展中最近的红人，而忽视了像西蒙这样的工匠在日复一日的劳作中掌握的精湛技艺。

罗丹想，他现在忍受的单调，或许就是大教堂的建造

奥古斯特·罗丹,摄于一八七五年左右

者们曾经体会到的吧：他们一砖一瓦地劳作着，最终造就了杰作。罗丹没有他们对上帝的虔诚，但是他切实感到了自己对自然的强烈热爱。假如他能将雕刻每一片叶子的过程都当作一种敬献之举，或许他也能自视为大自然的卑微的仆人，从而为自己的工作感到骄傲——毕竟没有哪个教堂建筑工人的工作会格外受到注意，荣光不会落在任何装饰工匠身上。大教堂是属于所有工匠的胜利，而且终将比它最后一位无名的创造者存活得更加长久。

"我多么想和这样一位石雕工坐在一起啊。"罗丹继续写道。后来，他还警告年轻的艺术家，要提防灵感带来的"短暂陶醉"。"我在哪里学会了解读雕塑？在森林里看树木，在路边观察云卷云舒……我从学校以外的一切地方学习。"

然而，罗丹仍然必须修完自然提供的一项关键课程，那就是人体。由于没办法进行人体写生，他退而求其次，以比较简陋的方式开始学习解剖学——他成了小学院同一条街上的迪皮特朗（Dupuytren）医学博物馆中的常客。他在此后多年中雕塑了数百只扭曲的手，其影响无疑就来自那里展出的患病的身体部位——其中的一些作品，医生们甚至声称一望便知是什么疾病所致。

其他时间里，罗丹研究动物的形象。城里到处是买卖狗、猪和牛的市场，但他最喜欢的是位于医院大道拐角处、硝石库（Salpêtrière）精神病院前的马市。他看着马主们把马从马厩里牵出来，让它们在土路上小跑。有时他会在那里看到自然主义画家罗莎·博纳尔（Rosa Bonheur）：为避免引起注意，她打扮成男人，同时复制着自己的名画《马市》（*The Horse Fair*）。

他还经常去巴黎植物园。这个占地七十英亩的园子位于巴黎东南部，其中包含一座植物园、世界上第一座公共动物园和一座自然历史博物馆，罗丹在那里参加动物学绘画课程。课堂在博物馆潮湿的地下室，一位乏味的讲师负责教授骨架的结构和骨骼成分。评论大家的习作时，此人就在素描纸之间拖着脚步踱来踱去，除了"不错，很好"之外也没什么可说的。厌烦了科学细节的学生们，常常取笑老人的廉价西装，以及衬衫纽扣几乎关不起来的大肚子。

罗丹在那个学期结束前就退学了，这个决定多年后让他后悔不迭。他后来才知道，此人其实是一位深藏不露的大师——安托万-路易·巴里（Antoine-Louis Barye），欧洲最出色的动物雕塑家之一，有人称他为"动物园里的米开朗琪罗"。从一八二五年起，巴里就常常和好友欧仁·德拉克洛瓦（Eugène Delacroix）一起观察动物园笼子里的食肉动物。一有动物死去，他就第一个赶到现场，对其进行解剖，并与他画中的动物做对比。一八二八年的一天，德拉克洛瓦写字条通知他，动物园里又出现了新的动物尸体："狮子死了。速来。"

巴里此前是金匠。他无视当时刻板的现实主义，他的青铜雕塑常常充满狂野的表现力。在他的手中，被蟒蛇缠住的角马并不只是简单地倒地而死；它与蟒蛇的身体缠绕在一起，生命泯灭的同时，它的属性也变得模糊不清——这正是战争抹杀人性的有力隐喻。批评家埃德蒙·德·龚古尔（Edmond de Goncourt）在评论一八五一年巴黎沙龙中巴里的参展作品时写道：他的《豹子吞噬野兔》标志着历史主义雕塑的死亡和现代艺术的胜利。

这位了不起的动物雕塑家从来不缺订单，但巴里是个完美主义者，拒绝出售任何没有达到自己严苛标准的作品。因此他从未获得与他的才华相匹配的财富，终其一生过着贫穷的生活。

罗丹到了中年，才终于认识到巴里的动物研究的重要意义。这番顿悟发生在一天下午，他正在巴黎的街道上漫步，心不在焉地望着商店橱窗，突然一对青铜猎犬引起了他的注意："它们在奔跑，一会儿在这里，一会儿在那里，没有一刻是静止不动的。"他这样描述这组雕塑。他凑近一看，发现签名的正是自己早年的老师。

"一个想法突然在我头脑中产生，启发了我：这才是艺术，这件作品解答了那个巨大的谜题——如何在静止的东西中表现出运动，"罗丹说，"巴里发现了这个秘密。"

从那时起，动感成为罗丹创作时最关心的事。他开始着意感知微小的动态——模特手臂的曲线，或脊柱的弯曲——并将它们放大为新的、更明显的动作。他的人物形象呈现出一种动物的紧张感。他说，在雕刻一个肌肉比较强健的模特时，他把她想象成了一只美洲豹。多年后，评论家古斯塔夫·杰弗罗伊（Gustave Geffroy）在罗丹的作品中看出了他昔日老师的影响。他指出，罗丹"继承并发扬了巴里的雕塑艺术：巴里表现动物，罗丹转而表现人的动物般的活力。"他在《正义报》（*La Justice*）上写道。

就这样，罗丹发现了自己的使命——通过外在的动态来表达内心的感受。从此，他的作品进一步远离了他之前塑造的历史英雄人物，逐渐与他周围快速现代化的世界同步，开始表现它无休止的变化与焦虑。

第二章

儿时的梦中,年轻的诗人发现自己躺在土里,身旁是一座敞开的墓,头顶赫然耸立着一块刻着"勒内·里尔克"的墓碑。他手也不敢抬一下,生怕最微小的动作都会导致那块沉重的石头翻倒在地,把他砸到墓里去。唯一能让他摆脱这种瘫痪的方法,是把石头上刻的字改成姐姐的名字。他不知道怎么才能做到这一点,但是他深知要获得自由,就必须重写自己的命运。

对于被石块压死的恐惧,成了他反复出现的梦魇。梦中的情境并非每次都是墓碑,但总是"非常大、非常硬、非常近"。这样的噩梦常常发生在艰辛的转变之前,仿佛向他预示:把眼下的痛苦挺过去,就能获得重生。

其实,一八七五年十二月四日,诗人正是在死亡的陪伴下来到这个世界的。年轻的索菲亚·里尔克(Sophia Rilke)来自一个富裕的家庭,独子出世的前一年,她曾失去一个年幼的女儿。从儿子出生的那一刻起,她就把他看作一个替代性的女儿,并给他取了一个女性化的名字:勒内·马利亚·里尔克(René Maria Rilke)。有时她还用自己的昵称"索菲"称呼他。这个男孩早产两个月,相对于他的年龄来说个头偏小,很容易被认作女孩。在他上学之前，母亲一直给他穿幽灵般的白色连衣裙，并把他的长发编成辫子。这种分裂的身份在里尔克身上产生了复杂的影响。一方面，他从小就坚信自己的天性中有些方面非常不对劲；另一方面，他的顺从又让母亲很高兴，这是其他人做不到的，他的父亲尤其不能。

约瑟夫·里尔克（Joser Rilke）曾在奥地利军队中担任火车站站长。他从未晋升到教养优良的妻子所希望的军阶，婚姻中剩余的时光里，他一直在为这种失望付出代价。他英俊的外表和早年显现的职业前景为他赢得了新娘的芳心，但索菲亚把地位看得高于一切，因此永远无法原谅约瑟夫未能为她带来她想要的高贵头衔。

与此同时，约瑟夫厌恶她溺爱勒内的方式，后来孩子无休止地舞文弄墨，他也怪在她的头上。没错，索菲亚决心，既然他们无法获得高贵的身份，那就索性假装高贵，所以她开始教勒内诗歌，希望以此来让他变得优雅。他还不认字的时候，她就要求他背诵弗里德里希·席勒（Friedrich Schiller）的诗句；七岁的时候，他已经在整篇整篇地抄写诗歌。法语当然也要学，但绝不能学捷克语——在奥匈帝国的统治下，捷克语沦为仆人阶级的语言，德语则成为布拉格的主导语言。

生在这个处处实行民族隔离的城市，里尔克很快发现：性别，并非他童年中唯一存在矛盾的界限。他属于布拉格讲德语的少数人士，与讲捷克语的大多数相比，他们享有大量文化和经济方面的优势。像里尔克这样的自由派家庭希望与斯拉夫人和平共处，但活动范围仅限于自己的学校、剧院和社区——这些社区也都由德语写的街名示明

幼年时被装扮成女孩的莱纳·马利亚·里尔克,摄于一八八〇年前后

了边界。里尔克接下来还学会了俄语、丹麦语和法语，但他一直为没有学习家乡的母语感到遗憾。

勒内九岁时，索菲亚离开了约瑟夫。这时的她狂热地信奉宗教，而且像里尔克后来分析的那样，她是一个"需要生活中有一些无穷的东西"的女人。里尔克已经不再看起来像个女孩，变成了一个纤瘦、肩膀很窄的少年。父母把他送到了维也纳附近的圣珀尔滕军事学院寄宿。里尔克并不反对步父亲的后尘，但并不是因为他对格斗或体能训练感兴趣——他喜欢的是优雅的制服，以及军队所体现出的秩序和仪式。

索菲亚和约瑟夫指望儿子能取得父亲未曾取得的成就，但这种希望很快就破灭了。虽然把勒内送到军事学院的决定，成功地用哑铃取代了玩偶，但也将他推入了五十个野蛮男孩的魔窟，他与他们毫无共同之处。他很快发现，军事学院的生活与纪律，和优雅几乎完全无关。

年轻的里尔克只想快点成年。他的聪明才智令他无法与劳动阶级的男孩们为伍；而要与贵族交往，他又不够优雅。孤独或许很适合他，但他没这么幸运。对他的同学们来说，勒内脆弱、聪慧过人而又正直，所有这些品质都让他成为霸凌者理想的对象。在对一次遭受欺凌的经历的记述中，他被当作目标的原因残酷地显现了出来：

> 一次，我的脸受到重击，以至于膝盖都支撑不住了。我用最平静的声音对那个不讲理的攻击者说——我至今仍能听到这番话——"我忍受这一切，因为基督也曾默默忍受这一切。而且在你打我的时候，我向

我亲爱的主祈祷,希望他原谅你。"那个可悲的懦夫站在那里,愣了一会儿,随即发出一阵轻蔑的笑声……

他去礼拜堂恢复身体,缓解他的愤怒。正是在这段时期,他发展出了那种慢性的、说不清道不明、折磨他一生的病。有人认为里尔克的神秘病症完全是装出来的——的确,一次肺部感染曾让他离开学校六个星期之久,这让他意识到赢得同情心可能是个巧妙的社交策略。不过,见过他发病的人表示,他肌肉抽搐、面色苍白,情况十分严重,没法坐视不理。

不论事实如何,病房成了里尔克在军事学院的避难所。它直接为他提供了庇护,让他远离欺凌,更重要的是,让他有时间、有地方读书。他躺在床上,日日夜夜与词句为伴。歌德的书让他落泪。他的文学成绩开始提高,而击剑和体育成绩则下降了。尽管他在体能方面表现欠佳,里尔克仍然认为自己可以成为军官,为了向老师们证明这一点,他甚至写了一篇长达八十页的《三十年战争史》。

他听从老师们的建议,开始把自己的诗寄给报社,有几首得到了发表。他靠着这些小小的安慰忍受着军事学院的生活,十五岁那年,父母终于把他从这个他称为"童年的地牢"的地方拯救出来了。不过,他们接下来送他去了奥地利林茨的商学院,他在那里的生活也没好过多少。约瑟夫注意到儿子还在写诗,感到"蔑视与不安",他劝勒内把更多精力集中在学习上,只在周末写作。他不明白为什么儿子不能兼顾一份工作和一种爱好——这正是他对诗歌的看法。但是对勒内来说，诗歌是他的"梦想的孩子"，将其牺牲掉，以换取一份枯燥的办公室职位，这种念头令他无比恐惧。他早就认定，只在周末写作的艺术家，"根本算不上艺术家"。

不到一年，勒内的伯父雅罗斯拉夫（Jaroslav）出于对他的同情，出钱在布拉格请了一位私人家庭教师，让他在家完成学业。勒内的伯父是一位富有的律师，已经获得了弟弟千方百计也未能得到的贵族头衔，成了雅罗斯拉夫·冯·里尔克。他支付这笔费用毫不费力，而且由于他的儿子都已夭折，他将勒内视为门徒，希望他有朝一日能接管他的律师事务所以及遗产。

雅罗斯拉夫设立了一笔津贴，以资助勒内完成剩余的高中教育和大学教育。当然，这位心怀抱负的诗人根本无意去读法学院。他早已下定决心要成为一名作家——所幸他无须告诉伯父这个细节，因为那年冬天，雅罗斯拉夫中风去世了。

尽管里尔克没有实现伯父的遗愿，但他并没有让他的慷慨资助付之东流。毕业后的第二年，他写了数十篇短篇小说、戏剧、新闻，并创办了自己的文学期刊。他加入了一个作家小组，甚至结交了几位好友。一八九四年，里尔克出版了他的第一本书，这是一本充满激情的爱情诗集，名为《生活与诗歌》（*Life and Songs*），灵感来自他第一位真正的女友，他称为"一颗明亮的流星"的瓦莱丽。那些感伤的诗句中，处处可见德国浪漫主义文学中带露的花朵和歌唱的少女。然而，这本书并没有像他相信的那样立刻为他带来荣耀。

当他写的心理剧也没有大获成功时,他并没有考虑自己的作品不够好的可能性。他责怪读者无法理解他的作品。他下结论说:布拉格是一座充满了墓地、城堡和狭隘的文艺爱好者的过时城市。那里的人们太过沉湎于过去,以至于他们看起来都更衰老。"他们所知的唯一变化,就是他们的棺材朽坏殆尽、他们的衣服全部腐烂瓦解的那一刻。"尽管里尔克对许多斯拉夫传统都很欣赏,包括他们的民族历史、他们对土地的敬意;但他认为他们太贫穷了,以至于无法关心文学活动。奥地利人则更糟糕,因为他们有能力拥护艺术,却只关心地位和财富。

年满二十岁时,里尔克意识到,假如他的诗歌再不取得成功,父母的疑虑就将得到证实。他就得被迫接受一个布拉格的银行或法律事务所的职位,并可能永远留在那里。这座城市没有为创作提供理想的环境,"沉闷的夏季和不如意的童年让这里空气浓稠,几乎无法呼吸。"他这样写道。

里尔克从前结识的一些青年搬到了以滋养艺术家闻名的城市。其中许多都去了巴黎,但是里尔克认为法国人对于东欧的艺术创作施加了过多的影响,他觉得慕尼黑是一个更好的选择。当时,那里是欧洲知识界的神经中枢,城里大家争相前往的社交场所是演讲厅。咖啡馆中的俗世青年们围绕尼采"上帝之死"的宣言展开辩论,艺术家们则与学院派对抗,并于一八九二年成立了慕尼黑分离派(Munich Secession)——比古斯塔夫·克里姆特(Gustav Klimt)成立维也纳分离派早了五年。

只要里尔克还在校读书，他在慕尼黑也可以继续靠伯父的津贴生活。因此，一八九六年秋，他报读了慕尼黑大学的课程，决心摒弃迄今为止定义他的一切。母亲热切的天主教崇拜、父亲对于军队仕途的希冀、布拉格的地方主义——甚至他自己的名字——他都已准备抛在脑后。

十九世纪末，德语国家知识界的趋势是对个体及其在社会中的作用的研究。哲学家和神经学家将他们的专业知识结合起来，创造出了新的精神科学门类。现象学的创立是为了研究意识；精神分析学说则旨在研究潜意识。艺术，以及对艺术的研究，即美学，成了这些学科的交汇点。心理学家们开始发现：观察人们对艺术的情感反应，分析人们创作艺术的动机，有助于解释从未在实验室测试过的一些人性的侧面。

十九世纪六十年代，德国医生威廉·冯特（Wilhelm Wundt）无意中创立了心理学。他将时钟的钟摆安装到一个计时器中——他称之为"思维计"——对反应时间进行一些常规的研究。他突然想到，也许他的实验测量的不仅是一个神经学现象，同时也是一种潜意识现象。反应时间似乎体现的正是有意注意和无意注意之间，亦即思维和精神之间的差距。他认为，既然科学可以测量前者，那么也就没理由不能测量后者。一八七九年，冯特在莱比锡建立了世界上第一个心理学实验室。

下一代的哲学家特奥多尔·李普斯（Theodor Lipps）将冯特的新学科和他自己所研究的美学联系在了一起。李普斯是现象学的先驱之一，但他开始与这个领域及其精神领袖埃德蒙德·胡塞尔（Edmund Husserl）渐行渐远，转而力图通过心理学研究来解答他最关心的问题：为什么艺术令我们愉悦？

当时，科学家们普遍将艺术的美感归结于其数学特性。他们相信某些几何特征的组合最能令心灵愉悦。但李普斯不满足于这种死板的、纯视觉的解释。他认为这有助于解释"知觉"（perception），但与愉悦的关系却不大。他怀疑愉悦感需要牵涉更多的主观力量，比如个体的情绪或教育背景。

也许方程可以颠倒过来，他想。或许不是艺术将愉悦感赋予眼睛，而是眼睛造就了艺术。毕竟，画布上分布着一些颜料，这本身并不美；是观者从中看出了美感。［与李普斯同时代、生活在维也纳的艺术史学家阿洛伊斯·李格尔（Alois Riegl），后来将这种理论称为"观者的介入"（beholder's involvement）。］根据这种观点，画上的颜色最初只是一些颜料，直到有一刻，观者的思想将它们进行过滤，它们才成为我们称之为色调的东西，即基于色相的回忆或情感的触发器。在观者认为一幅画很美的那个瞬间，它就从一件物品转化为了一件艺术品。就这样，观看的行为变成了一个创造性的过程，观者变成了艺术家。

在一位德国美学学生写于一八七三年的博士论文中，李普斯为自己的理论找到了名字。这位学生名叫罗伯特·费肖尔（Robert Vischer）。当人们将情感、想法或回忆投射到物品上时，他们所实现的是一个费肖尔称作"einfühlung"（共情或曰移情）的过程，其字面意思为"感觉进入其中"。英国心理学家爱德华·铁钦纳（Edward

Titchener)于一九〇九年将这个词翻译成英语时创造了"empathy"一词,取自古希腊语 empatheia,即"处于情感之中"。费肖尔认为,共情作用揭示了为什么一件艺术品会让观者不自主地"走近并随形而动"。他将这种身体的模仿称为"肌肉共情",这个概念让李普斯颇有共鸣——他曾在观看一场舞蹈时,感到自己仿佛也在跟着舞者"奋力表演"。他也把这个概念与其他躯体感觉的不自主模仿联系了起来,如打哈欠或发笑。

共情也可以解释,为什么有时人们会描述自己"沉醉"在一件强有力的艺术品中。或许他们的耳朵听不到周围的声音了,脖子后面的汗毛竖了起来,忘记了时间的流逝。有某种东西触发了你的一种直觉,或让回忆如潮水般涌来——就像普鲁斯特的玛德莲小蛋糕一样。一件作品很有感染力,就会把观者拉入其中的世界,而观者也将作品吸收进自己的躯体。在共情的作用下,红色的颜料让我们热血沸腾,蓝天让新鲜的空气注满双肺。

因此,听起来很矛盾的是,"共"情本质上是一种自私的情感过程:我们与外界共情,从而愉悦自我。共情是积极的,它让我们融入世界。相反,如果艺术品没能激起这样的反应,我们会说它没能"打"动我们,这件作品令人"捉摸"不透,或令人"摸"不着头脑——这时,作品就仅仅诉诸知觉。

欧洲的知识界立刻注意到了李普斯对于共情的研究,并开始以此为基础,发展其他理论。艺术史学家们一直在试图解释为什么某些文化能够创造出某一类艺术,即李格尔所谓的"艺术意志"(Kunst wollen)。一九〇六年,李普斯的一位学生威廉·沃林格（Wilhelm Worringer）将他有关共情的阐述与另一位教授、柏林社会学家格奥尔格·齐美尔（Georg Simmel）的一些观点结合起来，提出了一种开创性的理论。他借用了齐美尔的二元说——这是一种相对主义的观点，即要理解一个概念，比如对称，就要同时考虑它的反面，非对称——沃林格阐述了他认为定义了整个艺术史的二元对立，并把自己的书命名为《抽象与移情》（*Abstraction and Empathy*）。

但接下来，是心理学家将这个晦涩的德国艺术史概念，解读成了我们今天常说的、作为人类情感基石的"共情"。维也纳年轻的教授西格蒙德·弗洛伊德在一八九六年写给一位朋友的信中说，他已经"沉浸"于李普斯的理论中，而且他认为李普斯是"当代哲学家写作者之中头脑最清晰的人"。几年之后，弗洛伊德感谢李普斯给了他写作《诙谐及其与无意识的关系》（*Jokes and Their Relation to the Unconscious*）一书的"勇气和能力"。他将李普斯的研究又推进了一步，阐明共情应当被精神分析学家采用，作为理解患者的工具。他要求学生们不要作为评判者去观察病患，而是要与他们共情；要退避，隐匿于环境中，成为一种"接受器官"，努力"将自己放在对方的处境中"。

如今在专业学者圈外很少有人知道，李普斯曾是知识界的明星，作为演讲者也备受追捧。周五的晚上，他主持着一个活跃的心理学俱乐部，成员们在此讨论着行动与非行动之间的区别，逻辑学家与心理学家进行较量。有一段时间，李普斯还办了一本志向远大的艺术杂志：它旨在记录艺术史，而且并非追溯到最早的绘画，而是要考察创造力本身的起源。他于一八九四年被任命为慕尼黑大学哲学系的主任之后，欧洲大陆各地的思想家和艺术家纷纷报名他的课程。罗马尼亚艺术家康斯坦丁·布朗库西（Constantin Brancusi）和俄国的瓦西里·康定斯基都曾是他的学生。他的基础美学课程，也是里尔克从布拉格抵达慕尼黑之后报读的第一批课程之一。

据里尔克自己说，他到慕尼黑时仍然觉得自己是个孩子。他搬到了施瓦宾格，那是市中心一个集中了许多学生和艺术家的街区。除了李普斯的课，他还修读了有关达尔文的和文艺复兴艺术的课程。他对波提切利（Botticelli）的画尤其感兴趣，他笔下的圣母神情忧伤，眼中带着哀求，似乎"身处我们这个时代的渴望的中心"。

很快，里尔克进入了齐格弗里德·瓦格纳（Siegfried Wagner）——作曲家瓦格纳之子——和德国小说家雅各布·瓦瑟曼（Jakob Wassermann）的社交圈。瓦瑟曼向里尔克介绍了丹麦作家延斯·彼得·雅科布森（Jens Peter Jacobsen）的作品，他的《尼尔斯·伦奈》（*Niels Lyhne*）描绘了一位年轻的"在怀疑和自我分析的泥沼中挣扎的梦想家"，在接下来的几年间为里尔克提供了持久的安慰。但即使是这部作品，也无法与瓦瑟曼给他的另一份礼物相比：一八九七年，他把里尔克介绍给了露·安德烈亚斯-莎乐美（Lou Andreas-Salomé）。放在任何时代，安德烈亚斯-莎乐美的智识影响力都堪称非同寻常。一位十九世纪的俄国激进派女权主义者能做到这一点，简直不可思议。

她本名露易丝·安德烈亚斯-莎乐美，是一位了不起的哲学家和作家，但如今她主要是以缪斯的形象留存在人们的印象中。她拒绝了弗里德里希·尼采的两次求婚，他曾称她为"目前我见过的最聪明的人"；还拒绝过尼采的好友、哲学家保罗·雷（Paul Rée）的一次求婚。尽管她无意与他们中的任何一位成婚，她却十分为他们的头脑着迷，并提议三人作为纯智识的"三位一体"共同生活在一起。惊人的是，他们同意了。

在一张为纪念这段"毕达哥拉斯式的友谊"——尼采这样称呼它——而于一八八二年拍摄的照片中，这两个男人用一辆木车拖着时年二十一岁的莎乐美，她则挥舞着一根鞭子。然而，三人的快乐时光并没持续多久，嫉妒就开始生长，摧毁了这个尚未真正成形的联盟。莎乐美决定和雷单独在柏林度过冬天。他非常高兴地答应了，写道："我真的应该思考'良心的起源'，但是，真该死，我一直在想着露。"

尼采感到被背叛、被遗弃。他前往德国的一个火车站，见了雷和莎乐美，接着气冲冲地离开了，决心再也不要见到他们。不久之后，他写了一封信告诉他们，他们的残酷行为迫使他吸食了"大量"鸦片。尼采并没有自杀，而是隐退到了意大利北部。在那里，他在十天之内写完了《查拉图斯特拉如是说》，其中有句名言被认为是指莎乐美："你要到女人那儿去？别忘了鞭子！"

四年后，莎乐美嫁给了四十一岁的语言学家卡尔·安德烈亚斯（Carl Andreas）。（据说，他也曾威胁道，如果

露·安德烈亚斯-莎乐美与弗里德里希·尼采和保罗·雷在一起,摄于一八八二年

她拒绝他,他就自杀。)然而,她答应嫁给他时,提出了两个重要的条件:不能有性,也不能有孩子。她可以自由地继续与雷的恋情,或和任何她可能喜欢的人在一起,而安德烈亚斯也可以有情人。她甚至主动提出帮他介绍未来的情人。这样的安排并不总是顺利——安德烈亚斯和他们的女管家生了一个孩子,这位管家余生依然和他们住在一起——但这对夫妻从未分开。

安德烈亚斯-莎乐美的主要天赋是她敏锐的分析头脑。她有一种不可思议的能力,可以理解那个时代最了不起的思想家的深奥思想,并经常阐明他们的观点中一些甚至他们自己还没有想到的方面。她像一位思想家的治疗师,她倾听、描述、分析并向他们重复他们的想法,以照亮他们逻辑中尚存阴影的地方。

里尔克几乎是从听说安德烈亚斯-莎乐美的那一刻起,就把自己加进了长长的仰慕者名单中。他当时刚刚写完《基督异象》("Visions of Christ")组诗——一系列在尼采思想的启发下挑战基督教教义的作品——一位编辑朋友建议他读读安德烈亚斯-莎乐美同一主题的文章《犹太人耶稣》("Jesus the Jew")。

他仔细研读了她的文字,一种密切的文学亲情一夜之间在他心中形成了。不久,他开始给她寄未署名的诗歌。直到一八九七年春天她到访慕尼黑时,才知道这位匿名的寄信人是谁。里尔克听说她要来,就说服了他们共同的朋友瓦瑟曼安排一次喝茶时间介绍他们认识。

比里尔克年长十四岁的安德烈亚斯-莎乐美抵达了瓦瑟曼的住所。她身着一件宽松的棉质多层连衣裙,柔化了她健硕的轮廓。她有一张俄罗斯人典型的宽脸，灰白的头发在头顶打成一个凌乱的结。里尔克立刻看出她是一个很会讲故事的人。她描绘人与地点时单刀直入、不带感情的方式，总能抓住所有人的注意力，但奇怪的是，她的叙述很乱，根本不讲究时间顺序或因果关系。里尔克凝视着她那"做梦者般温柔而失落的微笑"，她注意到了这一点，随后在她的日记中还写到了他深情的眼神。不过她也很不厚道地写道，"他的头脑没什么深度"。

里尔克立刻被安德烈亚斯-莎乐美迷住了。当晚他写信给母亲，给她讲述这次与"著名作家"的会面。第二天早上，他又给安德烈亚斯-莎乐美写了一封信，向她表白他曾多次阅读她的作品到深夜，这些夜晚在他心中激起了一种亲密感。"昨晚并不是我与你共度的第一个黄昏时刻，"他告诉她，并表示希望有一天能为她朗读自己的诗句，"这将是我最大的快乐。"

起初，安德烈亚斯-莎乐美更为里尔克"作为一个人的魅力"——而不是他的诗歌——所折服。她并不记得他在之前那些匿名信件中附上的诗句，但她此时重读了一篇她对这些诗的感想，觉得自己当时"一定不是很喜欢它们"。然而，她确实很喜欢里尔克的"男性的优雅"和他那种"温和但不容违抗的控制者和支配者的风度"。她认为他的外貌与他的性格完全吻合。第一次见面的两星期后，他们前往巴伐利亚的一个湖边共度周末，并立即成了恋人。

他们一起度过了接下来的几个月。白天，他为她读书；晚上，她为他煮罗宋汤。里尔克很快接受了安德烈亚斯-莎乐美反传统的生活习惯，像她一样赤脚走路并吃素。他现在不喜欢穿僵硬的正式服装，转而偏爱套头长袍和宽松的农民装束。

里尔克对安德烈亚斯-莎乐美的感觉是那种不计后果的激情——多年后他写道，这种感情属于年轻人："当他们为爱情所控制时，他们扑向彼此，肆意地放纵自己，任由自己在邋遢、躁动、困惑的状态中彷徨。"安德烈亚斯-莎乐美并没有以同样狂热的爱回应里尔克，但她开始真正欣赏他的才华，并相信他身上那些她不喜欢的地方稍加修饰即可修正。她开始按照自己的喜好塑造他。她建议他模仿她的更典雅的笔体，又建议他更注意表现男子气概。她说，"勒内"（René）太像法国名字，太女性化，提议他改为更刚强、更日耳曼化的"莱纳"（Rainer）。

诗人急切地渴望成为她的作品。安德烈亚斯-莎乐美不仅是他第一位重要的情人，更是他的知己、导师、缪斯，甚至是某种意义上的母亲——如果不是对于这个年轻人，至少是对于他体内正在成长的艺术家来说。"我依然很柔软，在你的手中我可以像蜡一样可塑。塑造我，赋予我形态，完善我。"刚认识她时，他在一篇自传性质的故事里这样写道。里尔克很喜欢她为他起的这个神秘的新名字，作家史蒂芬·茨威格（Stefan Zweig）认为，这些字母看起来似乎应当用细金线来打造。另一位朋友则写道："莱纳·马利亚·里尔克，你的名字本身就是一首诗。"

同年，里尔克便从慕尼黑大学辍学，跟随安德烈亚斯-莎乐美去了柏林。在里尔克眼中，她的祖国俄国，对于他在奥地利帝国长大的过程中被剥夺的斯拉夫身份，越来越成为一个神话般的象征。她一直在教他俄语，他希望能将它学好，日后去翻译俄罗斯文学。

一八九九年，他们第一次一起去莫斯科旅行。旁人并不总能看出这位更年长的高大妇女和这位温顺的年轻诗人是一对情侣。文学评论家费奥多尔·费德勒（Fyodor Fiedler）将里尔克误认为是安德烈亚斯-莎乐美的"男仆"，而作家鲍里斯·帕斯捷尔纳克（Boris Pasternak）则回忆道，自己曾在一个火车站偶遇诗人和"他的母亲或姐姐"。更添乱的是，安德烈亚斯-莎乐美的丈夫后来也加入了他们。

这对情人对这些流言蜚语毫不在意。当时他们只关心一件事：拜见他们共同的偶像列夫·托尔斯泰（Leo Tolstoy）。这并不容易。年逾古稀、已然封笔的托尔斯泰不是很好客。他现在只写尖刻的长篇大论，谴责现代艺术，以及创作这种艺术的堕落的年轻人。这本该吓退这两位年轻的拜访者，但他们心意已决。安德烈亚斯-莎乐美在她熟识的俄国要人中间动用了一些关系，设法取得了到他家喝茶的邀请。

他们到了，这位驼背的老人没好气地问候了他们。他的头秃了，那副白胡子显然经常被他拉扯、扭结。他几乎立刻开始用连珠炮般的俄语，朝安德烈亚斯-莎乐美叫嚷起来。里尔克听不懂，但他很快就明白，托尔斯泰同意见他们，唯一的原因就是他对安德烈亚斯-莎乐美的一些作品很有意见，想借此机会训斥她一番。托尔斯泰是虔诚的基督教皈依者，他告诉她，她在作品中将俄罗斯民间传统过度浪漫化了，并警告她不要参与农民的迷信。

另一个房间里，一个男人的尖叫声打断了谈话。托尔斯泰已成年的儿子看到里尔克和安德烈亚斯-莎乐美的大衣还挂在大厅里，大叫道："什么！这些人还在这里！"两位入侵者感到实在待不下去了，冲出了门外，与此同时，托尔斯泰还一直在他们身后咆哮。他们沿着街走了一段路之后，仍然可以听到他的吼声，直到它终于被教堂的钟声淹没。

尽管初见托尔斯泰的经历这么糟糕，第二年夏天，两人还是决定再去拜访他一次。这次，他们来到了他的乡间别墅。他让他们选择，是与他的家人共进午餐，还是他们三人一起散步。凡是认识托尔斯泰一家的人都知道，如果还能有谁比列夫脾气更暴躁，那就是他的妻子索菲亚。因此两位客人赶紧选择了第二种提议。起初，他们关于文学的谈话还算友好，但很快托尔斯泰开始激烈地抨击诗歌，说它是一种贫乏的艺术形式。更让里尔克尴尬的是，托尔斯泰几乎只和安德烈亚斯-莎乐美说话，完全无视他的存在。里尔克后来在日记中写道，托尔斯泰似乎"把生活看作一条巨龙，好让自己成为与它战斗的英雄"。

来自托尔斯泰的否定，启发里尔克明确了下一个创作计划，即一部中世纪祈祷书形式的诗集——如果不是这一点的话，此事对他的打击可能更大。一回到柏林，他就开始写《时祷书》（*The Book of Hours*），这本书记录了他对诗神的追寻之旅，他将在一八九九年至一九〇三年间分三部分完成。出版后，他送了一本给安德烈亚斯-莎乐美，并题写道：

> 永远在露的手中
>
> 莱纳

这本里尔克生前出版的最重要的书,很大程度上是受到她的启发而作。"你把我的灵魂抱在怀里,照料它。"他后来这样对她说。她对于他的敏感性格的严厉批评,开始让他的诗更加刚健,与此同时,他对她的爱恋驱使他写下了有史以来最浓烈的爱情诗之一:

> 蒙蔽我的眼睛,我仍然看得到你,
> 击溃我的耳朵,我还能听得到你;
> 没有脚,我也可以走到你身边;
> 没有舌头,我也可以随时召唤你现身。
> 砍断我的双臂,我就用我的心
> 拉着你,拥抱着你。

在那段时间里,只要能得到安德烈亚斯-莎乐美的指引,里尔克或许真的宁愿失明。他依赖他人的照顾到了看似自私的程度——假如他不是以同样的狂热爱着他们的话。但是到了一九〇〇年夏天,他的依赖开始让她厌烦了。她走到哪里,他的信就跟到哪里。一次,她把他留在俄国,自己去国外探亲几天,他就大发脾气。一封求她回来的信,在她看来是他目前写得最糟糕的文章,其效果则是让她在远方多耽搁一段时间。里尔克感到自己被抛弃了十天,陷入了绝望。她回来时发现他发着烧,浑身发抖,于是宣布她将独自回到柏林,他则必须做出自己的打算。

她对他说，她渴望"更多地独处，就像四年前那样"，那正是他们相遇的时候。但私下里，她在日记里写道，她希望能够对他说："走开，彻底消失！"为了达到这个目的，"我能够做到这么残忍（他必须离开！）"。

即将到来的分离令里尔克极度绝望，但他不敢违抗她。回到柏林的第二天，他应邀去德国北部的一个艺术家聚居区拜访一位朋友，好暂时给她一些空间。但是，正如里尔克在诗句中所许诺的，她没法那么轻易地把他赶走。在他的余生中，每当他无法写作，或每当他跌入自我的深处，以至于担心自己将永远沉沦时，他都会向安德烈亚斯-莎乐美发出呐喊。每次，她都会来到他身边，平静地拉起他的手，将他带回光明之中。

第三章

罗丹于十九世纪五十年代放弃了植物园的学习之后，做了四年雕塑匠，早晨和晚上则创作自己的艺术。他在戈布兰织毯厂①旁边一座没有暖气、几乎没有改造的马厩里，租了自己的第一间工作室，一个月要花十法郎，这样，他就没有钱雇模特了——模特几个小时赚的钱，常常跟他一整天赚的一样多。他不得不将就着用那些极其拮据、愿意接受他寒酸的工钱的业余模特。

一位名叫毕毕（Bibi）的希腊老杂工很乐意为罗丹提供服务，只为额外赚点酒钱。此人鼻子断了，脸"丑得恐怖"，罗丹起初很难接受用他做模特的想法，"那简直太可怕了"，他说。但是毕毕很便宜，而且他本来就要一周三次来打扫工作室，因此从一八六三年秋季开始，罗丹开始雕塑一尊忠实表现他的胸像。一个坑接着另一个坑、一条沟接着另一条沟，罗丹奋力地操作着黏土——就像生活用力在毕毕脸上留下烙印那样。

接下来的十八个月中，罗丹开始注意到，毕毕脸上偶然会闪现一种俊美。他的头颅形状很好，在饱受生活蹂躏

---

① 由亨利四世国王创立于1601年的织毯厂。本书脚注均为译者注。

的容颜之下，他的骨骼结构自有一番崇高的气质。与卢浮宫展出的那些雕塑相比，他的脸也并非完全不同，罗丹想道；毕竟那些雕塑之中，很多也同样来自希腊，同样饱经岁月的磨洗。

罗丹于一八六三年完成的半身像与当时流行的精致人物雕塑截然不同。十五年前，波德莱尔曾充满挑衅地将一篇文章命名为《雕塑为什么无聊》——他并非完全是在夸张。直到那时，雕塑几乎专门是作为装饰品而制作的——例如大教堂上的花饰，或公园里的战争纪念碑。十九世纪上半叶，即使是最好的新雕塑，也仍然是被用来安装在建筑物外墙上的，比如巴黎歌剧院正立面上卡尔波（Jean-Baptiste Carpeaux）的醉酒舞者们。如果一件雕塑独立进入了博物馆，那很可能是因为它原来的栖息地已经遭到毁坏。

不论罗丹是否意识到，他的《塌鼻人》是在公然冒犯这一悠久而不容置疑的传统。无名之辈的面容永远不会出现在纪念碑或建筑物上，除非是作为罪恶的象征。但罗丹塑造的毕毕是真正的"丑"，而不是象征意义上的"丑恶"。他是一个自给自足的存在，而非作为对于其他事物的谴责，正如里尔克后来注意到的："这张脸中有一千个受折磨的呼喊，却没有发出任何责备。它不向世界求情；它本身就是正义的，它自身所有的矛盾都已在其中和解。"

罗丹觉得一八六四年的巴黎沙龙似乎是向公众展示这尊胸像的好时机。与他同时代的莫奈、塞尚（Cézanne）、雷诺阿已经开始出名，尽管他们还没有完全为较权威的沙龙所接受。前一年报名官方沙龙的作品中，有三分之二遭到了拒绝,其中包括马奈(Manet)那幅声名狼藉的《草地上的午餐》。但这些作品在另一个展览中进行了展示——那个画展被不无轻蔑地命名为"落选者沙龙",但最终证明比官方沙龙更受欢迎,而且还让马奈成了众人崇拜的英雄。

但是那年冬天,罗丹还没来得及把他的胸像送交评委会,他的工作室的温度就跌到了冰点以下。陶土雕像的后部开裂,掉在地上摔成了碎片。一天早上,罗丹走进来看到这番景象,盯着雕像看了许久,最终觉得这种效果其实更好。现在,这个面具本身就承载了毕毕和罗丹的贫穷的现实,用极其直接的方式表现了生活的冷酷。

罗丹将这件作品作为面具而不是胸像提交给了一八六四年的沙龙,但评委们没有选中它,第二年又一次将它淘汰了。对于这个消息,罗丹并没有像过去那样感到难过。他知道这座雕塑对他来说构成了一个重要的启示,不管其他人是否意识到这一点。毕毕教会罗丹,美关乎真实,而不是形式的完美。"在艺术中,只有没有个性的东西才是丑陋的……"他总结道。人类是有缺陷的动物,因此也就无法与完美共鸣。但人们能够对伤疤、褶皱和细纹产生共鸣,因为它们共同拼出了人生真实的面貌。

"这个面具对于我后来的工作具有决定性的意义,"罗丹后来说,"那是我做的第一个好的造型。"当他开始确认自己的才华时,他也意识到,拥有这种才华也要付出代价——就像许多天赋一样。艺术的天赋必须与他人分享,否则它们就失去了价值。找到观众,让原本不可见的东西能够被世人看到,现在成了他的责任。就这样,许多人的天赋没有得到施展，许多有才华的人继续受着煎熬，内心的缺憾如得不到回应的爱情。罗丹像里尔克一样，整个青年时代都在天赋的重压下度过——直到一八六四年，他遇见了一位女性。她将成为他创作的见证和终身的忠实守护者。

一八六四年，萝丝·伯雷（Rose Beuret）十八岁，已经是一名经验丰富的女工。遇到这位二十四岁的雕塑家时，她刚刚离开香槟省家里的葡萄园，到巴黎来找了一份裁缝的工作。在罗丹工作室所在的那条街上，伯雷用花朵装饰淑女们的帽子，他则雕刻着石质的花朵，以装点正在建造的新歌剧院欢乐剧院——它取代的是圣殿大道（当时人称"犯罪大道"）上那座在豪斯曼改造计划中遭到拆除的剧院。

伯雷有一头灰褐色的头发，卷曲在她的帽子边缘。她有着一张坚韧、紧张的脸，一双容易激动的眼睛，从一开始就给罗丹留下了深刻的印象。"她没有城里女人的优雅，却有农家女儿身体的活力和结实的肉体，还有那种活泼、率真、鲜明的男性化的魅力，这些反而更衬托出女性的身体之美。"他立即邀请她为他做模特。伯雷很可能是为了赚取额外的收入，也为了在城里有个朋友，欣然同意。

罗丹说，她来从事这项工作时，"就像铁炮弹一样坚强"。她在他寒冷的工作室里摆了几个小时姿势：一只手臂向下伸展，好像正在往床头柜上放一面镜子，另一只手则做出正在扫过头发的样子。"我使出了一切本领来塑造它。"在谈到依照伯雷制造的雕像时，罗丹这样说。这是他第一尊真人大小的雕像,名为《酒神女祭司》(*Bacchante*)。当时罗丹的工作是为著名的浪漫主义艺术家阿尔伯特-欧内斯特·卡里尔-贝勒斯(Albert-Ernest Carrier-Belleuse)雕刻黏土模型,于是每周日,以及每天早上去工作之前,罗丹都在做这尊雕塑。他需要存钱将《酒神女祭司》进行浇铸,于是把它先放在一边,转而继续进行其他项目。后来,工作室被他填得太满,他不得不换个更大的地方。工人们搬动沉重的《酒神女祭司》时,它摇晃得很厉害,掉在了地上。罗丹听到巨响,循声而去,惊恐地发现他的"可怜的女祭司死了"。

而拥有血肉之躯的伯雷却没有很快离开。第一次做模特之后,"她像动物一样依附于我",罗丹说。两人很快成了情人,围绕他们的工作建立了牢固的伙伴关系。雕刻是罗丹的工作;照顾罗丹是她的工作。她成了他极好的工作室助理:早上为他当模特,晚上回来后再用湿布盖住未烧制的黏土团,以防它们变干。她继续当着裁缝,罗丹还时不时帮她缝纽扣。

罗丹不愿承认他有多么依赖伯雷。每当被人问及他们的恋情时,他就耸耸肩说:"有一个女人还是必要的。"但他不相信男人需要妻子,所以当她于一八六六年生下了他们的私生子时,男孩的出生证明上写的是奥古斯特-欧仁·伯雷,父亲"不明"。尽管如此,他们还是一生都在一起,伯雷是罗丹的首席顾问、合作伙伴、情人,最重要的是,她是罗丹天赋的维护者。

在接下来的十年里,罗丹都是作为观众出现在画展上。自从巴黎沙龙拒绝了他的《塌鼻人》以来，已经过去了十一年，他再也没有提交过另一部作品。他意识到一尊雕像可能会影响一位艺术家的整个事业，于是下定决心在完成一件杰作之后再回来。

他对自己的技法很有信心，但是并不确定该如何将他在各处受到的美术教育综合运用，做出出色的写生雕刻。勒考克教会了他如何注意观察，巴里教会了他捕捉动态，但是还没有人教过他怎样描绘人体。因此，一八七五年，他前往意大利，直接从源头——米开朗琪罗——学起。

他准备好了行装，带了一些法国香肠——这样他就不用吃看似缺铁的意大利食品了——接着上了火车。他选择了一条风景优美的路线，穿过法国和比利时，沿途参观了诸多哥特式主教座堂。"迪南风景如画，兰斯的主教座堂拥有一种我在意大利也从未见过的美。"他在给伯雷的信中写道。

当罗丹在那年冬季到达佛罗伦萨时，全城都在纪念米开朗琪罗的四百周年诞辰。他参观了美第奇礼拜堂，米开朗琪罗的洛伦佐·德·美第奇（Lorenzo de Medici）雕像以沉思的姿势坐在那里——正像未来的《思想者》一样。他仔细观察了佛罗伦萨每一座他能找到的米开朗琪罗的人物雕塑的轮廓，接着又前往罗马，到西斯廷礼拜堂观赏油画作品。这番经历彻底颠覆了罗丹的认知。米开朗琪罗所做的每一个决定，似乎都与罗丹从卢浮宫的希腊艺术家那里学到的东西背道而驰。"'等等！'我对自己说，'为什么身体要这样弯曲？为什么这个臀部要抬高，这个肩膀要放低？'"但他知道米开朗琪罗不会搞错。

现在罗丹又是一名学生了，他改造了勒考克传授的练习方法，在笔记本上画满了速写——"不是他的作品的速写，而是它们的骨架；我在想象中建立了这个系统，以充分地理解他。"他在给伯雷的信中写道。渐渐地，"这位伟大的魔术师向我透露了一些他的秘密"。

一个月后，罗丹回到了家，满脑子都是想法。他立即着手制作一尊雕像，最终正是这件作品让他进入了沙龙。他找到了一位年轻的比利时士兵做他的模特。他的肌肉线条非常健美，他摆的造型是一只拳头紧握着一支长矛一般的棍子，另一只手举到头前方，似乎十分痛苦。罗丹极尽所能地观察他的形体，从前方，从背后，从侧面，再从四分之三侧面。他爬上梯子看上方，又趴到地上去看下方。他花三个月雕完了一条腿，总共用了一年半时间，一寸寸塑造他的轮廓的每一处细节。

成品是一尊逼真得不可思议的石膏人，罗丹将其命名为《青铜时代》。他的眼睛半闭着，这个人显然看到了什么可怕的事情，仿佛他刚刚发现了被杀害的爱人的尸体，或者他意识到杀她的人正是自己。罗丹最终去掉了长矛，以保证欣赏人物侧面的视线畅通无阻，这个决定让原本就很神秘的姿势更加耐人寻味。

一八七七年，巴黎沙龙准许《青铜时代》参展。这件作品非常受评委会喜爱，甚至法国政府也提出要为巴黎订购一尊。然而沙龙开幕之后，罗丹对于准确性的精益求精的追求，反而对他不利了。批评家认为，《青铜时代》过于写实了。它更像"一项研究，而非一尊雕塑，它过于忠实地描摹模特的肖像，而没有个性或美感，是一种极其精准却非常低劣的模仿"，夏尔·塔尔迪厄（Charles Tardieu）在《艺术》周刊（*L'Art*）中这样写道。其他人甚至怀疑罗丹是直接从人体上翻模下来的，也就是一种被称作"包覆成型"的卑劣做法。

政府也派出专家审查这件作品。他们得出的结论是：即使这不是"绝对意义上的人体翻模，这种工艺显然也在它的制造过程中起了非常重要的作用，因此这不能真正算作一件艺术品"。

在罗丹漫长而充满争议的职业生涯中，有关包覆成型的指控是他遭受的最恶毒的中伤之一。这无异于指责作家抄袭。"我的身体和精神都受到了切实的伤害。"他对伯雷说。但在寄给报纸的义正词严的辩解信中，他并没有表现出这一点。他请求官员们看一看他的模特的照片，他们应该能够看出，模特本人要更加健硕一些，这就可以证明他的作品不可能是翻模所得。他请当时最好的雕塑家们——包括亚历山大·法尔吉耶（Alexandre Falguière）和罗丹的前任老板卡里尔-贝勒斯（Carrier-Belleuse）——联合签署了一份声明，驳斥了有关包覆成型的指控。他们还在声明中赞美了这座雕像，称其体现了"非常罕见的造型能力，更体现了艺术家强烈的个性"。

终于，三年之后，这番证词说服了新上任的主管艺术事务的国务次卿埃德蒙·图尔盖（Edmond Turquet）。一八八〇年，他重启了政府对这尊雕塑的青铜版的订购。为了更进一步表达好感，图尔盖同一年又冒险将一个新的项目委托给了这位未经考验的艺术家。巴黎正筹划建造一座新的装饰艺术博物馆，需要一位艺术家来设计入口处的大门。

对罗丹来说，这项委托是证明自己不只是一个装饰雕刻匠的大好机会。尽管任务的要求是建造两扇装饰性的门，他提案中的设计却是巴黎有史以来最宏伟的门：这是一对二十英尺高的青铜大门，其上有两百多个裸体的小型人物雕塑，灵感来自但丁的《神曲》。他在意大利曾看到洛伦佐·吉贝尔蒂（Lorenzo Ghiberti）的青铜教堂大门《天堂之门》①；又见到米开朗琪罗半成品的奴隶们挣扎着要从大理石的牢狱中挣脱。自从那时起，这个设计就已经在他头脑中酝酿了。从意大利回来之后，罗丹经常重读《神曲》，甚至装了一本在口袋里。

政府接受了他的设计方案，奖励了他八千法郎，以及一间免费工作室，位于国有的大理石仓库中。这些还不足以让他辞掉在塞夫尔一家瓷器厂的工作——他在那里做了十年的花瓶。但这一切见证了《地狱之门》的诞生，他生命中剩下的时间里一直在为这个项目倾注心血。

大理石仓库长满青草的院子里到处是石板，有的整个翻倒了，有的只雕刻了一半就被丢弃了。这座建筑位于大学路和塞纳河之间，位于一个曾经被称为天鹅岛的狭长地块上。被罢免的国王的雕像、受到损毁的战争纪念碑，统统被送到这里来，等待着战后的修复。许多石块就这样久久无人理会，最终被雕塑家们回收，用来做新的部件。

围着院子的一圈工作室，是为接到政府委托的艺术家们保留的。一八八〇年，罗丹进驻了 M 工作室，与年轻

---

① 位于佛罗伦萨的圣若望洗礼堂东侧入口。

罗丹的《地狱之门》，青铜浇铸

的艺术家约瑟夫·奥斯巴赫（Joseph Osbach）共享。后来的那些年里，随着《地狱之门》的规模越来越大，他又继续占据了H工作室和J工作室。

大量的湿黏土块让工作室里又冷又潮。唯一的热源是一个小铸铁炉。不过，与罗丹曾经当作工作室的马厩相比，这已经很不错了，于是他"激烈地"工作了起来。他设想的景象一直在他的脑海中搏动，"就像一枚即将孵化的蛋"。现在政府为他提供了打开这个宝库的凿子，各种画面早已在其中堆积如山。他首先将乌戈利诺刻画了出来——那个在地狱最底层、饿得啃噬自己孩子骨肉的父亲；接着是那一对通奸的情人——弗兰采斯加和保罗。他考虑过安排但丁坐在这两人面前的岩石上，但后来他觉得这样的话，对于作品文本的参照就太明显了，而他不想以这么消极的方式复刻文本。

他没有表现这位著名的诗人，而是造了一位无名氏。他把这尊塑像安放在大门的顶端，"双脚向里收，拳头抵在牙齿上"。他没有任何英雄的举动，而只是在想。"丰富的思想在他的大脑中慢慢变得清晰。他不再是做梦的人，而是创造者。"罗丹说。

罗丹没有从脚部开始，逐渐向上塑造，而是从躯干开始。他用黏土粗略地塑造出一个小的C形的脊柱曲线，得到了肌肉的大致分布。右肩放低，靠向抬高的大腿，就像梵蒂冈观景殿中出自古希腊的阿波罗尼奥斯（Apollonios）之手的《贝尔维德雷躯干》（*Torso of Belvedere*）那样——自文艺复兴起，雕塑家们一直在模仿这件精彩绝伦的大理石残片。接着罗丹塑造了一系列越来越精细的模型,最终完成了一件二十七英寸高的人像。后来,他让手下操作石膏和青铜的工匠将它的尺寸增大了三倍,做了七十九英寸高的版本。

罗丹原本将这个人像命名为《诗人》,可能指的是但丁或波德莱尔。(罗丹曾经在《恶之花》的一首诗旁边画过这尊雕塑的草图。在那首诗中,一位作家坐在岩石上,一个戴珠宝的裸体女人在他面前展示自己,而他则努力让自己的注意力集中在思考上。)或者罗丹起这个名字,采取的是古希腊词语 poïesis 的意义,那么这个形象就不仅仅指一个写诗的人,也是魔术师、哲学家、雕塑家,或任何类型的创造者。

在某种程度上,《思想者》——这是罗丹最终给他定的名字——是一位年轻雕塑家对艺术家形象的探索。在罗丹看来,艺术家是劳作者,而这尊雕塑就是在向他必须付出的斗争致敬。这个形象深深地沉浸在思索中,他的思想压在了整个身体上,在他的眉间刻出了沟槽,让他的脖子也低了下来。他的肩膀像阿特拉斯那样弓着,但他的负担是自己的头脑。一只手抵在下巴上,无力地垂着,他不讲话;他双眼低垂,看不见周围众人的痛苦。典型的雕像歌颂的是战争英雄和贵族,而这位无名氏的雕像却非常罕见地向普通人致敬。这是现代艺术家祈祷的姿势。

几年后,摄影师爱德华·斯泰肯(Edward Steichen)拍下了一张照片,进一步佐证了将《思想者》看作罗丹自塑像的解读。这张照片如今挂在大都会博物馆。画面中,罗丹站在这尊雕塑前,用拳头支撑着自己的下巴。照片较暗的曝光模糊了他与材料之间的界线,将它们重新浇铸为人格面具（Persona）和另我（Alter ego）。这不再是艺术家和创造物。阴影包裹着这两个形象颈项以下的部分，仿佛他们轻薄的身体完全是为了支撑他们强有力的头脑而生的。里尔克后来写道，《思想者》的"整个身体都变成了头颅，血管中全部的血液都成了大脑"。

罗丹将一尊《思想者》安放在了那个十五英尺高、用来制造《地狱之门》原型的木框架上。每当来访者问起那些占据了整个工作室的大量木料时，他就回答说："那是我的门。"罗丹先用黏土制作浮雕和人物的模型，然后再将它们安装在木架上。他把这些人像造得很小，以免再被人怀疑是人体翻模，但又大到足以展现他的造像技巧。他运用了自己对于哥特式建筑的知识，巧妙地排布那些哀号的迷失灵魂，利用他们彼此的阴影造出了最具戏剧性的效果。他将人物的躯体拉长，仿佛他们的五脏六腑正被吸出。

尽管《地狱之门》被公认为罗丹的巅峰之作，但其实这件作品并未完成。它不断地增长，细节越来越丰富，最终达到二十多英尺高、十三英尺宽①。只在一九〇〇年，他展示过一个石膏的版本。他花了三十七年在这件作品上，却始终不曾见到它被浇铸成青铜大门。佣金更丰厚的工作减慢了这项工程的进度，而且他表示，自己永远没有足够的帮手。他先后雇的几位助手，要么太有才华，不愿留下；要么不够有才华，没法留下。

而真正的原因可能是，罗丹永远在进行新的探索和尝试。他拥有一双天才的手，而他的头脑却是"但丁、米开

---

① 约合 6.4 米高、4 米宽。

朗琪罗、雨果和德拉克洛瓦的大杂烩"——罗丹开始创作《地狱之门》两年后,埃德蒙·德·龚古尔拜访了他的工作室,随后这样写道。在龚古尔看来,这一屋子杂乱无章的东西简直像一块珊瑚礁,罗丹则似乎"总在计划,总在画草图,把自己分散在一千个想象、一千个梦中,但却什么都不去付诸实施"。

当时罗丹的生活中还有一个持续分散他的注意力的因素,即年轻的女雕塑家卡米耶·克洛岱尔(Camille Claudel)。一八八二年,罗丹给前往佛罗伦萨进行休假研究的好友阿尔弗雷德·布歇(Alfred Boucher)帮忙,开始每周五下午给一小群学生上艺术课。

这位学生才华横溢,有着暖栗色头发和冷峻的蓝眼睛,不难想象这位艺术家为什么喜欢她。她性情坦率,有些人可能觉得野蛮:感到无聊时,她会大声叹气,低声抱怨,还带着浓重的乡下口音。许多人认为她很粗鲁,但罗丹简直无法抵挡她的魅力。从她当时对一份问卷俏皮的回答中,可以看出她的叛逆的可爱:

> 你最喜欢的男性品质:
> 服从他的妻子。
> 你最喜欢的女性品质:
> 惹丈夫烦恼。
> 你最喜欢的美德:
> 没有:美德都很无聊。

同样我们也很容易理解，为什么这个年方十八的女孩没有立即回应四十二岁的老师的感情。她听从了一位老师的鼓励，决心来巴黎继续学习艺术，刚刚才和家人从法国的一个村子搬到了蒙帕纳斯。她住的公寓楼里，几乎每一户都住着艺术家，她第一次感到在同类中间。在这一切令人兴奋的事中，她的中年老师很可能并未排在前列。从她对那份问卷顽皮的回答来看，婚姻这个概念当时对她来说也没什么意义。

不出一年，罗丹就绝望地、无助地爱上了克洛岱尔。她拒绝见他的时候，他甚至会找借口拜访她的朋友，只因为他觉得克洛岱尔可能也在那里。"有点同情心吧，狠心的姑娘。我不能再这样下去了，我再也不能过一天没有你的日子。"他曾在一八八三年给她的信中这样写道。

尽管克洛岱尔和罗丹极其不同，也有一些毋庸置疑的相似之处把他们联结在一起。他由衷地相信她的才华，抓住一切机会帮她展开职业生涯。与此同时，罗丹对克洛岱尔的创作总能"给出一针见血的建议"，让这位年轻的艺术家十分钦佩。两人都热爱工作，都认为工作理应高于一切。

一八八五年，罗丹需要帮手来完成一项重要的新委托。十四世纪，法国港口城市加莱的六位领袖，为了救被英国围困的人民，决意献出自己的生命。《加莱义民》就是为纪念这个事件而作。罗丹第一次雇用了两位女性作为工作室助理，即克洛岱尔和她的朋友杰西·利普斯科姆（Jessie Lipscomb）。

克洛岱尔很快成了罗丹的首席助理，在《加莱义民》和《地狱之门》的创作过程中都是如此。其他助理在周围聊天、抽烟时，她依然保持专注，安静地雕刻罗丹交给她单独负责的小手和小脚。接下来的那年，克洛岱尔和罗丹疯狂地相爱了。情到深处，罗丹还写了一个合同给克洛岱尔，承诺不教其他女学生、不和其他女人上床。他发誓会离开伯雷，并带克洛岱尔去意大利生活六个月，然后他们就结婚。

和克洛岱尔在一起的那些年，罗丹增加了对女性的关注，在创作中、生活中都是如此。他的社交圈也拓展了，结交了更多进步的艺术家，他们中的许多人都娶了独立取得成就的女性。女性的形象开始更经常地出现在罗丹的雕塑中，有时她们有着克洛岱尔的面容。他还实验性地塑造了一些性感的姿势，例如一八八九年完成的大理石雕像《吻》（*The Kiss*）中，真人尺寸的情侣紧紧相拥，他们那么亲密，以至于观者绕着雕塑走一圈也找不到一处可以看到两人面部的地方。这对情侣将观者窥探的目光完全隔绝在外，形成了自己的私密世界，正如克洛岱尔和罗丹所做的那样——至少在一小段时间内是如此。

罗丹五十岁之后，他的作品让评论家们更加困惑了。他们不知道该把这个没上过巴黎美术学院，也没在哪位在世的大师身边做过学徒的人物，归到哪个派别。更怪异的是，他对于自己非科班出身的属性，似乎颇为自得。他不纠正或掩盖错误，而是将它们突显出来。

而当评论家们还在怀疑时，艺术家们已经迅速认可了罗丹的才华。保罗·塞尚是他忠实的仰慕者，据说一八九四年他们第一次见面时，塞尚感动得热泪盈眶。他们当时正在莫奈位于吉维尼的家中，奥克塔夫·米尔博（Octave Mirbeau）、古斯塔夫·杰弗罗伊（Gustave Geffroy）和乔治·克列孟梭（Georges Clemenceau）① 都在场，塞尚滔滔不绝地对杰弗罗伊说："罗丹先生一点不骄傲；他握了我的手！"这位当时已经五十五岁的画家，单膝跪地感谢罗丹的这个动作。

斯蒂芬·茨威格对罗丹也同样敬仰。这位奥地利作家到工作室来拜访他，看他对一尊胸像做细节的调整。本来他应该带着茨威格参观一番，但他工作得越来越投入，完全忘记了自己有客人。等他终于抬起头来，看到茨威格站在那里，还吓了一跳。他赶忙道歉，但茨威格立刻阻止了他。"我只是感激地握着他的手。但其实我很想吻这只手。"

一八九一年，埃米尔·左拉被任命为法国文人作家协会（Society of Men of Letters）的主席。他发布的第一个命令就是委任罗丹为奥诺雷·德·巴尔扎克造一座纪念碑。左拉认为，这位伟大的自然主义作家逝世已经四十年了，居然还没有一座雕像来纪念他，实在太耻辱了。他觉得没有比罗丹更合适的人选——这位自然主义艺术大师，有时还被戏称为"雕塑界的左拉"。评论家们认为这两人都"感染了着迷于性感的疯狂"，都推行粗野的、展露一切缺陷的现实主义。

罗丹接下委托，但并未说明雕塑未来的模样，很可能

---

① 奥克塔夫·米尔博是记者、艺术评论家、小说家、剧作家；古斯塔夫·杰弗罗伊是记者、艺术评论家、历史学家、小说家；乔治·克列孟梭先后为记者、政治家，后于 1906—1909 年间和 1917—1920 年间两度出任法国总理。

是因为当时他自己也不清楚。他还需要进行大范围的研究，首先要拜访作家的故乡，接着要找到一位面相合适的模特。与此同时，他正要完成另外几尊法国天才人物的纪念碑：雨果、波德莱尔和画家克劳德·洛兰（Claude Lorrain）。

另一个耽误工期的因素是，这段时间他和克洛岱尔的争执也更加激烈。随着近几年罗丹的名气越来越大，他在模特们和其他仰慕者眼中也越来越有吸引力。克洛岱尔感到，他纵容这些外人侵犯了他们之间神圣的隐私，她的嫉妒越来越强烈。她也开始怀疑，他是否真的有一天会践行自己的承诺，离开伯雷。

伯雷很清楚地知道罗丹和克洛岱尔的恋情。虽然这让她很痛苦，但她不肯放弃他，甘愿对此视而不见。但这次恋情与之前的数次不忠不同。她第一次感到他的女友对她构成了严重的威胁，她知道自己不能坐视不理了。两个女人成了死对头。据说有一次伯雷发现克洛岱尔在他们屋外的灌木丛中窥探后，用枪指向这个年轻女人。而克洛岱尔则拿给罗丹一系列画，在其中将伯雷描绘为挥舞着扫帚的女魔怪，或是四足蹲伏的野兽。罗丹也经常出现在这些画上——用铁链拴着，皮包骨头，全身赤裸。罗丹假装情况完全不在自己的掌控之中。他毫不介意继续与这两个女人分别维持恋情，也无法理解为什么克洛岱尔不能为自己是他更爱的一个而感到满足。

终于，怨恨和一个个未兑现的承诺，让克洛岱尔忍无可忍了。她的情感开始消磨她的精力，让她无法工作。一八九三年，她感到为了罗丹失去了一部分自我，提出了分手。罗丹十分绝望，但是又不肯努力挽回，便悄悄地离开了，开始在巴黎城外为自己和伯雷寻找合适的房子。

然而，与罗丹分手只是克洛岱尔麻烦的开始。要从他在她的事业上笼罩的巨大阴影中走出并不容易。当时人们都知道她曾经是他的情妇，因此要雕出属于她自己的风格而不让人联想到他的影响，几乎是不可能的。她的应对策略是直面谣言，毫无保留地公开他曾如何利用她的弱点——她比他年轻得多，而且是一位有抱负的艺术家——来控制她。

让克洛岱尔恐慌的是，罗丹还在继续提携她。他们分手一年之后，他参观了一个展览，其中展出了她的一尊半身像。他对媒体说："它像一记重拳一般击中了我。她现在成为我的对手了。"几年间，他一直这样悄悄地给她安排工作和展览。一八九五年，克洛岱尔发现一项委托与他的影响有关，随即把这件作品变成了尖刻的反攻。她花了四年时间，将三个真人尺寸的青铜人像塑造成了一个精致的复仇幻想：一个长着翅膀的老妖婆拖着一个虚弱的老人前行，而他的一只手臂向后，伸向一个跪倒在地的裸体女孩，她向男人伸出双手，恳求他回来。但为时已晚，母兽已将他永远控制在双爪之中。

当这件名为《成熟》（*The Age of Maturity*）的作品于一九〇二年初次面世时，克洛岱尔与家人本就很紧张的关系进一步恶化了。她的妈妈和妹妹责备她玷污家族声誉。她的弟弟、宗教诗人保罗·克洛岱尔描述了自己第一次看到这件作品时的震惊："这个裸体的女孩是我的姐姐！我的姐姐卡米耶，哀求、受辱、下跪！这位如此出色、如此骄傲的年轻女性，竟然会用这种方式描绘自己！"

克洛岱尔把自己关在工作室里将近二十年。她担心自己会忘记如何说话，便开始跟自己说话。罗丹为了帮助她而进行的秘密操作，却让她胡思乱想，认为他在跟踪她，偷窃她的想法。她一直生活在肮脏的环境里，一贫如洗。一九一三年，她的弟弟把她送进了精神病院。他相信《成熟》中的魔怪不只从她身边夺走了罗丹，它也"同时夺走了她的灵魂、天才、理智、美丽和生命力"。

然而，其他人并不确定她发了疯。拜访过克洛岱尔的几位朋友说，她看上去非常理智，一心只想回家。当时她写的许多信也显示出这一点。"我不得不继续住在这里，这太让我难过了，我觉得自己已经不再是人了。"一九二七年，她在给母亲的信中写道。她不明白，当初明明是罗丹这个老"富翁"利用了她，为什么现在却是自己在受惩罚。她的乞求始终没有得到回应，她在精神病院待了三十年，直到七十九岁去世。她被埋在了乱葬坑里。

或许还有一点更加悲惨：克洛岱尔最大的恐惧已成现实，她的名字将永远与罗丹的名字纠缠在一起。她在世时，他们的情事是小报上的热门八卦和戏剧作品的素材——比如亨利克·易卜生（Henrik Ibsen）出版于一八九九年的《当我们死人醒来时》（*When We Dead Awaken*）。而在她死后，她的弟弟将她的众多作品捐赠给了罗丹博物馆，如今那里是全世界收藏克洛岱尔的雕塑最多的地方。

第四章

世纪之交前的二十五年间,欧洲主要城市的人口翻了一番,甚至几乎增长为三倍。作家们开始将快速的城市化进程描述为一种疾病。烟雾笼罩的大都市成为一个个溃烂的疮,渗出污水,进入河流,让空气硫化,滋生细菌,与此同时,居民们在公寓楼群中彼此摞在一起生活。

对传染病的担忧催生了遍布全城的恐慌,很快恐慌本身也成了一种疾病。医学院开始介绍一种叫作歇斯底里的病症,当时这种病被认为是由子宫的异常状况引起。很快,巴黎有超过五千名精神不正常、患有癫痫、贫穷或其他被认为无可救药的女人被放逐到了位于植物园旁边、前身为火药厂的硝石库精神病院。

有些人把这里叫作死亡工厂。"在那些墙后面生活着——或者应该说聚集、游荡着——一个特殊的人群:老人、穷苦的女人、坐在长椅上等死的病人、在精神病房或隔离室里愤怒地号叫或悲伤地哭泣的疯子……这是痛苦的凡尔赛宫。"记者朱尔·克拉勒蒂(Jules Claretie)这样写道。三四个病人睡一张床。就连这里的负责人也将之称为"苦难的大市场"。

管理这座地狱的这个人正是让-马丁·沙可(Jean-

Martin Charcot),神经病学之父,他还有个绰号:"神经症的拿破仑"。他使硝石库医院从一片"瘫痪、痉挛和抽搐的混乱"中摆脱出来,转而成为一家领先的教学研究性医院。沙可是一位了不起的科学家,但在那些早上的演讲中,他却像卖万金油的推销员一样在讲坛上大吼大叫。人群很早就排起长队,想看他在舞台上实施催眠术,驯服歇斯底里的女人。

一八八五年,沙可的演讲吸引了来自维也纳的年轻的神经学家西格蒙德·弗洛伊德。"沙可非常有魅力,每一场演讲在组织方面都堪称杰作。他的风格那么完美、那么有感染力,他的话在你耳中回荡,他展示的内容会留在你眼前一整天。"他说。弗洛伊德在沙可这里的学习让他舍弃了从前以研究为主的职业道路,当他回到维也纳时,已经准备好走上临床道路。他向同事们推广了沙可在歇斯底里症方面的理论,并且很快将其运用到了自己创造的精神分析学中。

弗洛伊德认为沙可是依赖所见而进行思考。由于沙可无法确定歇斯底里症的神经学基础,他转而关注其症状——关注它的外在表现。他凭直觉诊断。他算是业余艺术家,画下了歇斯底里症最常见的一些表现:扭曲的面部表情、痉挛性抽搐、紧张的体态。在他的从医生涯中,他积累了大量表现受折磨的身体的模型和绘画,最终甚至创立了沙可博物馆——在那个时代,为了迎合公众对于疾病与腐败的越来越浓厚的兴趣,像这样的解剖学博物馆出现了好几家。这些模型和绘画反映出的观察和呈现方式,如果不是有精神病院的背景赋予的科学权威性,简直可以被认为是纯粹的艺术品。

沙可有意将科学与艺术联结起来，还写了一本书，为古代画作中的人物以及画家本人进行诊断。他的追随者马克斯·诺尔道（Max Nordau）后来也因为一本对颓废艺术进行医学分析的书成了畅销书作家。他声称印象派画家都是歇斯底里症患者，视力模糊，色觉迟钝，这就是为什么普维斯·德·沙瓦纳（Pierre Puvis de Chavannes）用白灰作画，以及为什么保罗-阿尔伯特·贝斯纳（Paul-Albert Besnard）使用浓烈的原色。

渐渐地，歇斯底里症从纯粹的临床病症转变为了文化现象。左拉写了二十部小说来刻画一个家族的精神衰弱史，即"卢贡-马卡尔家族"系列。罗丹在《地狱之门》中展现了他眼中的但丁的地狱，反映的其实是十九世纪末巴黎的社会现实。那些体态扭曲的人物，仿佛沙可笔下矛盾情绪和神经症的痛苦煎熬化身而成的哑剧。罗丹的地狱中的每一位居民，都是生活在自身俗世追求的噩梦中的凡人。爱就意味着战争，欲望消解了理智。对他来说，地狱并不关乎正义；活着就要受惩罚。

忍受与卡米耶·克洛岱尔分手的漫长煎熬的那段时间，罗丹本该在做巴尔扎克的纪念碑。他承诺十八个月内完成，结果用了七年。他起初做了一系列巴尔扎克的自然主义的习作，随后又将它们全部抛弃，因为他发现，巴尔扎克的外貌并不能充分表现他的天才。这是和做《思想者》时一样的错误的开端——他试图描绘但丁，而不是他的思想。

在另一个版本里，罗丹试着表现巴尔扎克创造力的本质：裸体的他握着他的男性"创造力"的源头，但裸体似乎太不敬了。还有一个版本的造型太过学究。脖子起先太赢弱，后来又太粗壮。最终罗丹得出结论，用晨衣将巴尔扎克宽松地包裹起来，是最贴切的表现方式。

"一位灵感迸发的作家，深夜里在公寓里发狂般地走来走去，琢磨着他脑中的图景，这时候他还能穿什么呢？"罗丹对他的一位传记作家这样解释道，"我必须要展示在书房中的巴尔扎克，他气喘吁吁，头发凌乱，双眼似乎沉浸在梦中……没有什么比绝对真实的状态更美。"

然而，当这尊雕塑在一八九八年法国国家美术协会沙龙（Salon de la Société Nationale）初次露面时，许多观众认为罗丹的表现又一次太过真实了。《巴尔扎克》被宣传为这场沙龙的最大亮点之一，吸引了众多钟爱巴尔扎克的读者——如果不是听说有这尊雕塑，他们可能本来是不会来参观艺术展的。但是令他们惊恐万分的是，他们没有看到自己心爱的文学家温文尔雅地捧着书，而是看到一头巨大的怪兽，手里则是别的什么东西。罗丹塑造的巴尔扎克有着肉感的嘴唇、肥硕的下巴，不成形的浴袍下，鼓出一个大肚子。评论家们幸灾乐祸地表达着他们的震惊：这是一个正在融化的雪人吗？是一块牛肉？一只企鹅？一块煤？他们问。他为什么穿着病号服？在那件长袍之下，他正在爱抚自己吗？

即使对于那些想相信罗丹的人来说，这也太过分了。"帮我在这些甲状腺肿、这些增生、这些歇斯底里的扭曲中找到一些美丽的东西吧！"一位评论家写道，他希望看

罗丹的巴尔扎克雕像，爱德华·施泰兴拍摄于一九〇八年

到罗丹的追随者们所看到的东西。唉,"我没能找到。我已在额上涂了灰。我永远没法属于这个宗教。"①

当年进行这项委托的法国文人作家协会——在多年的延误中,左拉一直恳求协会成员们保持耐心和信心——当场表示拒绝接受这件作品。

罗丹的朋友们再一次冲上前来为他辩护。莫奈赞美了这件"极其美妙和伟大的雕塑",让罗丹不要理睬"那些白痴"。雕像的头部"妙极了",奥斯卡·王尔德(Oscar Wilde)说。图卢兹-劳特累克(Henri de Toulouse-Lautrec)、马约尔(Aristide Maillol)、德彪西(Claude Debussy)、波德莱尔和阿纳托尔·法朗士(Anatole France)也公开表示支持。他们联合签署的信中写道:"希望在像法国这样高尚、高雅的国家,罗丹不会停止受到重视和尊敬——凭他的风骨和他了不起的职业生涯,这是他理应得到的。"值得注意的是,左拉并没有参与这次集体声援。

此时左拉已经从法国文人作家协会主席的位子上退了下来,被卷入了另外一桩是非之中。四年前,法国军方以叛国罪将一名无辜的犹太陆军军官送到了魔鬼岛上的一处流放地。但一项调查显示,被定罪的阿尔弗雷德·德

---

① 在基督教的教历中,复活节前的最后一个星期天是圣枝主日,教士向人们分发棕榈叶,人们要举行宴席,以纪念耶稣进入耶路撒冷。而在圣灰日,即复活节前四十六天,也就是"大斋期"或称"四旬斋"的第一天,牧师或神父会用去年圣枝主日用过的棕榈枝烧成的灰,在信众的额上画上十字记号,表示对耶稣的哀悼和信仰,以及对于自身罪行的忏悔。这位批评家似乎是以此表达:尽管自己一度仰慕罗丹的艺术,但是实在没有能力欣赏这件作品,没法真正成为他的追随者。

雷福斯（Alfred Dreyfus）并不是间谍，而是被一名反犹太主义的情报负责人陷害，企图袒护真正的罪犯，并维护军方声誉。

左拉写了一篇四千字的慷慨激昂的檄文，要求重新审理德雷福斯的案子。《曙光报》（*L'Aurore*）在头版以《我控诉!》为标题发表了这篇文章。这封爆炸性的公开信将法国的知识分子分化为激烈对立的两派。塞尚、德加（Edgar Degas）和保罗·瓦莱里（Paul Valéry）站在保守派一边，反对德雷福斯；莫奈和马塞尔·普鲁斯特（Marcel Proust）则支持左拉——左拉已经成为支持德雷福斯的左派的代表性人物。法庭以诽谤罪判处左拉一年监禁，他逃到了英国。

这场争论持续了十多年，但罗丹一次都不曾表态，以声援他的这位老朋友和支持者。不知罗丹是支持反犹太主义观点，还是只是纯粹不想参与政治。对于不直接影响到他的新闻，他几乎从不发表意见。朋友们常常震惊于他对当代文化的一无所知——比如他就不知道查尔斯·达尔文是谁。有时他的无知会冒犯他们，左拉就是如此。他一直没有原谅罗丹在他生命中最糟糕的岁月里的无动于衷。

奇怪的是，尽管如此，罗丹与左拉的交往还是对《巴尔扎克》产生了积极的影响。罗丹最积极的支持者中，有许多都是支持德雷福斯一派的，他们并不知道他与左拉关系的变化。许多人开始将四面受敌的巴尔扎克雕像视为受冤屈者的象征，将它与德雷福斯联系在了一起。私人收藏家开始向罗丹提出购买雕塑的邀约，而一个英国的艺术家协会则努力向罗丹争取，希望获准将这尊雕像在伦敦展出。

最终还是要罗丹来定夺。他根本不打算售卖这尊雕塑。他发表声明说，这件作品对他来说太重要了，"我已经决定，我将是这尊雕像唯一的拥有者"。尽管他承认法国文人作家协会拒绝购买的决定，将为他带来"财务危机"，但他说自己太老了，无法再捍卫自己的艺术了。

罗丹不愿再"捍卫"他的艺术，很可能不是因为他太老了，而是因为他知道无须这样做。法国人或许还没有全心全意地接受他，但是英国人比以往任何时候都更喜欢他。《巴尔扎克》问世的那一年，英国拥有十尊《塌鼻人》雕塑的铜铸件——而法国一尊都没有。接下来的那年，艺术赞助人威廉·罗森斯坦（William Rothenstein）在他新开在伦敦的画廊里举办了一场展览，专门展出罗丹表现情欲的绘画——此人后来成了罗丹在英国最大的支持者之一。罗森斯坦认为他的作品既古典又具有预言性，并展望了一个甚至罗丹都还不敢触及的雕塑领域。

当时的英国人对胸像也更加重视。"汽车和狩猎都只能流行一时，而一尊胸像可以比罗马更持久。"伦敦作家乔治·摩尔（George Moore）告诉南希·库纳德女勋爵（Lady Nancy Cunard）[①]，并敦促她尽快订购，因为罗丹越来越老了。"等他的手开始不听使唤，眼睛也开始看不清，他就没法再做雕塑了。每个艺术家都认为，古典时代之后，没有任何雕塑作品在技法方面可以与罗丹的作品相提

---

① 作家、政治活动家。

并论。"摩尔说。

为了能跟这位大师学习,英国的年轻艺术家们开始前往巴黎。罗丹的老朋友、曾与他共同师从勒考克的阿方斯·勒格罗(Alphonse Legros),如今在伦敦斯莱德美术学院(The Slade School of Fine Art)任教,帮准备前往巴黎的学生们联系了罗丹的私人辅导课程。这些学生中就包括英国诗人罗伯特·勃朗宁(Robert Browning)的儿子——彭·勃朗宁(Pen Browning)。在罗丹的指导下,这个年轻人雕了一尊小型的阿波罗与宁芙的青铜像。他的父亲十分喜欢这件作品,请罗丹共进晚餐以示感谢。"他就像伦勃朗一样,能够活生生地表现苦难,即使在被岁月压弯的脊背上,他也能发现美和诗意。"他这样评价罗丹。

罗丹天生就很会当老师。他童年的梦想就是成为演说家。在博韦的寄宿学校,他有时会面对一整间空教室练习演讲。一天,几个男孩发现他在课间坐在老师的椅子上,对着无人的教室讲课、比画。他们在走廊里看了他许久,直到他们的窃笑把他吓了一跳,他才回到了现实。

如今,各国学生希望师从罗丹的呼声日益高涨,他觉得是时候开设自己的学校了。一八九九年秋天,他和之前的两位助理安托万·布尔德尔(Antoine Bourdelle)、朱尔斯·德布瓦(Jules Desbois)在蒙帕纳斯大道上建立了罗丹学院。这一次教室里座无虚席,一开放招生就立刻有三十名学生报了名。

"你只要见过他,跟他说过话,你就会立刻想去创作。"罗丹的一位学生说。《艺术与艺术家》(*Kunst und Künstler*)杂志很快做出推测,罗丹学院可能会对巴黎国立高等美术学院构成很大的威胁。没有比这更让罗丹高兴的了。他从未原谅美术学院将他拒之门外,而现在他有机会教导年轻人反对其僵化的传统了。

罗丹学院并不是巴黎唯一一所挑战美术学院多年来在艺术教育领域统治地位的新设机构。其他由艺术家主导的项目,例如朱利安学院和科拉罗西学院①,创立的初衷也是为学生们提供美术学院以外的选择。而且,它们也像罗丹学院一样,比美术学院更愿意向女性和外国学生敞开大门。在罗丹学院的第一批学生中,就包括美国艺术家莎拉·惠特尼(Sarah Whitney)、苏格兰艺术家奥蒂莉·麦克拉伦(Ottilie McLaren)和德国雕塑家克拉拉·韦斯特霍夫(Clara Westhoff)。

来自北方城镇不来梅的韦斯特霍夫身材奇高,下巴宽大,双眼黝黑。她的相貌就像林地那样沉静、幽暗,而她的性情也同样喜好沉默。十七岁那年,她去慕尼黑学习雕塑,遇见了比她年长的画家弗里茨·麦肯森(Fritz Mackensen)。他告诉她,他在她家乡附近的沃普斯韦德创建了一个与世隔绝的艺术家村,她便跟着他去了。在壮丽的荒野和同样不合群的艺术家中间,这位内向的雕塑家有一段时间感到非常自在。但到了二十一岁,她意识到自己志向远大,没法在这个小小的艺术家村一直待下去了。

当韦斯特霍夫听说大雕塑家罗丹在巴黎开了自己的

---

① 朱利安学院由鲁道夫·朱利安(Rodolphe Julian)于1868年创立。科拉罗西学院由意大利雕塑家菲利波·科拉罗西(Filippo Colarossi)于1870年创立。

学校，她立刻收拾了行装。一八九九年冬天，她爬上蒙帕纳斯一家旅店的五段楼梯，住进了一间狭小的客房。那时，这座城市大多数的艺术家还住在蒙马特，那是一片乡村气息十足的山地，三十年前才并入现代巴黎。吸引艺术家们进驻此地的是廉价的房屋和廉价的娱乐活动——如黑猫卡巴莱，以及以外形模仿蒙马特地区风车而著称的红磨坊。但很快游客们也挤满了这些上演"正宗"巴黎戏码的剧院，房东们也赚得盆满钵满。突然之间，他们开始要求租客按时付房租——而不能再用信誉、用画或用诗歌支付了。蒙马特的中产阶级化，引发了向南边的蒙帕纳斯的大规模迁移。韦斯特霍夫到达的前一年，多摩咖啡厅开业，和它的前辈丁香园一样，都在最早为洒脱的蒙帕纳斯艺术家们服务的咖啡厅之列。

几个月后，韦斯特霍夫最好的朋友保拉·贝克尔（Paula Becker）从德国来到巴黎，搬进了她隔壁的房间。她到达的那天晚上，她们一直聊到天亮。前一年在沃普斯韦德，贝克尔注意到韦斯特霍夫对一尊半身像的柔和的处理，她认为这表明背后的雕塑家也是同样温柔的人，她们就这样成了朋友。很快，她们就好到形影不离，白天把百合编到对方的发辫里，晚饭后一起跳华尔兹。她们在很多方面相反而互补：贝克尔身材娇小，有一头铜金色的头发，棕色的大眼睛仿佛可以吞噬一切。而韦斯特霍夫则显得忧伤而拘谨。当韦斯特霍夫在社交场合屈从于自己的矜持时，贝克尔的热情则可以把她也带动起来。

在巴黎，她们找到了一个新的共同点，那就是作为"女艺术家"的身份——而且是在一座没有人对德国艺

保拉·贝克尔和克拉拉·韦斯特霍夫在沃普斯韦德,大约摄于一八九九年

有丝毫兴趣的城市里。她们一起探索这座城市,搜寻出售廉价大麦咖啡和她们喜欢的糕点的商店。她们参加沙龙,发现莫奈和塞尚这样的法国著名艺术家。塞尚的艺术对贝克尔大有启发,韦斯特霍夫曾经看到她在一家展示塞尚作品的画廊里转圈。显然,她在他的平面化表现的作品中,确认了自己一直以来的艺术风格,而这是她在沃普斯韦德的自然主义艺术家们中间无法找到的东西。

对于韦斯特霍夫,巴黎并不像对她的朋友来说那样让她兴奋。当贝克尔因这座城市狂热的活力和国际化的时尚兴奋不已时,韦斯特霍夫唯一的兴趣就是工作,并受到罗丹的赏识。她越来越发现这个目标难以实现。在他的工作室进行的第一次交流十分愉快,令她非常有信心。"他对我很好,向我展示了他这段时间正在做的各种项目,"她告诉父母,"可惜我不能跟男人们一起为他工作,他也给我解释了这背后的几千个理由。"但她当时仍然相信,她的作品将帮她逾越这个肤浅的性别界限,"找个时间,我会请他到我的工作室,看看我的作品。"

韦斯特霍夫认为罗丹的讲授非常出色。他的课程直截了当,他很擅长将复杂的想法化简为简洁易懂的原则。"一些平庸的艺术家会把自己的创作神秘化,假装其中没什么是可以习得的。但一位很会教的艺术家有太多的东西可以传授了。"他的学生奥蒂莉·麦克拉伦(Ottilie McLaren)说。但韦斯特霍夫需要的不只是罗丹的示范。她需要他观察她的创作,有针对性地提出意见。但是他每个月只来她的工作室一两次。后来他甚至开始派助手替他过来。

罗丹当时正忙于筹集资金,参加一九〇〇年的世界博览会。市政府没有邀请他在博览会现场进行正式展示,但是允许他在市政用地上展示他的作品,前提是他要有自己的展馆。

到那时为止,罗丹最接近于参加世界博览会的经历,就是他曾在其他参展艺术家的作品上雕刻过一些细节。因此,尽管造一座展馆要花费他八万法郎,他还是没法错过这个机会。巴黎当时的人口不到三百万,而在世界博览会期间,这座城市要接待五千万人。罗丹将是博览会上唯一一位有自己的展馆的艺术家。

他向市政府请求使用阿尔马广场,那是人来人往的王后路和蒙田大道交叉处的三角形地块。市议会在对罗丹的态度上有分歧,因此没有立即批准他的请求。后来,一位业余写诗的政客很同情他，推动了这项议案的通过。罗丹深知自己有多么幸运，"如果巴黎是波吉亚①时代的意大利，我早就被人下毒了。"他说。

罗丹决心绝不挥霍自己的好运，于是动用了所有的积蓄，又向三位银行家借了钱，用钢架和灰泥墙建起了一座路易十六风格的六边形展馆。日光从高高的拱形窗户射进来，在周围的树叶的映衬下改变了色调，让展馆显出温室般郁郁葱葱的丰饶之感。罗丹认为，雕塑是应该在户外观看的，因为户外的光线条件总是更好。

这个项目占用了他所有的时间。四月，就在他的学校创立仅仅几个月之后，他就将它关闭了。韦斯特霍夫大失所望，收拾行李准备返回德国。不过，在离开之前，她必须先见识一下巴黎世界博览会的热烈场面。过去几个月间，她和贝克尔一直在透过施工围栏偷看工人们建造新展厅。这座城市已经花了四年时间进行筹备，即将在全世界面前亮相。巴黎作为美好年代的女王，已经准备好在即将到来的二十世纪展开自己的统治。

巴黎人才刚刚把日历从一八九九年翻到一九〇〇年，新千年的乐观主义就取代了曾在十九世纪末定义这座城市的绝望与焦虑。人们曾经害怕机器驱动的工业，而现在则为科技带来的诸多可能性而兴奋。制造业激发了新的消费欲望，而神经学和心理学方面引人入胜的进步，则平息

---

① 发迹于西班牙瓦伦西亚、15—16世纪活跃于意大利的显赫家族，家族成员中出现过两位教皇。

了人们对歇斯底里症的恐惧。

在世界博览会期间，巴黎还主办了第四届国际心理学大会。当时展示的研究成果显示，社会对于未知事物的接受能力更强了。人们围绕有关催眠、超感官知觉和超心理学主题的论文展开了激烈的争论。几个月前，弗洛伊德出版了《梦的解析》，他在书中宣称梦是通向无意识的"捷径"。一些研究者认为这些谜题引人入胜，另一些却认为这些探讨令心理学蒙羞。

世界博览会是一个大众市场的乌托邦，"是一个人们为了消遣而进入的幻境"，瓦尔特·本雅明（Walter Benjamin）后来写道。开幕那天，马车驶入，戴着宽边帽子的女士们和挂着拐杖的绅士们憧憬着惊人的景象，他们期待看到电影、汽车、艺术和电力方面的最新发展成果，领略前所未见的殖民地风情。法国工程师们向世界展示了地铁及其新艺术运动风格的车站，将众多零散的村庄连接成了一个城市综合体。塞纳河两岸，一座仿佛集合了阿拉伯露天市场、阿尔卑斯山的小木屋和其他异国情调建筑的小镇拔地而起。刚刚建成、适合步行的亚历山大三世钢拱桥，将香榭丽舍大街与埃菲尔铁塔连接了起来——已有十一年历史的铁塔披上了一层新的金漆，闪闪发光。博览会的中心是电力宫，那是一座六十英尺高的锌制建筑，顶部有一位驾车的仙女。在它的内部，众多喷泉和镜子反射着电灯泡这一耀眼的奇观。

有玻璃穹顶的大皇宫和梯形的小皇宫，都是为了展示法国顶级艺术而新建的。其中一座展示前一个世纪的作品，如德拉克洛瓦、库尔贝和雷诺阿的画作；另一座则侧

一九〇〇年世界博览会期间被点亮的埃菲尔铁塔

重于展示过去十年间的艺术品（尽管完全将印象派排除在外）。克洛岱尔有三件作品在这里展出，包括她的《深思》（Profound Thought）——许多人认为这是对罗丹的《思想者》的女权主义反击。一个穿着薄裙子的女人，跪在点燃的壁炉面前，双手紧抓着壁炉架。克洛岱尔的沉思者表现的是柔弱，没有一丝罗丹作品中的男性的强健力量。危险、矛盾、注定会毁灭——这就是当时女性智识生活给人的印象。

罗丹在博览会上展示了一尊半身像和《吻》。不过，与他在同一条街上那个占地四百平方米的个人展览相比，这点展示简直微不足道。他在自己的展馆中放了165件雕塑，包括《巴尔扎克》《行走的人》、石膏版的《地狱之门》和大量的人体部件雕塑。

这是迄今为止他最大规模的个人展览，但并没有立即引起他所希望的关注。雨水影响了六月的开幕活动，而博览会上的灯光秀和舞蹈，让公众很难关注非表演性质的展示。罗丹向诗人让·洛兰（Jean Lorrain）抱怨他的展馆外行人稀少，诗人也表示："蒙田大道上连一只猫都没有。"

但那些严肃的参观者知道，罗丹这次历史性的展示不容错过。罗丹的一位助手注意到，至少那些第一天来参观的人，似乎对欣赏作品大感兴趣，甚至很少看彼此。很快，关于罗丹这些怪异、性感的人体部件雕塑的消息传开了，几周之内，罗丹就接待了奥斯卡·王尔德、冯·兴登堡的家人和现代舞舞蹈家伊莎多拉·邓肯（Isadora Duncan）。年轻的摄影艺术家爱德华·斯泰肯路过此地时，瞥见罗丹站在《巴尔扎克》旁边，发誓将来一定要为他拍照。

邓肯被罗丹的作品深深打动。当路人们发出无知的抱怨——"他的头在哪里？""她的手臂在哪里？"时，她甚至会为这些雕塑辩护，纠正他们说："你们不懂吗？重要的不是这个形象本身，而是它的象征意义，它所代表的理想范本的概念。"

评论很快更加有利于罗丹。散文家鲁道夫·卡斯纳（Rudolf Kassner）称他为"在世的艺术家中最具现代性的一位"。"从历史的角度来看，他是唯一不可或缺的艺术家。假如没有罗丹的话，那条始于古希腊人、途经米开朗琪罗的发展路径，就无法最终完成——这绝非虚言。"他是"真正划时代的"艺术家。

这个展览也让韦斯特霍夫和贝克尔深受打动。"我昨天去看了展览，今天又去了一次，这几天简直是我的巴黎生活中的一个新时代，"贝克尔写信给沃普斯韦德的一位朋友，敦促大家前来参观，"罗丹以一种强力捕捉到了生命本身，以及生命的精神。对我来说，他是唯一可以与米开朗琪罗媲美的艺术家，而且在某些层面上，我甚至觉得对他更加认同。有这样的人存在于这个世界上，我们的生活和奋斗都有了价值。"这两位女艺术家的头脑里早已充满灵感，而在那年夏天，在她们回到沃普斯韦德前夕，这场展览及时给了她们激励。

第五章

当来自世界各地的游客涌入巴黎，见证新千年的第一场世界博览会时，一些艺术家却选择完全退出社会生活，以反抗现代性。在德国，这样的一群人逃离了城市中心，前往一个隐藏在平坦农田中间、由茅草屋组成的小村庄——沃普斯韦德。

十九世纪八十年代中期，杜塞尔多夫艺术学院的学生弗里茨·麦肯森开始每年夏季例行前往沃普斯韦德，去画下那里阳光普照的风景。银色的白桦树与富含泥炭的黑色湖泊形成鲜明对比。熟透的苹果会从树上掉下来。在忍受了城市生活的快节奏和乏味的学院主义（这个词是对于当时流行的道德说教性的现实主义的正式蔑称）之后，这正是他所需要的精神修复。麦肯森很快将他在杜塞尔多夫的朋友海因里希·沃格勒（Heinrich Vogeler）和奥托·莫德松（Otto Modersohn）也带到了这里，并承诺这个由农民和泥炭收集者构成的村庄也将为他们带来同样的效果。

一八八九年，他们都决定不回杜塞尔多夫了。艺术家村就这样诞生了。新来的人们希望，只要呼吸到这片肥沃土地的空气，它的创造力也将在他们身上萌芽。对于沃普斯韦德的艺术家们来说，自然是唯一的老师，而举头望云的学习，与动手作画同等重要。十年之后，新一代的艺术家开始进驻此地，其中包括克拉拉·韦斯特霍夫和保拉·贝克尔，也包括一九〇〇年八月沃格勒在佛罗伦萨的一个聚会上遇到的年轻诗人——莱纳·马利亚·里尔克。两人约定，沃格勒要为里尔克的一些诗歌配上一系列浪漫派的、童话风格的插图。现在沃格勒请他来到沃普斯韦德，以便他们能够面对面合作。

"这里的视野多么宽广！双眼想要永远只望着天空。"里尔克在抵达沃普斯韦德之后写道。这里的大多数艺术家都住在旧农舍里，而沃格勒则将他的家改造成了一座新艺术运动风格——在德国被称为"青年风格"——的地标建筑。他沿着一小段台阶造了一对弧形的扶手，台阶通向墙壁雪白、爬满藤蔓的房子。有着一双暗棕色的眼睛和一张精致的孩子气的脸的沃格勒，热情地迎接了里尔克，并请他住在为贵宾准备的"蓝色山墙房间"。

里尔克在公共的房间里，看到年轻人们躺在尺寸极大的椅子上，众多的花瓶里插满野花，有人在钢琴上弹奏着舒伯特的音乐，女孩们用一串串玫瑰花装扮自己，男士们则穿着当时流行的衣领硬挺上翻的复古服装。

过去的一年中，里尔克接连遭到了安德烈亚斯-莎乐美、托尔斯泰以及安东·契诃夫（Anton Chekhov）的拒绝，正需要这样的轻松环境。被契诃夫拒绝是最近的事，里尔克给他写了好几封信，希望把自己近来翻译的《海鸥》给他过目，但他始终没有回信。里尔克还试图在柏林组织一场艺术展，为此写了几封哀求的信给芭蕾舞团经理谢尔盖·佳吉列夫（Sergei Diaghilev）——当时他在俄国杂志《艺术世界》担任编辑——希望获得他的支持。佳吉列夫拒绝了他的请求，艺术展也没有办成。

在沃普斯韦德，里尔克找到了安慰。这是一个温暖、亲密的社区，在这里，大家都信仰爱、友谊与艺术的融合。"我非常相信这个地方的力量，我很愿意在接下来的一段日子里，接受它指示的道路和可能性，"他写道，"在这里，我又可以单纯地从心所欲，自我发展，做一个不断变化的人。"不过沃普斯韦德的艺术家们却不太确定如何看待这位诗人。当男人们都穿着天鹅绒背心和长款英式大衣时，里尔克却穿着一双凉鞋和一件轻薄的农民衬衫出现了。他想穿出时尚的波希米亚风格，结果给大家的印象却更像是斯拉夫民族的仆人，或捷克的民族主义者，连看门人都在背后嘲笑他。

他的诗歌也没有立即让大家折服。他刚到不久的一天晚上，他来到点着烛光的音乐室，参加每周例行的沙龙。轮到里尔克分享自己的作品时，他用平静的男中音朗诵了他的诗句。听到自己说出这些诗句时，他对这首诗的信心也增强了。他注意到两个穿着白色裙子的女人坐在一对天鹅绒扶手椅中，专注地看着他。这正是刚从巴黎回来的贝克尔和韦斯特霍夫。

里尔克朗诵完毕之后，听众中年纪稍长的卡尔·豪普特曼（Carl Hauptmann）教授发言了。他向里尔克提议道，如果删掉最后一行，这首诗或许会更好。诗人听了这个愚昧的想法，不禁浑身紧绷起来。这位教授刚刚照着一大册猪皮笔记本读了自己"牵强、空洞、矫揉造作的"散文，里尔克稍晚在日记里数落道。这样的建议，出自这样一个人，更加令他感到受辱。最糟糕的是，此人还当着那两位女性的面羞辱了他——而她们是很喜欢这首诗的，里尔克坚称。

而贝克尔在自己的日记里并不完全同意里尔克的结论。她认为豪普特曼读的文章"艰深、不动感情"，但却是"了不起的、深刻的"。她对里尔克的主要印象是他外貌的柔美，而无关于他的文字——他"小而动人的手"和"甜美而苍白"的脸。他显然很有天赋，但她无法将他的感伤诗与豪普特曼的文章做比较，因为它们完全不同。她说，他们之间的争执是"现实主义与理想主义的斗争"，而且这场斗争在当晚的蜡烛熄灭之后，还将持续很长时间。

另一个星期天，里尔克又一次看到了这两个女人。他正望着窗外，她们就像两株百合一般，在遍布石楠的原野中出现了。那天，是活泼的贝克尔首先来到沙龙，她戴着一顶宽边帽，笑容满面。韦斯特霍夫稍后到达，如一位身材高挑的女神，身穿高腰的帝国风格连衣裙，长长的裙褶落在她赤裸、起泡的双脚上。当她走进房间时，里尔克注意到她深色的发卷轻轻拂过她"美丽的深色脸庞"。她是那天晚上的明星。她一到，整个房子似乎都亮了起来。"这天晚上，每次我望向她，她都展现出一种新的美，"里尔克写道，"尤其是在她倾听时。"

但很快，豪普特曼再一次用他的论述破坏了气氛。那天晚上他主导了讨论，在讨论结束后，他又唱起了饮酒歌。里尔克深知，每当人们在聚会之夜上开始喝酒时，他都会落单。他不喜欢喝酒，也不跳舞。果然，下一次里尔克朝豪普特曼的方向瞥了一眼时，他正在和韦斯特霍夫跳舞。里尔克起初试图加入欢快的人群，"我与一些人握手，与另外一些不握手；我笑，或不笑；我强打精神，木然地待着，坐在一个角落里，闻着啤酒味，呼吸着烟雾"。整个场面"令人作呕"，他想。这是一种极有德国风格的表现粗俗的方式：人们端着杯子，烟雾使空气窒息，醉酒的笑声中散发着绝望。他终于站起来去睡觉了。

他没走多远就注意到，那两个白衣女人正在跟着他，这让他十分惊喜。她们刚刚离开舞池，脸颊笑得通红，浑身散发着热气。里尔克为她们推开窗户，她们坐在窗台上，让自己凉快下来。她们呼吸渐渐放缓，将注意力转向了月光。里尔克望着这两个不再因狂欢而"面目全非"的女人，她们正凝视着沉沉黑夜。这一刻，他在窗框中看到了一幅变化中的肖像画。仿佛贝克尔和韦斯特霍夫在一秒钟内从女孩变成了善于观察的艺术家。她们离开后，他受到片刻前景象的打动，在日记中写下了几行诗，描述她们"半受着束缚，但已经开始掌握命运……"

里尔克得出结论，理想情况下，艺术家的生活应该在童年结束的那一刻开始。当一个人以孩子般不求回报的敬畏向世界敞开心扉时，意象就会充沛地涌入，就像那个夜晚映入贝克尔和韦斯特霍夫热切的眼睛的月光。但里尔克现在必须学会如何将这些意象转化为艺术，而沃普斯韦德似乎正是最适合的地方。"俄国之旅中，每天我都失去一些东西。那段经历虽然令我痛苦，却向我表明，我的眼睛还没有成熟，它们还不懂得如何吸取、如何保留、如何舍弃。……如果我能从他人身上学到东西的话，那么肯定是跟这些人学习——他们本身就如同这里的风景一般。"

里尔克首先找到了奥托·莫德松，他是一位留着红胡子的高个子画家，三十五岁，比这里的许多艺术家都更年长，也更有地位。里尔克发现，他的工作室里到处摆放着忧郁的风景画，陈列着死去的鸟和植物的匣子——他观察这些以研究色彩，以及色彩褪去的方式。里尔克告诉他，他渴望通过视觉艺术家的视角来感受世界，莫德松表示同意，他认为年轻人探索人生的方式应当像碗一样，充分地接纳，不过不是期待它装满答案，而是——如果他们幸运的话——装满意象，他说。

里尔克常常在离开莫德松的工作室之后去拜访保拉·贝克尔。他注意到他们多么容易"通过对话和沉默彼此接近"，并因此发现比起那位"深发色的"雕塑家，自己越来越更喜欢这位"金发的画家"。但克拉拉·韦斯特霍夫的艺术比贝克尔的艺术更持续地让里尔克着迷（雕塑艺术整体也比绘画更吸引他，他曾经嘲笑绘画是"幻象"）。而韦斯特霍夫从一开始就被这位诗人孩子气的蓝眼睛吸引，这双眼睛也让她较少注意到他的一些不那么好看的相貌特征。与此同时，莫德松和贝克尔之间悄悄发展起了恋情。他已经结婚，但那年他的妻子突然去世了。很快，他和贝克尔订婚了。随后，里尔克将全部的注意力转向了韦斯特霍夫。

他对她的喜爱主要源于对她的创作的崇拜。她矜持的性格让他们之间很难发展恋情。不过，在接下来的几个星期里，她开始教他关于雕塑的知识，并向他讲述跟着罗丹学习的故事。在此期间，他们逐渐变得更亲密了。接着他会回到自己的房间,在日记中记述这些谈话。有一次,他提议他们一起写一篇关于罗丹的文章。渐渐地,他们的关系变得更加亲切,他的散文也变成了诗歌。他开始写描绘她强壮的双手的诗句——里尔克一向喜欢艺术家有这样的特征,因为他相信雕塑家的双手能够重塑世界。

六个星期后,里尔克离开了沃普斯韦德,前往柏林。他从未打算进驻艺术家村,也不愿作为客人逗留过久,免得惹主人厌烦。

里尔克走后,他和韦斯特霍夫通过书信保持联系。她信中鲜活的意象描写给他的印象极其深刻,以至于有时他感觉自己的回信仅仅是把她的经历又改写了一遍。在一个引人注意的段落中,他表白道:"我渴望把你的所知装进我的语言,让它们像沉重的、摇摇晃晃的大篷车那样,把我的词句送到你那里,填满你灵魂的所有房间。"

二月,韦斯特霍夫到柏林看望里尔克。他对她的感情并不是像对安德烈亚斯-莎乐美的那种崇拜,但或许这正是吸引力所在。他有一次在日记中暗示,他与安德烈亚斯-莎乐美的恋爱伤害了他作为男性的自尊。"我要成为两个人当中更富有的那个人、施予者、发出邀请的人、主人。"然而,他却一次次觉得自己对她来说只不过是"最微不足道的乞丐"。他没有什么可以给予那位比他年长又才华横溢的情人,而涉世未深的"少女"韦斯特霍夫似乎对他从无质疑。她对他的仰慕纯粹,简单,让他感到耳目一新。

里尔克和韦斯特霍夫在接下来的一个月宣布了订婚,让所有人都大吃一惊。当他们返回沃普斯韦德与朋友们分享这个消息时，奥托·莫德松写信给保拉·贝克尔，让她猜那天他看到了谁："克拉拉·W.，挽着她的小里尔克。"那时贝克尔已经屈服于父亲的压力，在柏林的一所烹饪学校学习。父亲要求她全身心地投入到对未婚夫的照顾上，他在一封相当阴郁的生日贺信中写道，她应该"时刻关注他的安康"，而不能让自己"按照自私的想法行事……"

到了三月，贝克尔已经痛苦不堪。"做饭，做饭，做饭。我不能再做这个了，我不愿意再继续下去，我也不会再继续下去了，"她写信给莫德松，警告他，"你要知道，不能画画的日子，我忍不了多久了。"贝克尔向自己保证，她会等到实现自己的梦想之后再生孩子。但她担心韦斯特霍夫的意志没有那么强烈。贝克尔从一开始就预测到，她朋友的新恋情中，只有韦斯特霍夫一个人会做出牺牲。自从遇到里尔克以来，贝克尔就感到韦斯特霍夫开始与自己渐行渐远。贝克尔想：为什么他们不能重新共同生活在一个社群中，就像他们一直梦想的那样？"我似乎不再属于她的生活，"她写道，"我必须首先习惯这一点。我真的很希望她仍然是我生活中的一部分，因为和她在一起真的很美好。"

他们订婚的消息对安德烈亚斯-莎乐美的打击更大。她声称，她的反对并非出于嫉妒，而是担心投入婚姻会让里尔克尚未绽放的创造力窒息。她也知道他还不够成熟，无法承担起家庭的责任。她给他写了一封信作为"最后的恳求"，敦促他重新考虑——否则就不要再联系她了。寄信前的最后一刻，她又附上了一句让步的话，她在一张牛奶收据的背面写道：如果他很绝望，她其实还是会见他的，但只能是在他"最走投无路的时刻"。

这番最后通牒虽然严厉，但并非毫无根据。自从里尔克出生以来，家庭对他来说就一直如同一个神话。他曾经是母亲关于女儿和虚假贵族身份的空想的化身，如今他则正开始调配自己的家庭幻想。他曾经在给韦斯特霍夫的一封信中描述过他头脑中巴洛克式的婚姻图景：在昏暗的灯光下，他站在炉子前为她做饭。玻璃盘里的蜂蜜闪闪发光，还有象牙色的黄油片、俄罗斯式的桌布、一块庞大的面包和散发着玫瑰、康乃馨和菠萝香味的茶。他会把柠檬片放入茶杯中，让它"如太阳般沉入金色的黄昏"。房子里到处是长茎玫瑰。

而事实上，里尔克每天晚上吃的都是燕麦片。但他相信婚姻是长大成人的一部分，而一个孩子要成为艺术家，必须先成为一个人。此外，似乎沃普斯韦德的人们都在那个春天结婚：海因里希·沃格勒刚刚与村里的一位年轻女子玛莎·施罗德结婚，贝尔和莫德松定于下个月结婚。

一九〇一年四月底，在韦斯特霍夫父母位于奥伯纽兰德的客厅里，里尔克与她完成了婚礼。他不乏傲慢地对一位朋友说："我的婚姻的意义，在于帮助这个可爱的年轻女孩找到自我。"

接下来的那个月，他们搬进了韦斯特尔韦德——一个与艺术家聚居地相邻的村庄——的一间茅草屋顶的小屋。这个屋子位于一条只有一个出入口的路上，便于这对夫妇与世隔绝，专注于工作。在接下来的一年里，韦斯特霍夫在房子里摆满了雕塑；里尔克则写了一本关于五位沃普斯韦德画家的专著，并且在一周内完成了《时祷书》的第二

里尔克在韦斯特尔韦德。摄于一九〇一年，即他与克拉拉·韦斯特霍夫结婚的那年

部分。但是他们平静的孤独生活很快就被打断了。韦斯特霍夫怀孕了，并在年底生下了一个女儿。他们给她取了一个"美丽的圣经里的名字"——露丝（Ruth）。

多年以来，曾有那么多炽热的情感从里尔克的笔下倾泻而出，这时他竟然用了一种模糊得惊人的抽象语言描述自己的女儿。"有了她，生活变得更加丰富"——这已经是他能想出的最热情的句子之一。对里尔克来说，露丝让他完成了家庭单元的构建，标志着向成熟的必要过渡已然完成。但是这个"小动物"说不出的需求和莫名其妙的眼泪常常让他感到困惑。

一九〇二年二月，露丝出生几个月后，韦斯特霍夫写信给贝克尔，诉说了自己现在"被困在家里"的感觉。随时背上一些需要的东西，骑着自行车出门，整个下午在阳光中度过的日子，已经一去不复返了。"我曾经到别处去寻找的东西，现在都在我的身边；我需要造一所房子，所以我就造啊，造啊，而我还有整个世界在我周围。现在，它不让我离开了……所以世界就到我这里来，这个我不再到外面去寻找的世界……"

这封信激怒了贝克尔——不是因为她说的内容，而是她说的方式。那些话听起来不像韦斯特霍夫自己的语言，而是像里尔克的。贝克尔带着积累了几个月的苦痛和怨恨，猛烈地攻击她的朋友。"我对你们两个之间的事不太了解，但在我看来，你放弃了太多原来的自己，还把它像斗篷一样铺开，好让你的国王踩上去走路。"她想知道，为什么韦斯特霍夫"不再穿她自己的金色斗篷"了？

更糟糕的是，韦斯特霍夫忘记了朋友的生日。"在跟我相处的过程中，你总是很自私，"贝克尔写道，"爱一定要这么吝啬吗？爱必须把一切都给一个人，而对待另一个人则只有索取吗？"贝克尔随后转而攻击里尔克。她在给韦斯特霍夫的信中附上："亲爱的雷纳［原文如此］① · 马利亚 · 里尔克，我承认，我正在向你发起攻击。"

她恳求他想想他们共同的对艺术、对贝多芬的热爱，想想他们曾经作为一个小家庭在沃普斯韦德分享的快乐。她感谢他寄来的他的新书，她认为这本书"很美"。但马上她就贬低了他的文字：如果他要回复她的信，"请千万、

---

① 贝克尔将里尔克的名字"Rainer"拼写为"Reiner"，可能是故意双关，讽刺他自命不凡，"Reiner"在德语中意为"纯粹"。

千万、千万不要给我们编谜语。我和我丈夫是很单纯的人，让我们猜谜很难，这只会让我们头疼，让我们伤心"。72

两天后，里尔克进行了激烈的报复。他告诉贝克尔，对他的新婚妻子来说，贝克尔的爱太弱了，因为在她最需要的时候，贝克尔却毫无表示。贝克尔真的自私到不能为她朋友新获得的幸福而高兴吗？为什么她要否定他和韦斯特霍夫为了在一起而各自做出的牺牲？

他提醒贝克尔，她自己一直称赞韦斯特霍夫爱孤独的天性。现在，她则正为这种她一直钦佩的品质而惩罚她的朋友，这样她就成了一个伪君子。为什么不"怀着欣喜"期待，韦斯特霍夫的"新的孤独有一天会打开大门迎接你呢？我自己也一样，静静地站在她的孤独的大门之外，充满了深深的信任"，他写道。然后，里尔克补充了一句话，这是他为自己创造的有关婚姻的神话中最持久的之一："我认为，两个人的结合，其最高使命就在于此：两人都应当守望彼此的孤独。"

贝克尔投降了。不管里尔克的言论多么自私，当被渲染得如此庄严时，就很难与之争辩了。贝克尔只是在自己的日记中做出回应，描述了自己在婚后第一年所感到的极度孤独，而且她一直相信韦斯特霍夫是世界上唯一可以慰藉这种孤独感的人。现在她不得不面对这种残酷的可能性：她们的道路再也不会相交了。

贝克尔陷入了抑郁，莫德松则将其归咎于里尔克和韦斯特霍夫。他在日记中抱怨说，他们从来没有费心询问过他妻子的工作，也没有来拜访过她。现在，里尔克又表现出不可原谅的傲慢，说在他"尊贵的妻子……打开她的心门"之前,贝克尔就应该留在门的另一侧。那么贝克尔怎么办呢?"她也很了不起,而且正在取得成就,但他们却根本不过问。"莫德松写道。

不管算不算自私,里尔克并没有夸大他的新家庭在那些日子里所面临的艰辛。他成了父亲,这使他失去了从伯父雅罗斯拉夫的遗产中获得大学津贴的资格。他的写作也没有帮他赚到多少钱。评论家们严厉地批评了他最近的故事集《最后一位后裔》(*The Last of Their Line*),几乎没有书店在出售这本书。

与此同时,他在维也纳和柏林策划的艺术展也以失败告终。出版商对他的写作计划不感兴趣;他向多家报社申请做艺术评论员,也屡屡遭到编辑们的拒绝。他认为或许能够凑齐足够多的大学学分,最终获得博士学位,但这也需要钱。

里尔克的父亲提出,可以帮他在布拉格的一家银行谋得一个职位,但他回答说这个建议甚至让他身体不适。这意味着回归他曾经逃离的生活,他多年的奋斗也付之东流。那将是"一场霜冻,一切都将在其中死去"。他知道父亲是好意,但为什么他不能理解,接受这个职位,会毁掉他的艺术?为什么追求艺术只能被视为傲慢?对里尔克来说,追求艺术是他的天职,就像有些人认为必须服兵役一样。里尔克决定,他宁可挨饿,宁可让他的家人跟着挨饿,也绝不去做银行职员。那种命运"就如同死亡,却没有死亡的庄严"。

终于,一九〇二年的春天,德国出版商理查德·穆瑟(Richard Muther)向里尔克谈起,他即将出版一系列有

里尔克的妻子克拉拉·韦斯特霍夫和他们的女儿露丝

关艺术家的论著，其中将包括朱利叶斯·迈耶-格雷夫（Julius Meier-Graefe）写的马奈，以及穆瑟本人写的列奥纳多·达·芬奇。他知道里尔克刚刚完成了有关沃普斯韦德艺术家的论著，并建议他再写一部关于罗丹的。薪水只有区区一百五十马克，但里尔克急需这笔钱，当场就接受了提议。私下里，他也把这项委托看作是走出家门、摆脱压抑的家庭日常的好机会。他渴望"在真实的世界中，去感受真实，做真实的自己"，就像结婚前他所做的那样。如果去了巴黎，他将能够"在图书馆中工作，让自己振作起来，去写我仰慕已久的罗丹的故事"。

孩子出世才几个月，里尔克就决定离开家，这让一些人觉得他很自私。"多么可怕：先结婚生子，然后再考虑如何谋生。"莫德松在他的日记中写道。但韦斯特霍夫应该没有非常反对，因为她还利用自己曾经的学生身份为里尔克做了介绍。她给罗丹写了一封信，并附上一些她作品的照片，好让他回忆起她。起初没有任何回音。罗丹当时碰巧正在布拉格，出席他的作品最大规模的回顾展之一。随后，罗丹前往维也纳，参观分离派的展览，并与古斯塔夫·克里姆特见了面——后者的巨作《贝多芬横饰带》（Beethoven Frieze）壁画刚刚在这次展览上初次亮相。罗丹看到这些画作之后，拉着克里姆特的手说："您是一位多么了不起的艺术家！您的技法实在高超。"

六月，罗丹回到了巴黎。里尔克又写信表示，他希望当年秋天来巴黎，写一部关于他的论著。他还恳求艺术家在回信中提一下韦斯特霍夫，哪怕"一笔带过"也好——她一直焦虑地期待着这位大师的认可。

对里尔克来说很幸运的是，罗丹是一个十分爱书的人。他有几十尊雕塑是受文学作品启发而作，同时，作家们也在他最忠实的支持者之列。还有人认为，罗丹深受作家和评论家的影响，甚至经常对自己的作品进行调整，以迎合他们的评论。况且，允许这位热心的年轻作家来访，对罗丹也不会有任何损失。他热情但简短地回信说，他记得韦斯特霍夫，并称赞她是一位很有能力，也很有想象力的雕塑家；他也很乐意接待里尔克，配合他的研究，如果他愿意的话，可以在九月或十一月前往巴黎。

里尔克于八月回信，说他会在下个月抵达。他再一次为妻子争取，问罗丹假如她一起来的话，他是否愿意亲自为她的一些素描提供指点。夏天剩下的时间里，他都在研究罗丹的作品，以求"完全融入"其中。"我越是听说、看到他的作品，他就越是在我的心中生长。我在想，这么伟大的人真的仍然在世吗？"罗丹作品的强烈表现力，对这位年轻的浪漫主义者有着天然的吸引力。《思想者》在沉思之中全身的紧张状态，似乎将一种精神状态具体化了；而《吻》中相拥的大理石恋人则是炽烈情感的化身。

对于罗丹本人，里尔克则钦佩他对于技艺的执着追求。他认为达到艺术的卓越，比黄金和面包都更重要，为此不惜牺牲奢侈的生活和物质享受。大家都知道，他生活简朴，把所有时间都花在工作上，比起与朋友和家人相伴，他更喜欢与他的作品在一起。正如里尔克所写，对罗丹来说，"整个天空不过是一块石头"。这种禁欲主义的契约令诗人深感共鸣，他也相信物质上的贫瘠能够让灵魂发酵。

他突然想到，也许罗丹就是他在俄国寻找，但未能找到的导师。里尔克在写给罗丹的另一封信中暗示了这种希望："对于那些感到自己如果不成为诗人、画家或雕塑家就无法活下去的年轻人来说，最悲惨的命运莫过于找不到真正中肯的指点，完全坠入被抛弃的深渊。他们寻找一位导师时，需要的不是言语，不是信息，而是一个榜样，一颗炽烈的心，一双能够缔造非凡的手。他们寻找的是您。"

一九〇二年八月，诗人将自己的衣服叠好，分门别类地放进手提箱。他做好了抛下妻子和孩子，踏上一场征旅的准备。他不仅要写，还要真正了解一位艺术家应该是什么样子。

罗丹当时不可能知道这位诗人对这项委托有多么投入——事实上，他的投入简直到了信仰的程度。里尔克将把罗丹的艺术当作一种宗教来崇拜，把他本人当作救世主。就像跟从摩西前往应许之地的约书亚一样，里尔克将这次旅程看作新的未来的开端。此刻，他对生活中的一切都感到不确定，只有这件事除外。

第二部分
大师与门徒

第六章

八月里一个闷热的下午,里尔克抵达了巴黎火车北站。车站建议旅客们尽快将行李托付给搬运工,以免遭遇小偷和扒手。游客们被这座巨大的玻璃车站里的人群弄得不知所措,正好成为他们的目标。

里尔克走出车站,来到街上。他的衬衫扣子一直扣到最上面,裤子皱巴巴的,面对着这座陌生的城市,他惊呆了。他还从未见过这样的工业化大都市——处处是引擎,一切都高速运转,人群构成了没有形状的庞然大物。机器取代了人类的工作,将大批手足无措的工人推上了街头。他看到人们饱受疾病蹂躏的身体脓肿、开裂,树木在烈日下变得光秃秃的,乞丐的眼睛"像水坑一样即将干涸"。到处都是医院。

拥挤的人群让他想起了甲虫。它们在垃圾中爬行,在生活的巨足下四处奔忙,匆匆求生。在大城市和公共交通出现之前,人们很少需要看其他人。而在这里,他们无处不在,形成了无数的人群——它们似乎不再具有一张张面孔,只剩下需求。

视野中的一切都对应着经济的波谱——只需一眼,你就能看到城市从贫穷到富裕的全套样本。最底层是拾荒者，他们用资产阶级的废物建造棚户区；资产阶级的高头大马拉着车跑过，沿途留下垃圾和马粪。这条"波谱"的中段某处是狗——它们往往比乞丐更能抢到残羹冷炙。

巴黎人似乎比其他人更强烈地想要生活。里尔克写道，匆匆忙忙的通勤者"没有绕过我，而是充满蔑视地从我身上越过"，仿佛他是街上的一个坑。而新型地铁和有轨电车则"直接穿过我，飞驰而过"。很快，他明白了，没有人会停下来帮助他。与在慕尼黑的情形不同，他们不在乎他是一个年轻的、挣扎着谋生的艺术家。这里的每个人都在为了生存挣扎。

但是在跳过成堆的垃圾去往旅馆的路上，里尔克开始感到万分兴奋。眼前的一切都是那么新奇——桥梁、货车、砖铺的街道——他感到一切都是专为他的眼睛而造，没有其他人注意到的戏剧布景。他自言自语地念出那些外国街道的名字，让有节奏的法语音节在他的脑海中盘旋：André Chénier, vergers……巴黎是肮脏的，没错，但至少这是属于波德莱尔和雨果的肮脏，他想。

里尔克跨过塞纳河，到达拉丁区时，已经感到精疲力竭。此时这个区域已经失去了艺术家街区的声誉，因为他们已经爬上山坡，去了蒙马特，蜗居在棚户区，或搬进传奇的"洗濯船"（Le Bateau-Lavoir）——毕加索和基斯·凡·东根（Kees van Dongen）都即将入住。如今，住在拉丁区的主要是索邦大学的学生。里尔克的小客栈位于狭窄的图里耶路上，索邦就在路的尽头。

他打开门，眼前狭小的房间也没法给他多少安慰。无数曾经靠在扶手椅上的油腻的脑袋，在上面造成了一个凹

里尔克，摄于见到罗丹之前不久

坑；地上有一块破破烂烂的地毯，以及里面剩着一个苹果核的桶。唯一的一扇窗户，望出去是一堵石墙，里尔克后来写道，在接下来的五个星期里，这幅景象一直让他感到窒息。更糟糕的是，对面楼上的十几扇窗户似乎都"像眼睛一样"，透过他的窗帘盯着他，监视着他。

他把笔和纸在桌子上整齐地摆成一排，点燃了煤油灯的灯芯。他坐下来回忆着此前的旅程，向后靠在了那个凹坑里，那张椅子似乎早已依照疲惫旅人衰颓的样子做好了造型。

九月一日，星期一，将近三点钟时，里尔克从他的旅馆出发，沿着塞纳河步行到罗丹在大理石仓库的工作室，准备向他未来的导师介绍自己。这栋建筑的庭院看起来像采石场一样粗粝、蛮荒，周围排列着作为工作室的棚屋。有时，工作室 J 的门上会挂着一个牌子，告诉来访者："雕塑家在教堂。"

所幸里尔克来敲门的那天并非如此。门通向一个黑暗的房间，"散布着灰色和尘土"，他写道。他看到几桶黏土和一个雕塑基座。罗丹是短发，有一副柔软的灰色络腮胡。他正站在那里，刮着手中的一大块石膏，并不看那位摆姿势的裸体模特。他的衣服被溅上去的泥浆弄得十分硬挺。他比里尔克想象的要矮，但却不知为何看起来更加崇高。一副无框眼镜架在他的鼻子上，从他的前额伸出来，像一艘"出港的船"，里尔克写道。

艺术家抬头看到了年轻的来访者，停下了手里的工作，腼腆地微笑着，请他坐在一张椅子上。在这位雄狮般

罗丹与《吻》,摄于一八九八年前后

的艺术家身边，里尔克看上去越发像是一只小鼠了。他的脸在鼻子与几根下垂的胡子相接的地方聚成一个尖，他二十六岁，窄肩，贫血；而六十一岁的罗丹身形粗壮，脚步沉重而缓慢，他的长胡子则似乎把他拉得离地面更近了。

里尔克费力地讲完了事先准备好的法语客套话，还好罗丹接管了谈话。他在房间里转来转去，做着手势，一个接一个介绍着那些不寻常的物件：这是一只石膏做的手，那是一只黏土做的手。这是一个作品，那又是一个作品。作品，création，这个法语词听起来比德语的 Schöpfung 美妙了多少啊，里尔克想道。罗丹有一种令人意想不到的轻松感。他笑起来既开怀，又有点不好意思，"仿佛一个收到了很好的礼物的孩子"。

过了一会儿，艺术家重新开始工作了，并邀请客人留在工作室里，尽情地观看。里尔克震惊地看着，在罗丹手中，雕塑显得多么容易。他制作一尊胸像，就像一个孩子在做雪人，把一个黏土球捏圆，放在另一个球上当作头，接着切出一个开口作为嘴，再为眼睛做出两个洞。随着工作的推进，罗丹的活力也越来越强。在里尔克眼中，他几乎是扑向他的雕塑，地板在他沉重的脚下吱吱地呻吟。他会用专注的眼睛凝视一个细节，全神贯注，以至于鼻子都压在黏土上了。他的指尖捏了几下，就有了一张脸；在他的镐或凿子粗糙的刻痕之下，一个身体显现了出来。里尔克注意到他工作起来很快，好像要"把小时压缩成分钟"。

里尔克觉得自己可以这样看一整天，但是他不想头一次来访就显得唐突。他向罗丹告辞，并感谢他对自己作品的精彩介绍。令里尔克高兴的是，罗丹邀请他第二天再来看他。他将在乡下的工作室工作，去看看那里的情形，可能对里尔克有帮助。里尔克愉快地答应了。

受到罗丹慷慨的接待，那天晚上里尔克回到住处的时候感到精神振奋。对他来说，罗丹简直是最亲切、最有趣的描写对象。"他对我来说会非常重要，"里尔克当晚写信给韦斯特霍夫，"我立刻就意识到了这一点。"

第二天，里尔克准备了一些法语句子，穿上了一身廉价但很整洁的套装，登上了九点从蒙帕纳斯站出发的火车。他等不及要见到罗丹在巴黎近郊默东（Meudon）的工作室，也总算可以呼吸一下他急需的乡间空气了。

默东位于巴黎西南方向，坐火车只需二十分钟，但却似乎整个处于另一个世纪中。城市的烟囱消失在了山丘的后面，只能看到它们在很远的地方喷吐。老农舍就像绵羊一样，懒懒地立在田野中央——罗丹第一次见到这番景象时这样想道。它在他心中唤醒了童年那种"无忧无虑的幸福"。他在这里极其自在，于是，一八九五年，在他与卡米耶·克洛岱尔分手的两年之后——克洛岱尔很可能也是他远离巴黎的原因之一——他在这里买下了名为"布里昂宅邸"（Villa Des Brillants）的路易十三风格的小房子，并在此建造了一间工作室。

当火车摇摇晃晃地开进小镇时，那里的景象完全没有让里尔克像罗丹当初那么着迷。通往火车站的道路肮脏而陡峭，房屋挤满了塞纳河谷。镇上所有的咖啡厅都让他想起他在意大利见到的那些昏暗的小饭馆。这与里尔克想象中这么杰出的艺术家的工作环境截然不同。

当然，默东无法与吉维尼（Giverny）相比。在郁郁葱葱的吉维尼，莫奈拥有一座精修细剪的园子，他在其中培育着许多异域的花朵，又在种睡莲的池塘上造了一座小桥；而罗丹却任由自己的园子荒着。里尔克穿过布里昂宅邸的大门，沿着一条由栗子和砾石铺成的小路，两边的树木未经修剪，路尽头那栋朴素的红砖建筑也算不上什么风景。

里尔克敲了敲门，一个围着围裙、手臂上沾着肥皂泡的女人开了门。她瞪着他，看上去很疲惫，灰暗得像一件古董。里尔克背出了他的法语问候语，告诉她自己与罗丹先生有约。这时，艺术家出现在了门口，把里尔克请了进去。

房间里家具很少，让里尔克想起在俄国见到的托尔斯泰的简朴的家。没有煤气灯或电灯，为了让目光聚焦于窗外，罗丹也没有在楼下的墙壁上挂任何画作。仅有的装饰品是他收藏的越来越多的古董：陶瓶、古希腊的裸体像、伊特鲁斯坎工艺品、残破的古罗马维纳斯像。屋里有一张简单的长桌和几把直背的椅子，因为罗丹认为使用垫子是一种放纵："我不赞成在白天中的任何时候处于半睡觉的状态。"他曾说道。一位来访者评价说，罗丹的家"给人的感觉是，过日子这件事对他来说几乎毫无意义"。

然后罗丹带里尔克到园子里散步。走着走着，罗丹开始向里尔克讲述他的人生，但不是以那种对执行任务的记者讲述的方式。他清楚里尔克也是一位艺术家，因此将自己的故事作为一个经验来讲述，好让年轻的诗人从中得到借鉴。他特别对里尔克强调：Travailler, toujours travailler——工作，要一直工作。"我把我的青年时代都投入到了工作之中。"比起"艺术"，他更喜欢用"工作"这个词。但他认为只是做一些工作并不够，而必须完全活在工作中。这意味着要摒弃一切世俗享乐的陷阱，比如美酒、舒适的沙发，甚至是自己的孩子——如果他们会让你分心，妨碍工作的话。

里尔克尽量从罗丹快速的法语中辨识着这些建议。里尔克用热切的眼睛望着同伴，但罗丹却很少直视他的听众，他有时会沉迷于自己的话题，以至于完全忘了在跟谁说话，更不管他们是否还在注意听了。

等罗丹终于停下来喘口气时，里尔克抓住机会说，他带来了一件小礼物。他拿出几页诗歌递给罗丹，罗丹礼貌地翻阅了。尽管诗是用德文写的，但里尔克确信，他从罗丹点头的动作中察觉到，至少他对形式很认可。

中午，他们坐在户外的一张餐桌旁共进午餐。一个红鼻子的男人、一个十岁左右的女孩和之前开门的那个将近六十岁的女人也加入了他们。罗丹没有费心向他们中的任何人介绍里尔克。他跟他们说话，只是为了抱怨午餐太迟了。那个女人的脸在盛怒之下变窄了一块，将手中的盘子重重摔在了桌子上。她还击了一些尖刻的话，里尔克没能听懂，但其中的意图是显而易见的。他们在餐桌上如此毫无界限地发泄怨恨，只有一种解释了，里尔克想，这一定是罗丹的妻子。

吃吧！萝丝·伯雷对众人吼道。里尔克照办了，他紧张地绕开肉食，沿着盘子边小口吃着，一位侍者看到里尔克没有吃肉，误以为他是害羞，又给他加了些肉。罗丹对这一切浑然不觉,大声地用勺子舀着食物,满口咀嚼着,就像只有自己一个人在吃饭一样。

这顿饭总算吃完了。罗丹站起来,邀请客人跟他去工作室。里尔克如释重负,跟着罗丹绕过了房子一角,发现在园子另一头矗立着罗丹为世界博览会造的展馆。展览于一九〇〇年十一月结束后,罗丹从邻居那里买了一块地,将整个展馆运了过来。

它每天都在纪念着罗丹迄今为止最大的成功。世界博览会期间,他卖出了价值二十万法郎的艺术品,接待了众多的参观者。甚至在他将作品运到默东后,德国出版社贝德克尔①还写信给小镇市长,询问镇上"罗丹博物馆"的营业时间。

里尔克感到,罗丹用自己的雕塑把自己包围起来,就像孩子用玩具把自己包围起来一样。在他所拥有的最珍贵的东西身边度过一天又一天,没有什么能比这更让他开心的了。

然后他们去了工作室。那是一座几乎完全用玻璃封起来的长条形建筑。罗丹打开门,那番景象让里尔克惊讶得哑口无言。里面的一切看起来像是"花了一个世纪才建起来的"。工作室像一个活生生的生态系统一般搏动着,穿着白袍子的工匠们雕刻着大理石块,给砖窑点火,或拖动着大块的石头。阳光透过拱形玻璃倾泻而入,照亮了一排排石膏造的形体,让它们看上去就像天使,或如里尔克所

---

① 由卡尔·贝德克尔(Karl Baedeker,1801—1859)创立,以出版旅行指南著称。这些旅行指南均邀请专家执笔并频繁修订,大小便携,贝德克尔在很长时间里被作为旅行指南的代称。

写的，像"水族馆里的居民"。明亮的白色刺激着他苍白的眼睛，他感觉就像得了雪盲一般，简直无法承受。但他还是饥渴地想要看清这一切。

几分钟后，罗丹走开了，让惊呆了的客人自己探索。里尔克不知该从何开始。里面有大量半成品的雕塑：桌子上堆着各种姿态的四肢，一尊躯干上安着错误的头；伸向各处的胳膊和迈着大步的腿纠缠在一起。仿佛一场风暴席卷了一个村庄，把遇难者尸体的碎片甩得到处都是。那里有一些作品，里尔克只在书里读到过，包括《地狱之门》的一些部件，一米左右大小，未经铸造，散落在书架和陈列柜上。

很明显，罗丹对手的重视程度，高于其他所有身体部位。了解他的客人都知道，要取悦这位大师，就问他：我可以看看您做的手吗？手以各种形态出现在工作室里：古老而睿智的手，一双紧握的拳头，两个伸进大教堂尖顶的指尖。罗丹曾说自己雕刻了一万两千只手，并"砸碎了"其中的一万只。从前他为卡里尔-贝勒斯工作时，曾有好几年的时间都在塑造手和脚；如今，罗丹挑选学徒时，看的就是塑造手的能力。

里尔克立刻就明白了这些手的含义。"许多手并不比我的小指大，但却充满令心狂跳不止的生命力……每只手都表达着一种感受，每只手都透露着一点爱、一点虔诚、一点善意和一种追寻。"在此之前，每当里尔克在诗中描述手时，它们总是伸向世界。它们象征着需要：一个女人向爱人伸出手去，孩子抓住妈妈，导师给门徒指路。对罗丹来说，一只手就是独立的风景，完整且自成一体。它并不只是身体的叙事当中的一个句子；它用线条和轮廓讲述着自己的故事——这些线条和轮廓正如诗句，组合在一起构成了诗。

里尔克想，罗丹似乎是用双手在做梦，而不是用头脑，这使他能够将每一个幻想变成现实。里尔克只希望自己身上的诗人也能够被放到罗丹那双有能力改变的手中。他相信自己的使命是命中注定的；他只需要一位导师来赋予它生命力。罗丹的手曾让金属人行动，曾在石块中激起心跳，似乎只有他才拥有里尔克在《时祷书》中描述的、一触之下改变生命的魔力：

> 我在你的许诺中读到它，
> 在你手势的历史中习得它。
> 你温暖智慧的双手围起来，构造
> 并约束即将出现的形状。

到了三点钟，里尔克已经将双眼填满了一天之内所能承受的极限。他在傍晚回到巴黎，眼睛已经因为看了太多而感到疼痛、疲惫。不过，他晚上还是快速写了一封给韦斯特霍夫的信，告诉她，当天的拜访让他恢复了对巴黎的期望，对于自己来到这里的决定，也重新有了信心。"我很高兴发现这样的伟大存在；在这个广阔的令人沮丧的世界中，我们已经找到了通往它的道路。"但墨迹已经开始凌乱，他不得不停笔了："我的眼睛很痛，我的手也很痛。"

几天后，里尔克又来到了默东。他再一次与罗丹和伯雷尴尬地共进午餐，那个小女孩也又来了。（里尔克推测这是罗丹的女儿，但很可能是他们的邻居，因为他们只有一个儿子。）

午餐后，罗丹和里尔克坐在了花园的长凳上。小女孩跟他们一起过来，坐在了旁边的地上，翻动、观察着路上的卵石。有几次，她走了过来，仰脸望着罗丹，看着他说话时嘴的动作，接着又走开了，始终没有得到他的注意。

过了一会儿，她又回来了，这次拿来了一朵小小的紫罗兰。她胆怯地把它放到他的大手里，等着他说点什么。然而，里尔克注意到，他的目光"越过了害羞的小手，越过了紫罗兰，越过了孩子，越过了这整个爱的瞬间"。他继续与里尔克说话，最终女孩放弃了。他正在向诗人讲述自己的教育经历，并开始长篇大论地攻击艺术学校，他认为艺术学校是在教学生被动地照抄他们的对象。他说，大多数老师都不像勒考克——勒考克教会他用"移植到心上"的眼睛，用情感看待事物。

女孩又回来了，为了吸引罗丹的注意做最后一次尝试。这次她的诱饵——一枚蜗牛壳——终于吸引了大师的目光。他在掌心把贝壳翻过来，微笑起来："Voilà。"① 这就是希腊艺术的一个完美摹本，他告诉里尔克。它表面光滑，几何形状简单，这个外壳似乎因为内部的生命而发着光。它的外表呈现着精准的自然法则，就像一个精致的人

---

① 这个法语词可以表达"看！""这就对啦""这正是……"等意义，而且常常有一种"终于"的意味。

像模型。

而且，Voilà，这只蜗牛可能还意外地向里尔克展示了罗丹思维的模型：一个向内螺旋的线圈，对任何超出其自身意愿的事物都视而不见。里尔克看着女孩再次走开，他终于开口了。他小心翼翼地控制着自己粗重的德国口音，问罗丹对于爱在艺术家生活中的作用有什么看法。该如何平衡艺术与家庭？罗丹回答说，最好是独身一人，不过或许可以有一个妻子，因为呢，男人需要一个女人。

那天晚上，里尔克独自在树林里散步，思索着罗丹向他展现的严酷事实。这位雕塑家的房子那么令人压抑，他的家人之间似乎没有任何爱意。罗丹清楚这一切，但却毫不在意。他知道自己是什么样的人，他知道自己是艺术家，而这就是唯一对他重要的事。他遵守自己的准则，任何其他人的标准都无法用来衡量他。他心里有自己的宇宙，里尔克思量再三，认为这远比生活在其他人缔造的世界中更有价值。而且，这样看来，罗丹听不懂里尔克的诗歌，不会讲任何其他语言，也是件好事。这种无知让他更加安然地待在自己神圣的领域中。

诗人呼吸着凉爽、潮湿的空气，感到体内打开了一个新的空间。这是明确了目的地所带来的解脱，尽管他现在还不知道如何到达那里。他相信罗丹，相信他所说的：努力工作将会指引他前进。

里尔克从树林里出来时，一切看起来都不一样了。在自己周围，他现在只看到美：平静的天空、浮在湖中的三只天鹅、转向太阳的盛开的玫瑰，就连散落着栗子的路似乎也有了新的意义——指引前进的道路。生活可能会如灌木一般在道路左右茂密生长，但真正的艺术家会始终专注于前进的方向。他必须做到"既不向右看，也不向左看"，那天晚上里尔克在给韦斯特霍夫的信中这样写道。这就是为什么像罗丹和托尔斯泰这样的伟人都过着粗陋的生活；生活就"像他们不再需要的器官一样，发育不良"，他写道，"我们只能选择其中之一。要么是幸福，要么是艺术。"

真不知道在德国独自照顾女儿露丝的韦斯特霍夫收到这样的信作何感想。里尔克更喜欢将自己和韦斯特霍夫描述为两位走在平行道路上的艺术家，而不是同行在一条路上的夫妇。他热情地支持着韦斯特霍夫的艺术，但对于她在抚养孩子方面遇到的困难，并没有表示足够的理解。当她抱怨筋疲力尽时，里尔克告诉她有点累是健康的。有时他会用一句不真实的称赞来让这种屈尊俯就显得柔和一些：你是如此坚强和勇敢，他会说，"一个晚上就足以让你摆脱这种感觉"。

但那年九月，韦斯特霍夫并没有轻易默许里尔克的决定。她坚持说她也想到巴黎来，并再次接近罗丹。里尔克同意了，但说服她不要带露丝来。他说，巴黎不适合孩子。这里什么都极贵，旅馆又拥挤，除了工作，没有时间做任何事。里尔克告诉她，罗丹也有同感。"我谈到你，谈到露丝，谈到你离开她该有多么伤心——他沉默了一会儿，然后极其严肃地说：是的，必须要工作，其他都不能顾及，只能工作。而且必须要有耐心。"

韦斯特霍夫把露丝放在了沃普斯韦德附近奥伯纽兰德父母家，并计划在下个月去找里尔克。

和罗丹相处仅仅十天之后，里尔克给他的新导师写了一封信。他在信中坦陈，在彼此见面这么频繁的情况下，他还写信，可能会有点奇怪，但是他感到语言的障碍让他没法当面充分表达自己的心情。而在他安静的小屋里，他可以构思词句，准确地告诉罗丹，他对自己的启发有多么大。他给了他力量，让他能够挨过孤独、接受牺牲，"甚至消除对于贫穷的焦虑"。他告诉他，妻子也同意这一点，而且很快就会来巴黎与他相聚。如果他们都能在这里找到工作，就希望能一直留下来。他感觉到这次旅行将成为他"生命的伟大重生"。

里尔克还把最近在卢森堡花园漫步时想到的几行诗寄给了罗丹。"我为什么要写下这些诗句？不是因为我认为它们有多好，而是想要靠近您的愿望牵引着我的手，"他写道，"您已经成为我生活和艺术的榜样。"里尔克知道罗丹无法理解他的德文诗句，但他还是希望罗丹的目光能落在这些诗句上。然后他谈到了他来信的主旨："我来找您不仅仅是为了写一本论著，"他坦白道，"而是要向您请教：我该如何度过人生？"

我们不知道罗丹是否回复了这封信，但他邀请这位诗人在接下来的四个月里随时去他的工作室。有了这点鼓励，里尔克一有机会就待在罗丹身边。有时候罗丹会邀请他早上去默东，这些对里尔克来说是最好的日子。里尔克会准备好一系列问题，他们会坐在池塘边或散步。他们的讨论通常会持续到下午很晚的时候。罗丹喜欢为他的门徒创造新的隐喻，而里尔克则尽职尽责地把它们写下来，就像一只啄食面包屑的鸽子。"看，只需一个晚上；所有这些"鳃页"都是在一夜之间形成的。"罗丹谈到他从地上采的蘑菇时说。他把它翻过来,露出底下那一面,说:"干得真不错。"

其他日子里,里尔克就在画室里观察罗丹创作。他看着这位艺术家如挥剑般使用自己的工具,毫不留情地一刀切下雕塑的胳膊、腿或头,砍下大块的黏土,直到自己喘不上气来。他凿着石膏,令空气中尘埃弥漫。他是一位"加法雕塑家",他会先制作部件,再将它们组装成作品。前一分钟,他会像猛禽用爪子抓起一块肉那样抓起一条胳膊或腿,片刻之后又把它丢掉。有时他会让身体的雕塑完全没有手臂或没有腿。最终的成品往往"不像一座从下到上建造起来的完善的房子,"作家让·科克托(Jean Cocteau)说,"而是仅仅像一段楼梯、阳台,或者一扇门的一部分。"

罗丹并不等待灵感。他并不等待某种纯粹的表达,从他的灵魂倾泻到被动的材料上——像里尔克一贯所做的那样。在罗丹看来,神"太伟大了,不会把现成的灵感交给我们"。相反,"现世的天使"是要由艺术家来创造的。因此,罗丹处理未成形的黏土时,"并不知道他将会做出什么,就像蚯蚓般在黑暗中探索道路,从一个点爬到另一个点。"里尔克后来在他的论著中写道。他会用他巨大的双手抓住黏土,塑造它,吐口水上去,完全了解它,在此过程中赋予它能量,激活它的生命力。"创作的艺术家无权选择。最终,他的作品必然处处流露着不折不扣的责任感。"里尔克写道。

在罗丹极其热烈的雕塑方式下,产生的作品也极富动感。他操纵光线,强化人像的动态之美。当各个平面在几何上达成某种和谐时,光线会沿着雕塑的表面自由流淌,进而造成运动的错觉。有时,罗丹会利用蜡烛让光影的界线显现出来,以衡量是否成功实现了这种效果。罗丹曾在卢浮宫向一名学生演示过蜡烛测试。他们在傍晚时分、博物馆关门之前进来,罗丹在《米洛的维纳斯》身旁举起蜡烛。他让学生在他围绕她移动时观察光线的变化。注意光线是如何滑过表面,而没有在任何一个空洞、裂隙或接缝处跳跃。他相信,烛光能暴露所有缺陷。

里尔克在巴黎的第一个月即将结束时,罗丹接受了一个非常费时的肖像制作委托。他整个周末都要工作,变得非常忙,无法继续与里尔克进行长时间的交谈了。诗人决定给罗丹一些空间,于是把更多时间用来独自探索巴黎。他追随着雕塑家在这座城市成长的足迹,回溯着罗丹的艺术发展历程。里尔克去了卢浮宫,惊讶地发现自己突然有了对于艺术的鲜明观点:现在,《萨莫色雷斯的胜利女神》对他来说是运动的"奇迹",而《米洛的维纳斯》看起来则太被动、太静止了。

有一个星期的时间,里尔克每天从上午九点到下午五点都待在国家图书馆里——罗丹小时候曾在这里临摹过许多插图。里尔克的目标是对法国伟大的象征主义诗人们进行同样的临摹,追踪波德莱尔和瓦莱里的线条,直到他能对他们的文字运用了若指掌,就像指尖在湿黏土上滑过那般流畅自然。他还仔细研究了哥特式主教座堂的模型,他称这些教堂为"中世纪的山脉",他知道罗丹对它们极其欣赏。

每天图书馆关门后，这位诗人都会沿着塞纳河走回他的旅舍，并在西岱岛稍作停留，观赏落日从巴黎圣母院的两座塔楼的顶端落下。这座为圣母玛利亚建造的主教座堂，一次次在战争中受到毁坏，又得到修复；它的装饰遭到了洗劫，但墙壁依然坚固，正如玛利亚的贞洁一般，永久可靠。在里尔克眼中，它历经的种种屈辱，更让它显得尤其壮美。这正是河流变成"灰色丝绸"的时段，城市的灯光闪耀着，仿佛从天而降的星星。待到夜幕降临时，人们将会再次用音乐和香水填满空气，但大教堂是能够回避感官刺激的场所。大教堂就像森林或海洋，在这里世界归于寂静，时间也休止了。

站在大教堂前，几乎不可能不去思考为了建造它而付出的劳动。建造过程中的艰辛，几乎和成品一样令人震撼。里尔克想象着工匠们日复一日、年复一年地来到工地，将一块又一块石头砌在一起，这一切令他惊叹不已。"如果要靠灵感来创造这些大教堂，那它们就永远无法建成了。"他想。因为要建造这样一座建筑，这个愿景本身就足以令人生畏。它们能够被建成，完全是因为这些匠人选择了这项工作作为毕生的事业。

罗丹的口头禅，"要工作，要一直工作"，与里尔克在沃普斯韦德学到的一切关于融合生活与艺术的理念都背道而驰。多年以来，他一直在望着云，焦急地等待着缪斯，但她却从未到来。而罗丹的榜样给了他行动的许可。现在，工作意味着不再等待，立即投入生命；更重要的是，里尔克总结道，"工作就可以活下去，而不是死去"。

第七章

传记作家们会从开头讲起。他们会描绘一个忙着用自己那把很钝的刀刻木头,甚至顾不上吃东西的男孩;一个在塞夫尔的花瓶厂工作的年轻人。他们会指出他早年所受的影响——但丁、波德莱尔和米开朗琪罗——以及他那预示性的觉醒到来的时刻,那个开启他未来天才的闪点。这样的讲述想必"平实而动人"。

但要讲述奥古斯特·罗丹的故事,这不是正确的方式,至少不是里尔克想要的方式。十月,罗丹前往意大利拜访一位朋友,让里尔克有三星期不间断的时间,可以着手写他的论著。他坐在旅舍破旧的书桌前,着手构思开启难办的第一页的各种方式。

他向窗外凝视着对面建筑的砖墙。他来回踱步,迟迟无法动笔。他不习惯关窗,于是炸薯条难闻的油脂味飘了进来,还与周围医院的碘蒸气的气息混合在一起。实在受不了这些气味时,他就步行到卢森堡公园,将头靠在大门上,深吸一口气。然而,就是便道旁团团簇簇的花朵的香气,依然刺激着他脆弱的感官。

他总是在醉鬼们还没有走上街头之前,在八点钟回到旅馆,重新坐在桌前,这时房间里只剩下煤油灯的气味。

他考虑开篇就讲解那些让罗丹出名的雕塑。然而思索之下他又认定，罗丹的名誉与他的作品无关。他在纸上写道："名誉不过是围绕一个新名字积聚起来的所有误解的总和。"

他也不能从罗丹的童年讲起，因为在观察这位雕塑家之后，里尔克得出的结论是，罗丹是生来就伟大的。他的杰出毋庸置疑，正如哥特式主教座堂或盛开的栗树一般。要讲述这个故事，里尔克必须从树枝出发，向下回溯，直抵树干，深入土壤，找到那颗绽开的种子。

里尔克躺在床上，知道自己睡不着。电车的震动让他无法完全放松。即使他打了一下瞌睡，很快邻居们又回来了，他们上楼的脚步极重，往往吓得他赶忙坐起来，生怕他们会直接冲进门来。

醒着躺在那里，他会召唤波德莱尔，仿佛他是他的守护天使。他朗诵波德莱尔《巴黎的忧郁》（*Paris Spleen*）中的散文诗《凌晨一点钟》的开头："终于！只有我自己了！……人的面孔的专制消失了。"但随后他又会开始将自己与波德莱尔进行比较，一种新的焦虑降临了。

罗丹从来没有这样的问题。他从不去想自己为什么是艺术家，或者是否应该成为艺术家。他知道这样的疑虑只会分散自己对工作的注意力。现在里尔克也开始接受工作就是一切的想法。他已经和大师相处了相当长的时间，他甚至可以在头脑中与他进行完整的对话：

"你的生活怎么样？"

"不错。"

"你有敌人吗？"

"没有足以妨碍我工作的敌人。"

"你的名气很大吧?"

"它让工作成为一种责任。"

"你的朋友们怎么样?"

"他们希望我工作。"

"你周围的女性是怎样的?"

"我在工作的过程中学会了欣赏她们。"

"但你也曾经年轻呀?"

"那时候我和其他人一样。年轻的时候,人什么都不懂;后面才能懂事,而且这是一个缓慢的过程。"

罗丹不在的这段时间,里尔克常与自己仰慕的其他艺术家为伴。他结识了西班牙肖像画家伊格纳西奥·祖洛阿加(Ignacio Zuloaga)。他仅比里尔克大五岁,却已是名满欧洲的画家,当年的威尼斯双年展上,也有多幅他的作品展出。这位有着健硕的胸膛和浓密的黑胡子的巴斯克艺术家,散发着从容的自信。他根本不先以素描起稿,而是直接在画布上用炭笔勾勒出黑色的人物轮廓,接着用深色颜料填色。

罗丹非常钦佩祖洛阿加,曾经以三尊青铜雕塑换取他的一幅画。里尔克后来总结说,祖洛阿加是巴黎除罗丹以外唯一"对他产生深远而持久的影响"的人物。但这种感情似乎很大程度上是单方面的。尽管里尔克写了好几封信表达对祖洛阿加的仰慕,这位画家从未报以里尔克可能期望的热情回应。不过,祖洛阿加允许里尔克到他的工作室拜访了一次,并向他介绍了另一位大师的作品——埃尔·

格列柯（El Greco）。这位生于希腊的西班牙文艺复兴时期画家笔下风暴中的《圣经》场景，以一种此前里尔克只在噩梦中感受过的强烈的激情击中了他。埃尔·格列柯那些比例失调、如蜡烛的火焰般修长而起伏不定的人体，似乎放在现代也远远超前，更不要说在十六世纪了。

那个月中，里尔克还需要为即将来到巴黎的妻子安排住处。在他的拉丁区旅社以南几个街区的埃培院长路3号，他为他们两人各租了一间公寓。他们在同一座房子里，却分开住，只在星期天见面，见面时两人常常互相朗读《尼尔斯·伦奈》中的段落。在韦斯特霍夫生日那天，里尔克为她买了一本古斯塔夫·杰弗罗伊（Gustave Geffroy）的散文集《艺术人生》（*The Artistic Life*），并题词道："致克拉拉。亲爱的母亲，艺术家，朋友，女人。"他没有提到妻子或爱人。但当时的韦斯特霍夫可能并不会介意这点，因为在她到达巴黎的第一个月内，她就已经收到了好几项雕塑委托。目前看来，她在巴黎的第二次居留，已经比第一次更成功了。

更重要的是，她终于有机会得到罗丹的意见。几乎每个周六，她都会趁罗丹在工作室中举办开放日的机会把作品带给他看。"在罗丹身边并没有让她眩晕，而是让她能够在一种安全感与平静之中努力和成长——事实证明，待在巴黎对她是件好事。"里尔克写道。在与丈夫一起访问默东时，她感到"被释放，被一切有益的事物包围。在草中间，在蓝天下，美妙的人像和各种身体局部雕塑站在你的身边，草地发出邀请，仿佛要你参加孩子们的游戏；在一小片洼地中间，一尊古老的躯干立在阳光下"。

这时，里尔克的专著已经接近完成。他已经从各种角度观察和思考过罗丹的艺术，这改变了他看待世界的方式："花朵对我来说往往有无穷无尽的魅力，动物让我感到一种奇异的兴奋。而且有时候甚至我对人们的感觉也是这样的：手有自己的生命，嘴唇本身就在说话，我更加安静地注视着这一切，发现了许多从前忽视的东西。"里尔克学着以艺术家的方式去看世界，但他还没有掌握艺术家的手艺。"创作我的艺术的工具呢？锤子——我的锤子，在哪里？"他想。他如何用文字来创造事物？如何将罗丹的艺术原则应用到他的诗歌中？

罗丹建议里尔克尝试自己多年前做学生时曾经进行过的练习。去看动物，巴里曾告诉年轻的罗丹。对于这位雄心勃勃的人像雕塑家来说，盯着这些野兽，似乎是一项很无趣的任务。但罗丹很快领会到，为什么自从史前洞穴壁画开始，动物就一直是艺术家青睐描绘的对象。

当时的动物园，是刚发现的物种和各种殖民地力量象征物的研究中心。在国内展示狮子或猴子，是对身在远方的勇敢的法国探险家们的褒奖。对于艺术家们来说，这里就是动物博物馆，让他们得以接触前所未见的美的形体。在巴里看来，植物园就是"他的非洲和亚洲"，作家亨利·詹姆斯（Henry James）曾这样说。绰号"关税员"的画家亨利·卢梭（Henri "Le Douanier" Rousseau）也曾有好几年坐在园子里的一张长凳上，为他梦境般的充满丛林风貌的画作吸收灵感。

对里尔克来说，与大门另一侧的人类动物园相比，这个展示熊、瞪羚、火烈鸟和蛇的动物园，相当于一个避难所。他开始像罗丹观察基座上的雕塑那样，研究这些被关在笼子里、像物品一样被放在栅栏后面展示的动物。为了指引自己的这场研究之旅，他回忆起自己在慕尼黑的老师特奥多尔·李普斯的教诲，设计了一种有意识地进行观察的过程，他后来称之为 einsehen，即"入视"。

"入视"描述了从看事物的表面到了解其内部、从感知到建立情感联系的奇妙旅程。里尔克着意区分了"入视"（inseeing）和"审视"（inspecting），他认为后者只描述了观察者的视角，因此常常导致人格化的想象。而"入视"将对象的视角纳入考虑。它在令事物带上人性的色彩的同时，也令人变成客观研究的对象。

例如，面对一块岩石，我们应该深入想象它开始形成的那个点。接着观察者应该继续探寻，直到感到岩石在自己内部形成，而内心也因为这样的重负而沉沦。这是一种在身体内部发生的感知，要求观察者同时担任看的人和被看的对象。带着共情之心进行观察时，人就不只是在用眼睛看，也是在用皮肤"看"。

"你可能会笑我，"里尔克给一位朋友写道，"但是如果你想知道，我最强烈的感受、我对世界的感受、我尘世的幸福在哪里，我必须告诉你：它一次又一次地出现在这种'入视'的过程中，在这种迅速、深刻、永恒得无法形容的神奇的时刻中。"

里尔克在描述自己以这种方式体验世界的喜悦时，恰好呼应了李普斯的理念，即人可以通过共情，将自己从自身思想的孤独中解放出来。正当里尔克在巴黎动物园学习时，李普斯正在慕尼黑发展他的共情与审美享受的理论。在他关于这个主题的开创性的论文中，他阐述了四种类型的共情：一般统觉性共情，人们感知到日常事务的运转；经验共情，在非人类事物身上看到人类品质；情绪共情，即感到将情绪状态与颜色和音乐对应起来，例如"欢快的黄色"；以及可感知表现共情，即人们以手势或体态传达内心感受。

动物是一个让里尔克验证昔日老师教诲的独特研究对象，令他受益匪浅。由于动物与人类有着相似的欲望，所以人们能够与动物共鸣；但动物又不讲人类的语言，因此从根本上来说对我们还是很神秘。艺术家们可以像观赏珍玩一般仔细审视动物，然而与物品不同的是，动物会向我们投来目光。这种双向的凝视将两个不同的生命联结在了一起，也构成了奥地利艺术史学家阿洛伊斯·李格尔所说的"观者的介入"——他认为这一点是构成一件成功艺术作品的必要元素。

里尔克日复一日地回到动物园，练习他的"入视"技能，晚上回到家，再一一把他看到的动物大致描绘出来。他发现自己尤其喜欢一只孤零零地在笼中来回踱步的黑豹，它让他想起罗丹放在工作室里的一只小石膏豹。罗丹极其喜欢这件东西——"'它就是美'[①]，他会这样谈到它"——以至于里尔克甚至还去国家图书馆欣赏了它的青铜原版。他一次又一次地回到那个展柜前，终于开始理解

---

① 原文法语。

罗丹从中看到的东西：

> 从这个小小的石膏模型上，我领会了他的精神，古典时代的精神，以及他与古典时代之间的联系。在这个动物的造型中有着同样的生动的感觉，这件小东西（它的高度还不及我手掌的宽度，它也没有我的手长）仿佛一件非常大的东西一样，有成千上万个面；而这成千上万个面全部都是活的，充满生机，各不相同。这一切都是以石膏完成的！于是，它那潜行的状态被强化到了极致：宽大的爪子有力地抓着地，与此同时，它的谨慎包裹着它的一切力量，悄无声息……

这只石膏豹在里尔克心中激起的感觉，很像罗丹在商店橱窗里偶然发现巴里的猎犬时的感受——他突然意识到一个无生命的物体居然可以像活的野兽一样充满生命力。当里尔克在他印象派的动物园速写系列——他称之为"情绪意象"——中描述这头黑豹时，以及后来将其发展成他最著名的诗歌之一《豹》时，他也想到了这种相似性。诗中，他以黑豹在笼中盘旋的场面开篇：

> 扫过栅栏的他的视线，
> 已然疲乏得视而不见。
> 他眼中的栏杆似有千条，
> 千条栏杆外再无世界。

读者很容易把黑豹的踱步看作里尔克对自己在艺术

创作上遭遇困境的描述。然而，这里并没有诗人在场。里尔克不再使用华丽的描述来引人注意，例如，他没有透露黑豹的大小，也没有描写皮毛的质感。相反，他仅仅用它被囚禁的状态来定义它，而它则成了它所不具备的自由的化身。"扫过的"栏杆动了起来，而这只动物则成了囚笼，成了物品。

视角接着从里尔克移到了黑豹：它听到了自己来回踱步的声音。通过这个视角的变换，里尔克让共情的轮转本身成为诗的主题。在诗的结尾，里尔克又回到了黑豹的视角："眼帘无声地掀起——"接着影像进入了它的视野，一路钻进了它的身体和它的心，随后永远留在了那里。

里尔克终于找到了一条从自我走出来，进入物质世界的路。就像青年时代的罗丹记忆卢浮宫画作的细节那样，现在，里尔克在动笔之前，会允许图像先在他心中聚集、成形。他不是创造它们，而是接收到它们，等待它们来形成他。正如他未来笔下的主人公马尔特·劳里茨·布里格（Malte Laurids Brigge）所说："诗歌并不像人们认为的那样，是一些情感（人在很早的时候就有这些了）——它们其实是经历。"

《豹》写于一九〇二年十一月，是里尔克突破性的《新诗集》——他常常称那些诗作是"物品诗"——中最早完成的作品。这首如雕塑般构思考究的作品，带着深深的罗丹的印记，也是他第一次尝试融入其他的艺术形式。这是一个激进的诗学实验，"和艾略特或庞德的作品一样具有革命性"——多年之后，约翰·班维尔（John Banville)① 在《纽约书评》（*New York Review of Books*）中这样写道。但是这首诗并没有带来当时里尔克急切追求的艺术上的转变。

秋去冬来，他感到自己的灵感用尽了。无词的时光从几天变成了几个月，依然"什么都没有发生"，他说。在他眼中，罗丹仿佛一条奔涌的河流，把日常生活中的人和事都抛在身后，"仿佛它们是他不再流过的一条干枯的河床"。但无论他多么希望引导自己的创造力"涌入一条河床，变成一股洪流"，他还是无法阻止它分裂成数十条漫无目的的小溪。

是他太软弱了吗？是他太急切了吗？他曾以为，用一所房子、一个家庭把自己的根扎进土地，会让他的自我变得"更清晰、更真实、更切实际"。生活的确变得更现实了，"但却是一种在我之外的现实。"他说。这完全没法帮助他实现那个他"强烈渴望的"性命攸关的转变："在真实的事物之中，成为一个真实的人。"

那年秋天，正当里尔克写作《豹》时，十九岁的奥地利军校学生弗朗茨·克萨韦尔·卡普斯正手捧着一本诗集坐在一棵百年栗树的树荫下。这位圣珀尔滕军事学院的学生身穿军装却有志于当作家。当他听说有一位激进的新诗人正在将德国浪漫主义现代化时，就找来他最近的诗集《为我庆祝》（*In Celebration of Myself*），在草地上坐了下来。

---

① 爱尔兰小说家、编剧。

出于对浪漫主义传统的反叛，里尔克在这本诗集中写满了圣人、天使和神灵。他运用了宗教象征主义的力量，但又将其世俗化。在一首诗中，一个类似基督的角色和妓女同眠，还因为未能让抹大拉的玛丽亚受孕而伤感。里尔克的不敬使他成为年青一代的英雄。奥地利作家斯蒂芬·茨威格回忆说，老师还在发表一些关于弗里德里希·席勒的"老掉牙的言论"时，他和同学们就常常把里尔克和尼采的诗句抄到课本上阅读。

可以想象，只比茨威格小了不到两岁的卡普斯在第一次发现里尔克那些愤愤不平的诗句时，也会产生类似的敬畏之情。那天下午，他全神贯注地读着这本书，几乎没有注意到他最喜欢的老师之一弗朗茨·霍拉塞克（Franz Horaček）已经来到他身边。老师从卡普斯手里拿过书，看了看封面："莱纳·马利亚·里尔克的诗？"他翻了翻书页，瞥了几段诗句，用一根手指抚过书脊，然后摇了摇头说："这么说，我们以前的学生勒内·里尔克成了一位诗人啦。"

霍拉塞克解释道，大约十五年前，那个苍白、体弱多病的男孩曾是圣珀尔滕的学生，当时自己则是这里的牧师。他形容里尔克是"一个安静、严肃、天赋异禀的男孩，喜欢独处"。他在初级学院"忍受"到了四年级，在升入高一级别的军校后，他的父母就让他退学了。从那以后，霍拉塞克就再也没听到过他的消息了。

卡普斯忍不住罗列起自己和里尔克的相似之处。他们都是诗人，都来自东部的斯拉夫城市：里尔克来自布拉格，卡普斯来自罗马尼亚的蒂米什瓦拉。他们都曾在军旅生涯的门槛上徘徊,而如卡普斯所说,他们也都感到这条人生道路"完全违背"他们的天性。他们两个先后站在同一片土地上,穿着同样的制服,怀着同样的梦想,想到这里,卡普斯很想写一封信给里尔克,"希望从这位诗人这里得到理解——如果有任何人能理解自己的话"。他向里尔克讲到他们共同认识的霍拉塞克,并附上了自己的几首诗,征求里尔克的意见。

里尔克在他生命的那个阶段几乎没什么资格向他人提供职业发展建议。十二月,他交付了关于罗丹的专著,但微薄的稿费对他毫无帮助。他甚至没钱将他的书寄给朋友们——"我都买不起自己的书。"他承认道。与此同时,之前出的书的版税也快用完了。

他和韦斯特霍夫留在巴黎度过了假期,对在国外的朋友和家人来说,他们似乎太孤僻了。里尔克给奥托·莫德松写了一封新年贺信,以缓和他与老朋友之间的紧张关系。他发表了一番对于巴黎的抱怨:"我们在这里必须忍受市井的冷酷和混乱,忍受丑陋的花园、人群和事物。尽管这里有一些美丽的事物,尽管它们有着永恒的光辉,却不足以补偿这一切。"他劝莫德松"留在自己的国家",并说巴黎唯一好的一点就是有罗丹在。"时间在他身上流逝,而他就像这样,在他漫长的生命的所有、所有的日子中,继续工作,似乎永远毫不动摇、神圣,几乎成了超越时间的无名的存在。"

里尔克不需要说服莫德松。"那座可怕的、野蛮的城市不合你的胃口,这我完全相信。"他回信说。对他来说,城市孕育了自我主义、尼采主义和现代主义等种种病症。"没有什么比宁静、严肃的乡村对我更重要。我永远无法忍受生活在这样的城市里——我应该去看看存储在那里的艺术品，然后赶紧回归我宁静的生活。"

然而，当莫德松满足于整晚窝在沙发里、叼着烟斗的生活时，他的妻子对于探索国外风景的好奇心还未熄灭。二十五岁的保拉·贝克尔尚且年轻，还没法放弃、踏踏实实成为沃普斯韦德那些满腹怨愤、"被拴在犁上"——里尔克曾这样写道——的农妇中的一员。村子里一成不变的作息，大家一直还在进行的古板的风景绘画，都开始让她变得麻木。从三年前她和韦斯特霍夫前往巴黎起直到现在，德国艺术家们与法国艺术家相比，一直都显得太顺从了。在巴黎，没有谁会在乎自己的作品能否得到广泛好评。单是想到要回到那里，贝克尔就会心跳加速。

现在，里尔克夫妇又重新与他们建立了联系，她看到了机会。莫德松不赞成她独自旅行，但是他知道自己还亏欠她——她当初参加那个糟糕的烹饪课程，做出了极大的牺牲。于是，他同意她于一九〇三年二月前往巴黎。

那个冬天，贝克尔登上开往巴黎的火车时，几乎无法抑制自己的兴奋。这时她二十六岁生日快到了。她想象着自己继续之前中断的巴黎生活，每天都被画廊参观、香槟以及与韦斯特霍夫进行哲学讨论填满，星期六去乡下四处游玩。到达巴黎后，贝克尔到她们学生时代住过的那个旅舍，租下了同一个房间。

在里尔克和韦斯特霍夫第一个有空见面的晚上，贝克尔就冲到了他们在拉丁区的住所，急切得像一只小狗。她奉上了沃普斯韦德的八卦，但他们似乎毫不关心，仿佛她那些小镇故事根本不配讲给他们听。他们并非粗鲁无礼；事实上情况更糟糕——他们很客气。没有温暖，没有熟悉的感觉，而且他们看上去非常凄惨。他们一直在抱怨缺钱和过度工作。贝克尔试着劝他们休息一下，跟她一起到乡下去玩一天，他们拒绝了，坚持说他们必须工作。

里尔克夫妇简直是在"宣扬抑郁"，贝克尔第二天在给丈夫的信中写道。"自从罗丹跟他们说'要工作，要一直工作'，他们就开始按照字面理解来实践这句话了。他们周日从不想去乡下，似乎他们的生活中再也没有乐趣了。"里尔克没完没了地谈着罗丹以及他写的论著——这个项目在贝克尔看来，无非是略加掩饰的趋炎附势。"里尔克正在渐渐萎缩成一个小火苗，希望通过攀附欧洲伟大的人物：托尔斯泰、穆瑟、沃普斯韦德那些人物、罗丹、祖洛阿加——他最新的朋友——靠他们辐射的能量来增加自己的光亮。"她在给丈夫的信中说。韦斯特霍夫最近的作品是一系列身体局部雕塑，也有点太像罗丹的作品了。"让我们拭目以待，看她要怎么避免自己变成一个小罗丹。"贝克尔写道。

里尔克夫妇对罗丹的痴迷，为贝克尔带来的唯一的好处就是让她也得以与这位著名雕塑家见面。里尔克告诉她，罗丹每周六都会在工作室举办开放日活动，向朋友们和同事们开放。里尔克会写一张条子，将她介绍为"一位非常杰出的画家的妻子"——贝克尔感到颇为受辱——这应该能让她入场。

接下来那个周末，当她到达时，已经有很多人在工作室里。她在门边迟疑着,希望在走到大师面前呈上介绍信之前,先试着让自己平静下来。她终于鼓起勇气,小心翼翼地走上前去,拿出了字条。他一边听她说一边点着头,看都没看字条一眼。

进去之后,贝克尔得以仔细观察房间里各处摆放的雕塑,想凑得多近都可以。并非每件作品都能引起她的共鸣,但它们共同形成了一种强大的力量,让她完全信任罗丹的旨愿。"他不在乎世人是否认可他。"她想。离开时,她鼓起勇气问他,是否可以某天参观他默东的工作室。令她惊讶的是,他没有退避:下周日来吧,他说。

那个周末,她乘火车到达时,一位助手告诉她罗丹正忙着,但准许她自己四处看看。贝克尔走了一圈,重访了她在世界博览会上去过的展馆,现在她看出这些作品如何深刻地体现着它们的创造者"对于自然的崇拜"。过了一会儿,罗丹来了,把她带到了工作室。他拿出了几令图纸,她惊讶地看着他从简单的铅笔线条开始起稿,接着用水彩上色。她想道:这样温和的一个人,却会使用这么狂野、炽热的色彩,多么不寻常。

不久,罗丹开始了一段她已经很熟悉的独白:"工作,"他说,"是我的乐趣。"[①]完全相同的话,出自里尔克之口时曾经那么让她气恼,而如今由罗丹说出,每一个字都令她陶醉。贝克尔相信罗丹真的是以此为信条在生活的,其证明就在她周围,在这间屋子的每一个角落。而里尔克抱怨不迭,却只写过几本平庸的书,因此只是在引用

[①] 原文为法语。

这些话而已。贝克尔在给丈夫的信中说，他必须马上来巴黎，哪怕只是为了待在罗丹身边，也很值得。"是的，一切让艺术美好的东西，他都有。"

然而，贝克尔一见到里尔克夫妇，一接触到他们那种传染性的抑郁，她的兴高采烈的状态就戛然而止了。有一段时间，她下定决心要挽救自己的旅行，为了照顾他们两人的利益牺牲自己的需求。她没有去乡下野餐，而是和他们一起去看了一场日本画展，其中一些作品中有她从未见过的仿佛儿童笔触般的流畅线条。但到了三月，里尔克又病倒了，这是那个冬天他第三次患上流感。贝克尔把郁金香带到他的病床前，但随即向莫德松宣布"我再也受不了他了"。她吻了吻结婚戒指，决定提前结束她的巴黎之旅。

在等待返回沃普斯韦德的火车时，她写信给丈夫说，她相信如果里尔克能离开一段时间，韦斯特霍夫会过得更好。现在她制作胸像的佣金越来越多，而他的消沉只会给她拖后腿。

当时里尔克对自己的评价并不比贝克尔的高多少。完成罗丹的专著之后，他又开始担心下一笔收入从何而来，以及下一本书的灵感从何而来——或者会不会来。"我完全写不出来。而且我的写作和每日的食物和必需品之间存在联系——单单这种意识本身就足以让我无法动笔，"那年春天，他在给他的朋友和赞助人、瑞典心理学家爱伦·凯（Ellen Key）的信中这样写道，"我必须在寂静中等待钟声响起，而且我知道，如果我强行敲响，那它就真的不会到来了。"

如今，他的书桌上空荡荡的，只有一沓还没回复的信件。终于，一九〇三年二月，他坐下来回复一位学生的来信，他所在的正是里尔克当年就读的那所军校。里尔克并不知道这位名叫弗朗茨·克萨韦尔·卡普斯的年轻人，但他很高兴看到其中提到了他曾经的老师霍拉塞克。里尔克一直很喜欢他，他也是教职工中间唯一不是军官的人。

"我亲爱的先生，您的信几天前才寄到我的手中。感谢您对我的善意和信任，可惜我没有更多可以为您做的。"里尔克用他那笔画粗重的花体字写道。

卡普斯几乎已经放弃对于回信的希望，这时一封盖着蓝色印章和巴黎邮戳的信抵达了。他说，地址是用"漂亮、清晰、坚定的字"写成的，"拿在手里很重"。

他打开信封，发现里尔克的回信写了整整八页——而他当初寄去的信只有两页。里尔克深知自己一直以来多么焦虑地等待着自己的创造力的钟重新敲响，因此他建议这位年轻的诗人，现在就仔细考虑一下，自己是否准备好承受艺术创作的重担。

"寻找促使你写作的原因，看看它是否在你心灵的最深处扎了根，"里尔克写道，然后问问自己，"如果不让你写作，你会死吗？最重要的是——在夜深人静的时候问问自己：我是否必须写作？"如果你的心明确地回答，"我必须写作，那么就依据这种必要性来构建你的人生"，但是你要做好准备，从此永远听命于此，因为艺术不是一种选择，而是灵魂的不变的倾向。

里尔克没有对卡普斯的诗给出意见，只说它们还不具备自己的声音，"还没有独立"。他敦促卡普斯不要再把这些诗寄给编辑或评论家，也不要再寄给他。因为这些人只能提供外界的认可，而一位诗人所需的印证只能来自他的内心。此外，里尔克说，没有什么比评论更远离艺术了，而评论"无非是些或多或少令人愉快的误解"。

看到里尔克的答复，卡普斯立刻写了回信。我们不知道他写了些什么，因为他这方面的信件从未发表过，但我们知道他们在接下来的五年间往来了大约二十封信。我们还知道，卡普斯觉得里尔克关于孤独、爱情和艺术的游思极其动人，发自他内心深处，他敏锐地预感到，对于"当代以及未来其他成长中的灵魂"，这些信一定也能够打动他们的心。里尔克死后不久，他带着这些信件找到了韦斯特霍夫和露丝·里尔克，问她们是否愿意将它们发表。

里尔克写信十分高产，他把这也视为自己诗歌创作练习的一部分。写信时，他总是字斟句酌——如果他感到有必要划去一个词，那么他就会把整页都重写一遍——因此他已经授权出版商在他死后出版他的信件。一九二六年里尔克去世之后，露丝和她的丈夫卡尔·西伯（Carl Sieber）开始筛选保存下来的七千封信。他们拿给出版商几个选集，其中，里尔克在生命的最后一年里与荷兰出版社经理的通信于一九二七年出版；与他的传记作家莫里斯·贝茨（Maurice Betz）的通信于一九二八年出版；与罗丹的通信也于同年出版。一九二九年，莱比锡岛屿出版社（Insel-Verlag）以《给青年诗人的信》为题，出版了他与卡普斯的通信。

我们对卡普斯所知甚少。在最初出版时，里尔克的家人决定不提这位军校学生的名字，也没有介绍他的背景；

随后的版本中,才由他本人加进了一段简短的介绍。我们也不清楚,为什么里尔克和一个无法带给他什么利益的陌生人进行了这么长久的通信。不过,他的信常常读起来就像是写给年轻时的自己,从这点看来,显然对于这位年轻的诗人,这位同样要承受那个被称作军校的"漫长而可怕的诅咒"的受害者,里尔克深表同情。

然而,更重要的原因很可能是卡普斯出现的时机。里尔克收到他的信时,正在巴黎试着参照罗丹找到自己的道路,因此他能够理解卡普斯希望找到自己的表达形式的愿望。匹诺曹在父亲看到他善良的内心的那一刻,变成了一个"真正的男孩";同样,年轻的艺术家们在导师眼中看到自己的影子时,往往会感觉受到认可。

尽管当时里尔克自己也还相当幼稚,卡普斯却默默做了里尔克的门徒,而较年长的诗人也极其认真地对待这种责任。他以一种只有外行才敢采取的权威语气给卡普斯写信;仿佛他试穿着导师的长袍,并且高兴地发现它很合身。但是里尔克深知自己还没有资格提供职业指导。那年春天,他对一位朋友说:"我已经写了十一二本书,但得到的回报却微乎其微,而且其中只有四本拿到了酬金。"他没有为卡普斯提供作为诗人的职业发展建议,而是指引他过诗的生活——这正是里尔克对罗丹的需求。从那时起,给卡普斯的信就成了他的田野笔记。

第八章

就在保拉·贝克尔说里尔克应该让他妻子单独待一段时间的两天之后,他就真的这么做了。他的流感总也好不了,他因此决定,到温和的地中海边去抚慰一下他饱受冬天折磨的身体。他让韦斯特霍夫留在巴黎,完成她的工作。靠着父亲给的一些钱,他登上了一辆拥挤的火车,裹在一条骆驼毛的毯子里,一路发着抖,就这样去了托斯卡纳。

里尔克到达了优雅的海滨度假胜地维亚雷焦,这里背靠大理石构造的卡拉拉山脉。他立即换上了黑红条纹的泳裤,光着脚,沿着海滩漫步,手里拿着一本《尼尔斯·伦奈》。柔软的沙子和阳光本应对他很有好处,但有些地方不太对劲。大海显得单调平坦,咸咸的空气让他口渴。餐厅的桌子不幸是圆形而不是方形的。最糟糕的是,德语的声音无处不在。

尽管他把自己藏在一份法语报纸后面,服务员还是用德语给他点餐。旁边那桌度蜜月的新婚夫妇用德语彼此低语。游客们大声地用德语闲聊个没完。"我竭力强调我需要安静,但是一点用都没有。"他在给妻子的信中说。那就仿佛轮流听到家人们的声音。德语一直是母亲势利的武器，她用德语证明自己对捷克人的优越性；这也是粉碎了父亲的骄傲的军政府的语言。对里尔克来说，德语是霸凌者和不公正的威权的声音。他开始独自在房间里吃饭。

由于没法集中注意力读书，里尔克在四月给年轻诗人弗朗茨·卡普斯写了两封信。他试图接受当时的不确定感，甚至对其称赞道："在这里无法衡量时间，是哪年也不重要，十年也不算什么。做一位艺术家就意味着，不去计算，而是像树木那样自然地成熟，它不会强压自己的汁液，在春天的暴风雨中自信地挺立着，并不害怕随后夏天不会到来。它会到来的。但是只有耐心的人才能等到。"里尔克也曾经这样描述罗丹，"沉入他自己"，就像一棵树，"将自己的心扎入了很深的地方"。

不知这些话是否让卡普斯感到安慰，总之它们对里尔克没多大帮助，他觉得自己仍然像一棵幼苗。他建议卡普斯寻找一位导师，并向他透露了在创造力方面给自己最多教益的两个人："关于创造力的深度和持久性，我要提到两个人：极其了不起的丹麦作家雅科布森，以及雕塑家奥古斯特·罗丹——在当今所有艺术家中无人能及。"

或许，卡普斯向远方寻找导师是明智的。罗丹巨大的影响给了里尔克灵感，但也投下了压迫性的阴影。他担心诗歌缺乏雕塑这种有形媒介的强力。"由于无法做出一个形体，我甚至感到过身体上的痛苦。"他写道。一段诗永远无法填满画廊，动词也不能像动作那样在空间中移动。

这种令里尔克无力的焦虑，让他童年时的噩梦复活了，"有一个极硬、极大、如岩石般的东西在近旁"，他写道。他开始连续几天写不出一个字。他无家可归，宛如漂萍。他想象着自己回到巴黎，回到韦斯特霍夫身边，但又不知那时自己该做什么。或许他可以写一本关于罗丹的朋友、大受欢迎的褐色肖像画画家欧仁·卡里埃（Eugène Carrière）的书。

里尔克离开意大利之前，他关于罗丹的小册子出版了。他曾拒绝为卡普斯提供那种干巴巴的学术批评；在这本书中他也没有这样做，而是如品酒一般回味着罗丹的艺术，他将其吸入，搅拌进一番极繁主义的描述，其戏剧化的程度只有罗丹的作品本身才能相匹敌。关于《地狱之门》，里尔克写道："他创造的躯体彼此抚摸全身，紧紧相拥，仿佛相互啃咬的动物；它们高度融合，仿佛化身为同一个有机体。他创造的躯体，能够如面孔般倾听，如手臂般抬起。众多的躯体构成了链条、花环、卷须和厚重的团簇；从它们的痛苦中，生发出了罪的甜蜜。"

由于这项研究主要是里尔克对自己观察力的训练，最终的成书揭示的关于他自身的东西，就像对于研究对象的一样多。H. T. 托比亚斯·A. 怀特（H. T. Tobias A. Wright）为一九一八年出版的一本里尔克诗集作序，其中写道："从这本关于奥古斯特·罗丹的相对较短的专著中，我们能够得到比从里尔克的任何其他作品中都更精准的关于他生活与艺术哲学的推断。"

《罗丹论》（*Auguste Rodin*）的几乎所有书评，都提到了里尔克对这位艺术家热情洋溢的评价。评论家们认为它"充满激情"，"融入极其大量的个人感情"，"处处是细腻的感受"，甚至"完全是一曲颂歌"。一家奥地利报纸说："这是一首散文诗。对于那些永远理智的人来说，其中很多内容会显得过度和浮夸；然而一切诗歌都因夸张而精彩。"

里尔克让妻子亲手带一本给罗丹，并附上他的信，对于罗丹无法真正阅读这本以德语写就的书表达了遗憾。他还真诚地许诺，这并非自己对于他的全部评述。"自从开始写这本小书，您的作品就一直占据着我的思想，"他写道，"而且从此它们将出现在每一本我有幸完成的书中。"他还在信中坦陈，自己离开巴黎后就无法集中精力，有时他会去读关于罗丹的东西，但求"在海浪声和风声之中，还能听到您的话音"。

罗丹收到包裹，只回了一张简短的字条："非常感谢您托里尔克夫人带给我的书。"他希望有一天书能被翻译成法语。

接下来，两人之间的交流就停止了。一场暴风雨沿着第勒尼安海岸飘移，里尔克感到了一阵熟悉的躁动。日复一日，暴风雨如灰色的披肩般包裹着天空，让小镇显得"不安、暴躁"，也让里尔克留在了房间里。四月，他整整一个星期与世隔绝，写出了《时祷书》的第三部，也是最后一部。巴黎的烟雾和混凝土，令这三十四首诗的色调变暗，与前两部作为背景的沃普斯韦德的田园风光截然不同。这一部的副标题是"贫穷与死亡之书"。

在这本书中，里尔克确认自己正在发生变化。对神的呼喊招来了童年梦魇中曾要碾压他的巨石，但如今它作为导师磐石般的意志再次现身了。在诗句中，他相信这种力量可以从他身上榨取创造力，就像从种子中榨取香料一样，因此这一次发生的是他希望看到的转变：

> 但如果是你：压下来吧，让我迸裂；
> 将你整个手掌落在我身上……

这些创造性的表达把里尔克的精力耗尽了。完成这本书对他来说不是新生，而是失去目标。他于五月返回了巴黎，但他还没来得及开始新的项目，就又病倒了。里尔克没有委托，韦斯特霍夫的项目也完成了，因此他们没有办法支付巴黎公寓的房租了。这时，海因里希·沃格勒邀请他们回到沃普斯韦德，他们只能接受，别无选择。韦斯特霍夫去收拾她的工作室时，里尔克躺在床上，害怕回归那个社区之后会失去孤独。但后来他考虑到，回去的话，就更接近露·安德烈亚斯-莎乐美了。自从宣布与韦斯特霍夫订婚以来，他有意避免与这位早已疏远的朋友联系，已经有两年半了。但现在他比以往任何时候都更加渴望她的指导。里尔克想起她在"最后的恳求"背后潦草写下的警告，认定自己已经到了"最走投无路的时刻"。

六月，就在离开巴黎之前，他给她写了一封信。"几个星期以来，我一直想写下这些话，但又不敢，担心可能还为时过早。"他告诉她。但既然现在他要回到德国了，他恳求她允许他去拜访，哪怕只有一天。她已经搬到了北部的大学城哥廷根附近，她的丈夫最近在那里获得了教授职位。

当里尔克的信和关于罗丹的专著送达时，安德烈亚斯-莎乐美已经变成了"一个农妇"，她开玩笑说，她养了一条狗，还管着一个鸡舍。她住在一个长满山毛榉的山谷里,背后是一条森林覆盖的山脉。她起初读得很慢,过了一些日子,她发现自己越来越着迷。终于,她意识到里尔克不仅仅是写了一篇溢美之词;他已经整理出了一整套创造的哲学。这样的成就必定是通过重大的"心灵的调整"而取得的,足以让她忘却过去他为她带来的一切烦恼。

几天后,里尔克展开她的回信,看到那熟悉的竖直的字迹——和他自己的一样——立刻感到很安心。她说关于罗丹的这本书让她几乎说不出话来。"你投身于和自己相反、互补的一面,研究一位你期待已久的榜样——就像人们投入婚姻那样。我不知道还有什么其他方式来形容。对我来说,这本书中弥漫着一种婚约的感觉,一种神圣的对话的感觉,让人仿佛获准理解自己原本不是,但出于神秘的原因正在成为的样子。"她写道。这"毫无疑问"是他已经出版的最重要的作品。"从现在起,你可以依靠我了。"她承诺。

里尔克拿着信的手在颤抖。他不知道回信该从何写起,他有太多话要说。"我不会抱怨。"他撒谎说,紧接着又忍不住倾诉起自己的痛苦。他讲到那年冬天的三度发烧、巴黎的折磨,以及他最近遭遇的写作障碍。"除了你,我没法向任何人寻求建议;只有你知道我是谁。"他说。

说完,这"两个老笔杆"又恢复了通信的习惯,仿佛此前什么都没发生过一般。里尔克告诉她,许多他年轻时的恐惧仍然困扰着他。有时他觉得被他人的生活入侵,以至于他担心自己和他们之间的界限会完全崩解。别人的痛苦会像墨水在纸上晕开一样,渗入他的头脑。他真的拥有一个自我吗?或许没有,他有一次这样想道,并对安德烈亚斯-莎乐美说:"我没有什么是真实的。"

他给她讲了最近在巴黎发生的一次此类事件。在去图书馆的路上,他发现自己前面的一个男人在抽搐——沙可医生称之为圣维图斯舞。此人的肩膀颤抖,不住地点头或猛然向后甩,用切分音的节奏跳着行进。里尔克好奇地望着他,接着感到自己的视线进入了他的身体内部。他看到他的肌肉越来越紧张,终于不可避免地引发了痉挛。

与此同时,里尔克感到自己的身体里也开始升腾起类似的压力,仿佛通过视觉染上了这个男人的疾病。他情不自禁地跟着他穿过街道,"被他的恐惧所吸引——我已经无法把它与我自己的恐惧区分开了"。

在信中用好几页描述了这一事件后,里尔克总结说,那一天的计划完全被打乱了。他根本没去图书馆——经历这样的惊吓之后,还怎么可能读书呢?"我仿佛累坏了,完全精疲力竭;仿佛另一个人的恐惧以我为食,将我的精力耗尽了。"他还说,这种事情经常发生。但是这些经历并未将恐惧转化为艺术,反而吞噬了他的创造力。他问安德烈亚斯-莎乐美,他如何才能学会将这种强烈的感受转化为诗歌?

她的回答十分明确:你已经做到了。她在回信中说,他对这个人的描述,强烈地感染了她,因此这种感受不再只是他的,而是也在她体内存活了。他可以不再担忧能否实现的天赋,而是要接受,他已经做到了这一点——证据就在这一封信中。

安德烈亚斯-莎乐美已经开始深入学习弗洛伊德的心理学,看出里尔克的焦虑属于典型的世纪末综合征的症状。许多心理学家对于人口聚集以及城市的离间效应越来越关注，因此开始采取更偏向社会学的方法进行研究。三百年前，对于个人意识的探究令笛卡尔说出"我思故我在"；而如今，问题变成了：其他人如何思考？我们怎么知道其他人拥有自我呢？

后者即里尔克昔日的老师特奥多尔·李普斯的共情研究最终的落脚点。他推断，既然共情为人们会在物体中看到自己提供了解释，那么观察的行为就不只是被动的吸收，而是有生命力的认知。这是存在于另一个地方的自我。既然我们会在艺术作品中看到自己，或许我们也可以在其他人身上看到自己。共情即是通往他人精神世界的通路。因此，里尔克在这方面强大的能力，既是他作为诗人最了不起的天赋，也可能是他最难以承受的十字架。

安德烈亚斯-莎乐美理解这种困境，并劝里尔克放下防备。他应该培养他的天赋，把它看作一颗在他体内生长的种子："你已经变得像一小块土地，所有掉落其中的东西——即使是已经遭到损毁和破坏的东西、被人们厌恶地抛弃的东西——都会历经炼金术而成为养料，来滋养埋藏其中的种子……一切都将变成沃土，变成你。"他应该像小偷一样，接近病人和垂死者，从他们的痛苦中搜寻诗歌。

里尔克试着听从她的建议，去感受这个抽搐的人，而不是排斥他。他已经学会了"看透"动物和花朵；现在他可以像艺术家一样，从静物过渡到人了。也许这个抽搐者痉挛的步伐，与诗人的步伐没有太大区别，他想。他们都不过是以与众不同的方式走过人生。

接下来的几个月里,他开始在给安德烈亚斯-莎乐美的信中重组这些感知的片段。渐渐地,浮现出来的不仅是一幅关于巴黎的景象和声音的画面,还有一个经历这一切的人物的形象。里尔克给这个人物起了个名字:马尔特·劳里茨·布里格。他将成为里尔克唯一一部小说的主人公。马尔特是一位年轻的丹麦诗人,和里尔克一样,他也去了巴黎,也要抵御各种刺激的冲击。他也同样因为看到图雷特综合征患者的抽动而不安,《马尔特手记》中的这段描写和里尔克信中的文字几乎完全一样。在后来的岁月中,里尔克与朋友和家人渐行渐远,马尔特则成了他最亲密的伙伴。

里尔克和韦斯特霍夫重新回到沃普斯韦德的社区,并不是非常愉快。前一年,海因里希·沃格勒布置了一座花园,翻新了他的房子,目前正在等待第二个孩子出世。里尔克作为罗丹的门徒,近来也开始奉行斯多葛派的作风。看到老朋友首要的创作活动是在家庭生活领域,而不是在艺术上,他感到十分失望。沃格勒欣然接受传统意义上的舒适,与罗丹传授的信条相冲突。这让里尔克得出结论,沃普斯韦德的人们"视野狭窄,倾向于追求无关紧要的琐事"。

而这里的人们对于里尔克和韦斯特霍夫的看法也没好到哪儿去,特别是当他们发现这对夫妇竟然要分别住不同的房间时。里尔克描写沃普斯韦德艺术家的专论已于当年早些时候问世,但在社区中的反响并不好。里尔克当初接受这项任务纯粹是为了钱,对于所写的对象评价并不很高——奥托·莫德松除外。但他也不想贬低他们,于是文字中完全没有表达自己的评价。正如他在引言中说的,他所做的其实是描绘了"成长过程中"的年轻艺术家们的肖像。他记述了他们的童年,以及他们在艺术家村的生活。贝克尔读这本书时,感觉文笔华而不实,神话化的内容则毫不相干。"到处是漂亮话和优美的句子,但这枚坚果是空心的。"她说。而且里尔克居然在整本书中都没有提到贝克尔——艺术家村中最好的画家——对他也很不利。

那年夏天,里尔克夫妇去看望露丝时,又经历了一次不愉快的重逢——当时她和韦斯特霍夫的父母住在附近的一座旧农舍里。她现在是一个狂野的幼童,常常在户外裸奔。她那双忧郁的蓝眼睛一开始没有认出父母。她试探性地接近里尔克,几天后,她开始称他为"男人"和"好人"。他觉得自己给她的注意力肯定满足不了她。与这个神秘的小生命建立联系的压力,让他感到不安。照顾她迫使他走出自己的孤独,但是他几乎肯定会让她失望。到了八月底,他已经迫不及待要离开沃普斯韦德了。

罗丹曾建议韦斯特霍夫像他之前所做的那样去罗马研习雕塑,她觉得不妨就趁现在去。里尔克决定跟她一起度过一个"罗马之冬",正好也可以满足自己最近对哥特式建筑发生的兴趣。里尔克本希望他们的住所更深入乡下,但后来他们还是在城市边上租了一栋房子,住了几个月。接着,随着春天的到来,讲德语的游客也来了,他们仿佛士兵涌上山丘一般,包围了里尔克,向他逼近。韦斯特霍夫留在了罗马,但里尔克没法忍下去了。

他再次开始在欧洲大陆游荡,从罗马到瑞典、丹麦。

在意大利期间，他已经开始写《马尔特手记》，但由于他年轻的主人公是丹麦人，里尔克觉得有必要去哥本哈根——"雅科布森的城市"——看看。在那些日子里，"很难联系到里尔克，"他的朋友斯蒂芬·茨威格回忆道，"他没有房子，没有可以找到他的地址，没有家，没有稳定的住所，没有办公室。他总是在这个世界上穿梭，谁都无法预先知道他的方向——甚至他自己也不知道。"

韦斯特霍夫将里尔克的信转发到斯堪的纳维亚半岛。七月的信件中，包括一封弗朗茨·卡普斯两个月前写的信。里尔克感谢她寄来这封信，并告诉她，这个年轻人当时正"历经一段艰难时期"。卡普斯显然一直在担心，童年的坎坷是否耗尽了他本该用在成年时期的力量。这封信中，他必然表现得极其烦恼，因为里尔克在回信中称赞了他的"优美的对人生的担忧"。他同意"性的确很难，没错"。他还说，他一直在等待自己有了成熟的人生建议，再向他传授。在沃普斯韦德度过的糟糕夏天让他终于有话可说了。

他告诉卡普斯，比朋友变得成熟，就意味着失去友情，但这会让你更自由地成长。随着你身边的人越来越少，大家可能会害怕你所拥有的孤独。但是我们"在他们面前必须保持坚定、冷静。不要和他们分享你的疑虑，因为这对他们是一种折磨；也不要用你对欢乐的信念吓坏他们，因为他们无法理解"。我们要从空寂之中寻求营养——从另一种角度来想，空寂其实是广阔。当我们在其中渐行渐远，对我们抛在身后的人，也要记得保持友善。

里尔克早就建议卡普斯放弃他第一封信里那些浪漫

的大问题。"不要写爱情诗。"他说。正如罗丹教导里尔克的那样，简单比意义更重要，小的东西往往会成长为很大的东西，就像细胞，或终究会发芽长大的种子。因此，卡普斯现在应该关注日常的"事物"，"几乎没有人看到，却能出乎意料地变大到无法衡量的事物"。

无论里尔克去哪里，总有疾病突发：令人难以忍受的牙痛、眼睛刺痛、喉咙发炎，以及"精神上的恶心"。更糟糕的是，他没有写作的意愿，也没有谋生的方法。与其他类似背景的作家不同，里尔克拒绝让从事教学或进入新闻业来分散自己的精力。对于新闻业，他尤其感到一种"莫名的恐惧"，因为记者的工作紧扣时代，而他则坚决地与自己的时代脱节。里尔克利用自己项目之间的空白期进行"研究"。

他考虑过重返校园，但后来觉得自己可能已经进行了太多学习。那些"用文字来描述文字""用概念来解释概念"的大量阅读，真正教会了他什么呢？在法国国家图书馆，他也曾在法国文学的广阔原野上尽情啃食，但最终他意识到，当他从书上抬起头来，只是写下了许多页的笔记，却没有出产自己的作品。

一九〇四年五月，里尔克决定独立对自己进行教育，并为自己设计了一套课程。这是一套雄心勃勃、枝蔓广延的计划，包括学习丹麦语、阅读格林兄弟的《德语词典》、阅读生物学书籍、撰写关于延斯·彼得·雅科布森和伊格纳西奥·祖洛阿加的专论、阅读儒勒·米什莱（Jules Michelet）的法国历史、翻译俄语和法语的文学作品、参加科学讲座、参观科学实验，以及撰写他的新书：一部用"坚定、严密的文字"写成的作品——这就是后来的《马尔特手记》。

他的这张单子上几乎不涉及艺术史或哲学的学习。相反，他想立足于"现实"。研究自然，就像是收集能帮他沉入地下的岩石和树叶。"星空那么壮丽，我却不知道人类对它有什么了解，甚至也不知道星星的位置。"在那个时期，他这样说。关于这些的学习，不是能够"让我更有信心地发起攻势，坚持我的工作吗？这不也是一种做到'一直工作'——那一切的关键所在——的方式吗？"

对里尔克来说，生活中的一切如今都变成了他的教育的一部分。每一座城市、每一种情感，都是他要掌握的研究对象。在设计自己的新课程时，他在给卡普斯的信中告诉他，甚至爱也可以被视为一个探究的主题，或许可以作为一门基础课程。"去爱也是很好的，因为爱很困难。让一个人去爱另一个人——这或许是我们所有任务中最难的一项，是终极任务，是最终的测试和证明，所有的一切工作都是为它而准备。因此，在每件事上都是初学者的年轻人，还不能懂得爱——他们必须要学习爱。"

这种逻辑导致了里尔克终身的悖论。既然学习需要独处，那么学习爱也需要在没有其他人的情况下进行。"爱起初并不意味着融合、奉献、与另一个人合二为一"，他告诉卡普斯。两个人的轮廓一定要保持分明，如果他们能够历经爱，并把它看作"一种负担，一种学习过程，而不是在各种愉悦而轻浮的游戏中迷失自己……只有这样做，未来的人或许才能在我们身上看出一点进步，一些从容。

那样就很不错"。

里尔克的课程计划中还有第二个目标："发现一个愿意帮助我的人，这样教育的过程就变成两个人的互动了。"为此，他需要一位"有声望的老师"，但同时还要是一个有耐心的人；一个愿意一对一地教导他，在他"极其缺乏经历"的前提下，还能够包容他诸多的"疑问和需求"的人，他写道。

里尔克认为一个可能的人选是他通过安德烈亚斯-莎乐美认识的德国社会学家格奥尔格·齐美尔。齐美尔当时是极受欢迎的讲师，前一年又因为他的论文《大都会与精神生活》（"The Metropolis and Mental Life"）得到了广泛的赞誉。在此文中，他为了考察现代城市居民的神经质心理，对故乡柏林进行了案例研究。

齐美尔认为，城市居民正在进化出"保护性的器官"，以免他们在城市中感官过载。但与此同时，这些器官也钝化了他们的情感接收器，由此产生了大量敏感性较低、更偏重智识、更冷漠的人群。"或许再没有什么别的心理学现象，像冷漠这样专属于城市了。"齐美尔写道。

里尔克在齐美尔对城市的描述中看到了他可以放在《马尔特手记》中的环境。这个来自丹麦的人物将像里尔克一样，看到"不断变化的图像套叠在一起"，经历"激烈的情感历程"——这些正是齐美尔笔下的大都市的典型特征。渐渐地，里尔克开始认同安德烈亚斯-莎乐美的观点，相信这些情感上的发烧是有好处的。他在十一月给卡普斯的信中写道："每一次激烈的情感都是好的；只要它弥漫在你的整个血液中，只要它不是陶醉或混沌，而是你可以看透的、清澈见底的快乐。"

一九〇五年初，里尔克写信给齐美尔，问他接下来的学期会不会到柏林来教书。

齐美尔回信说不会，因为他准备暂时卸去教职，转而研究现代焦虑的艺术表现形式。其实，他早就想请里尔克帮个忙了：能不能把他介绍给罗丹？齐美尔认为，罗丹的作品为现代人的不安赋予了具体的形象。"罗丹为关节创造了一种新的行动方式，让表面显现出一种新的色调和震颤，用一种新的方式表现了两个身体或同一身体不同部位之间的接触，借助平面之间的碰撞、冲突、相交，构成了新的光线分布。这一切都让人体拥有了一种全新的、能够表现人的精神生活的动感……"他后来写道。在齐美尔看来，罗丹标志着始于文艺复兴的连续统一体的终点。四百年前，米开朗琪罗的《大卫》以舒适的对立式平衡（con-trap-posto）的姿势站立，他的女性形象则懒洋洋地躺着；而罗丹的作品则处处是紧张感和不稳定感，定格在了永恒的变化状态之中。

能给这两位伟大的思想家帮上忙，里尔克感到很自豪，迅速为他们做了介绍。齐美尔撰写《论罗丹作品对现代精神的表达》（"Rodin's Work as an Expression of the Modern Spirit"）——堪称关于罗丹的最权威、最精彩的论文之一——的那段时间，安德烈亚斯-莎乐美向里尔克发出了一个不容错过的邀请，让他去哥廷根拜访她。他刚刚修订完《时祷书》，著名的岛屿出版社将于四月出版，因此他前往这场期待已久的见面时，心情极好。

在卢弗里德①——这是房子的名字——的短住，完全符合里尔克的希望。两位老朋友在花园里相互读书，她做了他最喜欢的素餐。她心爱的狗席梅尔突然生病死去了，里尔克和她一起哀悼。看到安德烈亚斯-莎乐美哭泣，里尔克坚定了一个信条："人们不该把非必需的关爱和责任牵扯进自己的生活。我年幼时也曾因为我的兔子死去而难过不已。"当他准备离开时，安德烈亚斯-莎乐美向他许诺，卢弗里德总会有一个房间为他保留，他的绿色皮拖鞋会一直在门边等他。

我们无从猜测，韦斯特霍夫对于丈夫与她还没有见过的前女友重聚做何感想。里尔克试着解释道，由于安德烈亚斯-莎乐美对于他的"内心成长"有塑造性的作用，就连韦斯特霍夫也应该把她看作"不可或缺的重要人物"。不过，这个时期的韦斯特霍夫很可能根本就不需要任何安慰。她已经离开了罗马，正在沃普斯韦德建立自己的工作室，预备教授艺术课程，而且她正和露丝生活在一起。

保拉·贝克尔听说里尔克又离开了，去"做研究什么的"，高兴极了。闺密已经回到了沃普斯韦德，她们几乎每天都一起度过。四岁的露丝是一个圆滚滚的"可爱的小家伙"，她坐在地上玩，贝克尔则开始为老朋友画一张肖像。韦斯特霍夫身穿白裙，神情邈远，将一朵红玫瑰放在锁骨上，下唇紧紧地压着上唇。她的双眼偏向一边，似乎没有聚焦在任何东西上，好像眼睛在此时此刻对她没有用，她仿佛完全存在于自己的思想中，贝克尔几乎无法用

---

① "Loufried"，以她的名字 Lou 和她的丈夫的名字 Friedrich 合并而成。

绘画将她带进外在世界。

她们经常探讨独立：韦斯特霍夫并不介意丈夫离得那么远，而贝克尔则渴望能和她的丈夫隔开一些距离。里尔克通知妻子，格奥尔格·齐美尔已经从巴黎回到柏林，他计划接下来从哥廷根离开后就去拜访他，韦斯特霍夫似乎认为里尔克"能多见一些欧洲智识界的大人物"是件好事，贝克尔写道。

一天，工作室里很冷，贝克尔一边把泥炭舀进炉子，一边告诉韦斯特霍夫，她有多么想要离开沃普斯韦德。韦斯特霍夫第一次看出她的朋友有多么悲伤。她说话时，"泪水一滴又一滴从她的脸上滚落下来，她告诉我，重新走出去，'进入世界'，再次回到巴黎，对她来说有多么重要。"对她来说，巴黎就是"世界"。

对于莫德松来说，贝克尔的抑郁也变得十分明显了。但是他将妻子对乡村生活的不满归咎于她的雄心。他第一次贬损了她的绘画，在日记里写道："保拉现在所做的艺术远远不像从前那样让我喜欢。她不肯接受任何建议——这是非常愚蠢的，也非常令我遗憾。"她画的大头裸体人物很像当时巴黎流行的原始风格的绘画。而他认为她应该参照的是更"艺术化"的画作。

总体来说，女艺术家们都太固执了，他断定。韦斯特霍夫就是一个很好的例子："对她来说只有一件重要的事，那就是罗丹；她盲目地按照他的方式做每一件事。"莫德松写道。贝克尔也同意，她的朋友仍然"在很大程度上受到罗丹的人格，以及他那些精彩而简练的格言的影响"。

正因为如此，那年秋天，当里尔克的信带来关于罗丹的极好的消息时，韦斯特霍夫感到格外兴奋。诗人在柏林花了将近三个星期的时间听齐美尔的课，在他计划离开的前一天，罗丹寄来了一封信。他特意找到里尔克在柏林的地址，就是为了让他知道，他终于读到了那本专论的翻译版。尽管罗丹没有谈到自己对这本书的具体的感受，但他肯定很喜欢，因为他对里尔克说："我最亲爱的朋友，我写信来，是为了让你确信我对你个人以及对你作为一位作家所怀有的最衷心的友情和崇拜——由于你的努力和才华，你的作品已经实现了广泛的影响。"

里尔克为韦斯特霍夫抄写了这封信，好让她自己细细品味每一个字。来自罗丹的出乎意料的热情流露让里尔克精神大振，点燃了前去拜访他的愿望。"我的导师，去见您，去感受一会儿您所创造的美丽事物燃烧着的生命，这些需求令我振奋。"他在回信中写道。他告诉他，他和韦斯特霍夫正在计划秋天前往巴黎。他们是否可以在九月初来拜访他？

艺术家不仅同意与这对夫妇见面，还邀请他们作为他的客人住在默东。信的背面，他的秘书附上了一段话，强调罗丹确实要求诗人住在他家，"这样你们就可以好好谈话了"。

韦斯特霍夫开始和里尔克一起幻想默东之旅，"从罗丹住宅的花园可以看到远处的广阔风景"，贝克尔则静静地站在一旁。"像我一样吧。"韦斯特霍夫对她说，而贝克尔也下定决心要这样做。她还不知道该怎么做，但从这一刻起，她要开始把她找到的每一点钱私藏起来。她向自己保证，不管付出什么样的代价，总有一天她要回到巴黎。

"毫无疑问，对每个人来说，在这个世界上都存在着一位适合他的导师。每个感到自己可以做导师的人，也必定存在着一个等待他教导的学生。"里尔克第一次在沃普斯韦德逗留时写道。当时他正在寻找一位导师，来取代安德烈亚斯-莎乐美；而如今，他正把齐美尔看作可能替代罗丹的人。

与此同时，罗丹也在四处寻找他的下一个学生。一九〇五年二月，他看出二十一岁的音乐系学生埃德加·瓦雷兹（Edgard Varèse）很有前途。瓦雷兹有着意大利人的深色长相，被罗丹聘为模特。交谈之后，罗丹对于这个年轻人将音乐重新定义为声音的雕塑的想法，感到十分欣赏。儿时住在都灵时，瓦雷兹就深深着迷于天主教的主教座堂，如今，他希望把这种建筑风格表现为如花岗岩般坚实的"声块"。罗丹给了他一份在默东担任秘书的工作，并承诺会帮助他与圈内人士建立联系——他与音乐界的一些著名人物是朋友，如瓦雷兹崇拜的克劳德·德彪西。

但罗丹几乎没有时间来履行自己的承诺。六月，他与画家伊格纳西奥·祖洛阿加一起进行了穿越西班牙的公路旅行，而瓦雷兹则留在家里回复他的信件。旅行期间，三十三岁的祖洛阿加带罗丹见识了斗牛，而罗丹则认为这是"令人作呕的屠杀"。随后祖洛阿加又带他去看了弗朗西斯科·戈雅（Francisco Goya）和埃尔·格列柯的画作，他的感受更差了。他一遍又一遍地咕哝着：埃尔·格列柯"根本就不会画画"。一位艺术品商人愿意以区区一千比塞塔的价格，把一幅埃尔·格列柯描绘施洗者圣约翰的祭坛画卖给祖洛阿加；罗丹却说，他要是同意买，简直就是发疯。所幸祖洛阿加头脑清醒，还是买了下来。

罗丹的西班牙之旅以失望而告终，瓦雷兹也不再支持他了。这个年轻人本来就脾气火暴，这时则因为罗丹没有真正帮助他推进事业，感到十分恼火。这个老头迄今所做的无非是用一些"愚蠢可笑的话"对他说教，"仿佛他是全能的上帝"。瓦雷兹得出结论：罗丹"对于音乐一无所知"。九月的一天，他骂罗丹是个蠢蛋，然后冲出了工作室。

十年后，瓦雷兹移居纽约，几乎单枪匹马开创了那里的电子音乐乐坛。"实际上音乐有三个维度：水平、垂直，以及动态膨胀或收缩。"他曾写道。他希望发明新的乐器，以增加第四个维度，"声音投射——我们会感到声音远离我们，而且不可能被反射回来……那将是一种深入空间的旅行"。

在命运的安排之下，瓦雷兹离开不到一周，列车就将里尔克带到了法国。这时距离诗人第一次来到巴黎的那天，已经将近三年了。他按照从前的老路，沿着塞纳河，从卢森堡公园朝卢浮宫散步，他感到这里几乎没有发生什么变化。他最喜欢的素食餐厅还在，他进去点了从前常吃的东西：无花果、甜瓜、洋蓟、西红柿和米饭。

他计划在默东逗留十天。到达时，他发觉这里发生了很大变化。罗丹对这个地方进行了大规模的改造，虽然并不显得很现代，却比从前实用得多。他给庄园接通了电，为不断增加的助手们建造了新的工作室和住房。他还买下了一块相邻的土地，把他从 1871 年遭到轰炸而荒废的伊西城堡（Château d'Issy）抢救下来的新古典主义立面以及一些柱子，安放在了这里。"他的身边生长出了这么丰富的世界，"里尔克写道，"罗丹生活的方式真精彩。"

他敲了门，罗丹"像一只大狗一样"迎接了他，里尔克回忆道，"他探寻地望着我，认出了我。"罗丹问起韦斯特霍夫——她父亲在八月突然去世了，因此她要留在德国陪她的母亲。接着，在两位老朋友散步的过程中，里尔克很快意识到自从他们三年前相识以来，这位雕塑家的生活已经发生了多么巨大的变化。

一九〇〇年世界博览会之后，罗丹的盛名远播，东至波希米亚，西至美国——一九〇三年，他在那里办了第一场个展。同年，他在法国被授予法国荣誉军团勋章指挥官勋位。现在他是世界上薪酬最高的艺术家，贵族们争相拿着空白支票来找他，期望他的一尊半身像能让他们的容颜垂世不朽。他现在可以自由选择雕刻的对象了，他往往青睐文艺界的名人，如约瑟夫·普利策（Joseph Pulitzer）、古斯塔夫·马勒（Custav Mahler）和维克多·雨果。一些收藏家为了说服他接受某项委托，会邀请他参加奢华的聚会，但他很少能够从这类活动中得到乐趣。他通常会在整场聚会中抱怨自己多么疲惫，接着会以九点就要睡觉为由早早告辞。如果聚会是在国外，只会说法语的罗丹被问到听不懂的问题时，就只是点头或微微鞠躬，这种奇怪的礼节常常令他的东道主觉得很有趣。

尽管能为多年没有报酬的劳作取得经济回报让罗丹很高兴，但是迟来的认可永远也无法"弥补我遭到的不公正待遇——就算我再活两百年也不够"，他说。成功来得太迟了，罗丹已经无法享受它了。他终其一生也没有对昂贵的食物或物质财富产生兴趣——除了艺术品收藏。

他也不知该如何应对那些逐渐聚集在他身边的食客。他开始怀疑朋友们只是为了利用他的钱或关系。他指责手下从他那里偷东西。每当他试图帮助别人时，似乎总会引来麻烦。

里尔克渐渐看出，罗丹变得多么孤立。"我的学生们认为他们必须要超越我，比我做得更好，"他告诉里尔克，"他们都跟我对着干，没有人帮助我。"正因为如此，见到自己最忠实的门徒重新归来，才会让他如此兴奋。

罗丹请里尔克想住多久就住多久。他立即让他进入了自己的核心社交圈，带他与画家欧仁·卡里埃和评论家夏尔·莫里斯（Charles Morice）共进午餐。里尔克多次参加罗丹在巴黎工作室里举办的聚会。罗丹甚至在给雕塑命名的问题上向里尔克征求意见——他自己在这方面一直不是很擅长。

里尔克的短住即将结束时，罗丹想到了一个主意。他仍然需要找一个他可以信任的人来补上埃德加·瓦雷兹空出来的位子。他曾短暂地尝试过雇用他的儿子，但他应付不了罗丹频繁收到的信件。谁会比里尔克这位忠实于他的作家更适合这个职位呢？罗丹向他提出了工作的邀约。

在那个年代，秘书的职位通常由男性担任，工作内容则是管理名人或富人的日常通信。罗丹每月付给里尔克200法郎请他收信、回信，并在默东的产业上为他提供一栋小屋作为住所。他保证这份工作不会太繁重，大概只在每天早上占用他两个小时左右的时间，这样里尔克就能有足够的时间进行自己的工作。

导师愿意将重要的经营事务托付给他来料理，这让里尔克感到很荣幸，这个提议让他"头晕目眩"了。

但是他的法语是不是太差了？他问。罗丹耸了耸肩——他相信他会学得很快。

这下里尔克快乐得要发疯了。"他最深切的愿望得到了满足：与罗丹同住，完全属于他。"安德烈亚斯-莎乐美后来回忆道。

里尔克立即欣然同意。"我将追随这个伟大的人物，这个如父亲般可亲的人物，我的导师。"里尔克在给朋友的信中这样谈到这份工作，"他希望我住在他这里，我除了接受别无他法；所以我将获准分享他的每一天，而在夜晚，围绕着我的一切也围绕着他。"里尔克在写给罗丹、正式接受这份工作的信中，用了几乎同样的词句。他告诉这位艺术家，能够日夜聆听他说话，将是自己的荣幸，"假如您愿意纡尊对我说什么的话"。

于是，一九〇五年九月，里尔克不再只是罗丹的狂热信徒，而是成了他亲信的每日陪伴左右的助理。里尔克搬进了他独自居住的小屋。里面有三个房间，可以俯瞰塞夫尔山谷。他望向窗外，连接塞纳河两岸的桥"变成了一个诗节。这才是我的生活"。一种全新的"生活乐趣"，前所未有地席卷了他。

第九章

里尔克每天早晨都和罗丹一样七点起床。有时他会从窗口看到艺术家先穿着睡袍在花园里踱步,然后才换上他那身凉鞋加软贝雷帽的乡村装束。他们会一起坐下来吃一点简单的水果配咖啡当作早餐,然后诗人就开始着手处理那一摞信件。

"里尔克全力投入了工作,"罗丹的一位助手回忆道,"罗丹的信件终于可以做到及时回复了,他的文件也终于井井有条。"这可不是容易的事,罗丹极少将销售工作委托给艺术品商人,所以一切文件都要自己经手。助理们在信中写的每个字,他都要监督、微调。他常常快速改变主意,因此各种文件都要不停地修改。他还要求助理记下每个他随口说出的心得,因为它们都有可能在未来一场演讲或一篇文章中有用。

除了十月韦斯特霍夫来访的那段时间,里尔克在接下来的几个月中真的只见了罗丹一个人,而他也觉得很好。他们在一起"无话不谈",而他们沉默地并肩坐在一起的时光,也差不多一样多。有时,里尔克会等待罗丹从巴黎回来,这样他们就可以一起欣赏池塘上方的日落——池塘里还有罗丹的小天鹅。罗丹对这些野生的灰色小鸟极其钟爱，最早几只孵出来的时候，他甚至雇了几个猎人，把树林里所有能找到的青蛙和蛤蟆都打来喂它们。

日落之后，罗丹向里尔克道晚安时会说：Bon courage。① 起初里尔克不懂其中的意味，后来他认为自己理解了。罗丹每天都鼓励他，一定是因为他明白"对于年轻人，这是多么必要"。

现在罗丹在工作室里有了这么多的帮手，他就有更多时间可以旅行了。只要可能，里尔克都会陪同他一起去进行这些一日游，参观教堂或到乡下游览。他已经决心好好利用这个再次近距离观察罗丹的机会，收集素材，撰写第二篇关于他的专论——这将作为第二部分，收入这本书后来的版本中。现在，里尔克什么都要记下来，就像年轻的柏拉图记录苏格拉底的话那样——这位大师自己则从不落笔。

两人连续三个早晨五点钟起床赶火车，然后再乘马车前往凡尔赛宫，接着在公园里散步几个小时。"他向你展示一切：远处的景色、一个动作、一朵花，他所提到的一切都是如此美丽、如此熟悉、如此惊人、如此年轻，"里尔克告诉韦斯特霍夫，"最微小的事物都会来到他面前，向他敞开自己的秘密。"

里尔克会指出一些有趣的景象，罗丹则从中总结出启示。一个冬日，罗丹被动物园里的一笼中国山鸡吸引了，里尔克却快速写下了对于一些病态的猴子的描述，它们的眼睛大而空洞，就像肺结核患者的眼睛那样；火烈鸟的羽

---

① 意为"鼓起勇气""继续加油"。

毛以那种热带特有的粉色，"在寒冷的空气中绽放"的场景，几乎令人心痛。接着他将雕塑家的注意力吸引到那些"将自己抛向墙壁"的狒狒身上。他说，仿佛大自然母亲忙得顾不上修正它们"无法言说的丑陋"，而它们被她的无情逼疯了。

罗丹答道，她一定是进行了大量的实验，才终于造出了人体这样完美的生命形式。我们至少应当为此感激狒狒。

有时萝丝·伯雷也会一起进行这些短途旅行，里尔克开始明白为什么罗丹这些年来一直和她在一起。她认识林中所有的鸟和树。在这一点上，她很像罗丹，他们都能够因为一朵紫色的番红花，或一只站在树枝上的喜鹊而感到喜悦。有一次，她发现了一只受伤的鹧鸪，他们不得不提早返程，好让她对它进行救治。她是一个"善良而忠诚的人"，里尔克得出结论。

罗丹与伯雷之间有一种温柔而沉默的感情。十二月的一天下午，他们三人参加了巴黎圣母院两点钟的降临节礼拜。伯雷总能比她的伴侣更早想到他的需求，为两位男士搬来了两把椅子。艺术家坐了下来，把帽子放在腿上，闭上了眼睛。将近两个小时的时间里，他就那样低着头，胡须在胸前张开，聆听着管风琴和女高音的表演——里尔克感到那位女高音的嗓音就像一只"白鸟"一般升到了大教堂上空。有时，一丝微笑会从他脸上掠过。音乐结束了，他站起身，走向伯雷——她一直耐心地等待着——一起离开了教堂。整个下午，他们彼此都没有说过一个字。

他们三人在默东像一个小家庭一般生活着。十一月，

里尔克、萝丝·伯雷和罗丹在默东

他们用一个插着六十五根蜡烛的蛋糕,给罗丹过了生日。接下来的那个月,为了里尔克的三十岁生日,三人又一起享用了一些糕点。

几周后,里尔克回到德国与韦斯特霍夫和露丝共度圣诞节。现在,他的妻子已经把女儿从她母亲家接了出来,有了一个她们自己的住处。里尔克到达时,她正在为露丝雕刻一尊半身像——对象是一个不安分的四岁的孩子,这可不容易。他们一家人已经很久没有在一起了,他们约定把工作暂停几天,好好享受假期。

里尔克不在的这段时间,默东的信件堆积了起来。一月回来的时候,他面临着前所未有的工作量,因此,他其实没有时间接受罗丹的邀请,和他同去参观沙特尔主教座堂。但这是"法国的雅典卫城",罗丹说,他坚信:再没有什么课程"比我们法国众多的主教座堂更值得学习,特别是这一座！"。罗丹常说，他希望自己完全没有去念艺术学校，而是把那些时间全都用来膜拜沙特尔主教座堂。他认为，这座大教堂是最智慧的导师，是一件光与影的杰作；伦勃朗对于明暗对照法（chiaroscuro）所知的一切，都可以从这座教堂中学到。

罗丹明白，哥特式建筑可能很难让人一见倾心，那些迷宫般的装饰很容易让未经训练的眼睛感到不知所措。但他相信，人们应该重新学习如何欣赏这些主教座堂，重新在他们心中唤起那种学童般的敬畏——就像他看到博韦的教堂时曾经感受到的那样。"重要的是怀着谦卑之心，变成一个儿童，安于无法一下子掌握全部知识的状态，满足于大自然所传授的东西，如此耐心地、年复一年地持续学习下去。"他写道。

于是，一月的一个灰蒙蒙的、没有阳光的清晨，里尔克和罗丹在麦田中间坐了一个小时的火车，九点半到达了沙特尔。教堂像一尊滴水嘴兽，孤零零地坐在镇中心。众多小房子在它高耸的墙壁周围展开，仿佛一套村庄的立体模型。这座沙特尔圣母堂建于一一九四年至一二三五年之间，是法国最大的主教座堂之一，中殿的宽度几乎是巴黎圣母院的两倍。

里尔克和罗丹恭敬地站在一段距离以外，向后仰着头，好感受两座塔楼的整个高度——它们样式不同，因为其中一座是在一场火灾后重建的。五十英尺高的扶壁饱经风霜，底部是金色，顶部则是沧桑的黑色。石制的藤蔓和花饰在建筑表面的每一寸舒展。通常，罗丹会一言不发地观察这些细节，但是那一天，他不时打断宁静，抱怨粗劣的修复在建筑表面留下的疤痕。右侧的入口失去了原本的"柔韧",有些彩窗也缺失了。这座教堂受损的程度比巴黎圣母院更严重。

令人麻木的寒冷也成了干扰。一阵冷风仿佛一个人推挤着穿过人群那般,强硬地灌进里尔克的身体。他瞥了一眼罗丹,看他是否也感觉到冷,但老人站在原地,浑然不觉,仿佛一座塔般岿然不动。接着又一股风从东边猛烈地吹了进来,吹过教堂南面一角的天使石像修长的身体。这尊天使双手捧着一个日晷,露出睿智而平静的微笑,宛如蒙娜丽莎,里尔克想道。

在这个快乐的石头人面前,耐不住风力的诗人更感到自己无非凡夫俗子,他和罗丹仿佛是两个"被打入地狱的灵魂"。

里尔克终于说:"暴风雨要来了。"

"你不知道,"罗丹答道,"大教堂周围总有这样的风。它们永远都被这样的风包裹着。风因受到这种宏伟的折磨而躁动不已。"

那天寒冷的天气让两人早早回到了巴黎。但猛烈的风已经吹开了里尔克的心门,将一个石头天使的形象牢牢地安放在了那里。

在先贤祠的墓室里,长眠着法国历史上智识界最伟大的人物。"致伟大的人们,来自一个感恩的国家",这座圆顶陵墓的正立面上刻着这样的铭文。伏尔泰、左拉、卢梭和雨果都在此安息。这里不仅仅是一座墓地。法国大革命之后,先贤祠成为法国民族记忆的鲜活体现。

一九〇六年春天，巴黎市政府决定将《思想者》竖立在先贤祠的大阶梯前。这是截至当时对罗丹职业生涯的最高认可。想到他的雕塑将被用来纪念这座建筑中所有的思想家，就此成为所有纪念碑中最重要的一座，罗丹心中充满了骄傲。

艺术史学家艾黎·福尔（Élie Faure）认为，这个计划是法国在"长期对罗丹施加侮辱"之后，纠正自己对他的苛待的尝试。那些自从他少年时未能考取美术学院起，半个世纪以来都对他关闭的大门，终于倏然敞开。现在，罗丹进入了这座神坛，开始享受他所说的"自由"时期。

但导师的自由却开始造成门徒的奴役——里尔克如此描述那年冬天大量的工作。罗丹花了两年时间与政府沟通各种细节，并为浇铸青铜的《思想者》筹集资金，这些都为他的秘书增加了更多文书工作。一箱箱没有回的信件堆满了两个房间，里尔克感到自己很难赶上进度。用法语写信对他来说要花费比用德语多一倍的时间，而他也拒绝容忍语法上的不完美。为了应付罗丹的和他自己的通信，里尔克发现自己每天要写数百封信。

渐渐地，这项工作花费的时间远远超过了约定好的两小时，并且大幅入侵了他的个人写作时间。有时他觉得"大量来不及转化的材料"在他体内膨胀，体积越来越大，他甚至幻想自己跳上最快出城的火车，直奔地中海——此前他在那里完成的《时祷书》刚刚于十一月出版了，并且立即赢得了超出所有人预期的赞誉。

据说里尔克从不阅读评论，因为他曾说，这就像听另一个男人赞赏自己所爱的女人一样不愉快。但是评论家们普遍称赞《时祷书》力图处理"抒情诗所能涉及的最崇高主题"的雄心，即"灵魂对上帝的追寻"——他的德国赞助人卡尔·冯·德·海特（Karl von der Heydt）在一篇早期的评论中这样写道。首印的五百册在接下来的两年间全部售出，而第二次发行时的印量则是第一次的两倍多。

里尔克要应对这些前所未有的关注，同时还要为之前出版的《图像集》（*Book of Pictures*）的再版进行修订工作。"我需要的'只是时间'，但哪有时间？"他问安德烈亚斯-莎乐美。那年冬天，好几所德国大学邀请他去讲学，里尔克觉得似乎是时候请个假了，特别是因为这次巡讲的主题正是罗丹。

罗丹有些不情愿地准许了里尔克休假。诗人于二月启程前往德国。第一站在杜塞尔多夫附近，他受到了皇室规格的接待。可他几乎刚到，就收到消息说他父亲病倒了，而且可能无法康复。里尔克并没有立即前往布拉格。他进行了一场激情四射的讲演，接着继续前往柏林。他很期待与安德烈亚斯-莎乐美和韦斯特霍夫在那里的会面，预备把她们介绍给彼此。两位女性之间的见面显然进行得很顺利。后来，里尔克感谢安德烈亚斯-莎乐美对他的妻子如此热情。

里尔克忙着与贵族们交往时，他的父亲正躺在布拉格的病榻上，奄奄一息。两周后，里尔克收到消息：约瑟夫已经去世，无人料理他的后事。罗丹听说了这个消息，赶忙发来电报致哀，并表示如果他需要钱尽管开口。诗人终于启程前往布拉格。他要面对父亲被垫子支撑着的苍白的遗体，安排他的葬礼。他没有邀请母亲跟他一起去墓地。

在生命的尽头，约瑟夫·里尔克悲伤地接受了儿子的职业。但诗人坚持认为，他的父亲根本"没有爱的能力"，而且自己也许就是从他那里继承了这种缺陷。然而，里尔克对父亲的去世迟迟没有做出反应，或许不是由于缺乏爱的能力，而是因为他想逃避布拉格的不愉快的童年回忆。他在那里只待了几天，已经感到无法忍受，尽早登上了返回巴黎的列车。

他回到默东导师的家中，又见到了另一番令人沮丧的景象。罗丹在他的桃花心木大床上，盖着许多毯子，正在发高烧。这位老人很少生病，但一旦生病，他就完全动弹不得。同时他也在为自己失去的人感伤——那个月里，他亲爱的朋友卡里埃死于喉癌。卡里埃不仅是最早支持罗丹的艺术的人之一，还是负责将《思想者》安放在先贤祠的委员会主席。

按照原计划，雕塑还有几个星期就要进行安装，现在却突然中断了。几乎在里尔克刚刚于二月离开之后，对《思想者》的反对就愈演愈烈，几乎要导致项目中止。反对这项计划的批评家们表示，一尊姿势"暗示着猥亵的想法"——小说家约瑟芬·佩拉丹（Joséphin Péladan）如此描述道——的雕塑，不配放在万众敬仰的先贤祠前。

沙可医生的追随者、马克斯·诺尔道医生在他的关于堕落艺术的书中嘲笑了这尊雕像，称其"面容如野兽，前额肿胀，皱着眉头，双眼如午夜一般威胁地瞪视着"。

一个破坏者甚至翻过先贤祠的围栏，举着一把斧子砸向了临时放在那里的石膏版《思想者》。"我为自己报仇——我来为自己报仇！"警察听到此人大喊。人们把他拖走时，发现他显然患有精神疾病。这个可怜的人认为《思想者》把拳头放在嘴边的姿势，是在嘲笑他吃卷心菜的样子。尽管这次袭击没有针对性，这一暴力事件还是令罗丹很受震动。

因为担心再次出现公开性的挑衅，罗丹几乎要发疯了。他变得极其惶恐，有一次甚至坚持认为一个匿名人士送来的包裹里面有炸弹，将它埋在了园子里。过了一段时间，一位朋友写信来问他，是否喜欢自己送的希腊蜂蜜。

里尔克现在不得不抛开自己的顾虑，来帮助罗丹。他不敢在这个敏感的时期抛弃他四面受敌的导师。他相信罗丹"比以往任何时候都更需要我的支持——尽管我的支持对他没什么帮助"。而此时的罗丹并没有注意到，里尔克在国外的地位正在不断提升，有越来越多的人希望看到他的作品。

里尔克设法在一段时间内维持了这种微妙的平衡，但是四月发生的扰动将它打破了。那个月里，爱尔兰剧作家萧伯纳请罗丹为他雕刻半身像。这位作家那年四十九岁，急于在自己"过了盛年还不太久的时候"做好自己的雕像。他作为《星期六评论》的戏剧评论家的名气，越来越赶不上他自己的戏剧作品的名气了：他定期写出新的讽刺剧，在伦敦皇家宫廷剧院首演，其中就包括他最近的喜剧《巴巴拉少校》（*Major Barbara*）。作为一名社会主义者和素食主义者，萧伯纳在他的戏剧中注入了激情洋溢的政治表达，又用他的活泼和机智加以调和。

两人初次见面时，罗丹完全没有看过萧伯纳的作品——他既没有去了解的动力，也不懂英语。由于当时雕塑家的流感还没完全恢复，他就邀请作家到默东来，做十二次模特——而不是到位置更便利的、他在巴黎的工作室去。萧伯纳同意了，付了两万法郎，订了一尊青铜雕像。只有"蠢到惊人的笨蛋"才会找别的艺术家来给自己做雕像，他说。

但他完全没有预料到接下来数周的艰辛。最初的几次见面中，罗丹把一只硕大的金属圆规举到他的头上，测量从他红发的顶端到分岔胡须的末梢的距离。接着，罗丹给他做了十六个不同侧视角度的脸部模型。萧伯纳确信自己已经被从所有可能的角度审视过了，罗丹又让他躺在沙发上，以便捕捉他的头部从后面和从下面看的样子。终于，罗丹把握了基本造型，开始提炼个性特征。

罗丹一丝不苟的工作过程让萧伯纳十分着迷。他后来在一九一二年的一篇精彩的文章中写道：

> 开头的十五分钟，在他为那块黏土赋予大致的人形的过程中，他就已经做出了一个那么生机勃勃的微型的我，我简直想拿着这个就走，免去他后续的工作……这十五分钟过后，那个形象平静了下来，化身为一个以真实尺寸精细地再现我的特征的雕像。接着这个化身又神秘地回归了基督教艺术的童年时期，这时候我又想说："看在上帝的分儿上，停下来，就把这个给我吧！这是拜占庭艺术的杰作。"接着，它看上去像是被贝尼尼修整了一番。再往后，令我大吃一惊的是，它变得极其平滑、典雅，仿佛一件真正的十八世纪的作品……后来，又是一个世纪在一夜之间过

去了，它变成了一尊罗丹的胸像，顶着一颗活生生的头颅，而我肩膀上架着它的模型。这个变化的过程该由胚胎学家而不是美学家来研究。罗丹的手并非像雕塑家的手那样，而像是生命的力量在工作。

或许正是在为罗丹摆造型的漫长时间里，萧伯纳最早产生了对艺术家的模特们的同情。几年之后，他重写了古希腊神话中皮格马利翁的故事——一位艺术家爱上了自己的雕塑——但是是从模特的角度来讲述的。萧伯纳把这个人物命名为伊丽莎·杜利特（Eliza Doolittle）。

尽管萧伯纳非常欣赏罗丹的工作，但两人的性情完全相反。萧伯纳俏皮而健谈，罗丹则几乎没有幽默感，在那段时间尤其如此。在他们一起度过的无数个小时里，萧伯纳只见到罗丹笑过一次——他看到萧伯纳把一半的甜点都喂给了他的狗卡普，轻轻笑了一下。

不过，正因为萧伯纳不肯认真对待任何事，罗丹的严肃对他来说就更有趣了。有一次，罗丹把水喷到黏土塑造的头上，却没有注意到水也溅到了后面的模特脸上，萧伯纳坐在一张儿童椅上看到这一切，强忍着没有笑出来。他总是带着"无法形容的快乐"，看着罗丹用抹刀猛然刮掉模型上的褶皱，还有一次，他用一根金属丝切过了黏土模型的脖子，接着随意地把切下来的头扔到一边。

萧伯纳想用他支离破碎的法语来开玩笑的尝试，也没能促进两人友谊的发展。后来有人问罗丹，制作模型的过程中他们两人聊了些什么，他回答说："萧先生的法语不太好，但他为了表达自己用尽蛮力，令人印象深刻。"而罗丹的英语比萧伯纳的法语还差,他说到自己委托人的名字时的发音,让所有人都摸不着头脑:"贝赫纳赫·舒夫"。

在英语文学方面,里尔克像罗丹一样无知,但是他觉得萧伯纳是一位非常有趣的客人。他认为这个人和奥斯卡·王尔德一样机智,却又不像他那么自命不凡。随着原定的计划渐渐延长到了三周,他作为模特的品质也令里尔克钦佩。萧伯纳不是仅仅站着不动,而是带着目的与决心站着,仿佛一根柱子,支撑着自身之外的重量。很快,那些下午的很多时间里,萧伯纳都是在与里尔克而不是罗丹聊天了。

里尔克开始想,是不是应该把萧伯纳作为自己下一部作品的主题。他给这位剧作家的出版商写了一封信,称赞他是一位出色的、精力充沛的模特。"肖像制作的过程极少能从描绘对象那里得到这么多的帮助。"他写道。然后他问他们是否可以寄一些萧伯纳的书给他,以便他考虑写点相关的东西。

那年春天,罗丹终于听到了一些让他心情好一点的消息。一个由著名艺术家、政治家以及法国文人作家协会——就是之前拒绝接受罗丹的《巴尔扎克》的那个协会——的主席联合组成的委员会,支持将《思想者》放在先贤祠前。这个委员会压倒了罗丹的批评者,雕像将于四月二十一日正式揭幕。

揭幕仪式上,里尔克与萧伯纳夫妇坐在一起,看着主管艺术事务的国务次卿亨利·杜雅尔丹-博麦茨(Henri Dujardin-Beaumetz)将一番慷慨的美言献给《思想者》和罗丹。在承受多年的误解之后，"这位极富创造力的艺术家，这位由人性与信仰塑造的艺术家，终于能够在万众仰慕的光华之中安心工作了。"他说。

一起参加庆典的还有萧伯纳的艺术家朋友阿尔文·兰登·科本（Alvin Langdon Coburn），他是专程从伦敦赶来拍摄罗丹的。萧伯纳自己也是摄影爱好者，在默东时经常搬着一台箱式照相机走来走去。罗丹注意到这件事，请他随意拍摄。萧伯纳拍了一张里尔克的照片：他倚在默东的一个石栏杆上，看起来眼睑沉重，疲惫不堪。但是在拍摄罗丹这件事上，萧伯纳对科本说，只有他才能干。"还没有哪张照片真正表现了他——施泰兴放弃了，而只拍他的剪影，是明智的抉择。他绝对是你见过的最了不起的人物；相比之下，你的其他拍摄对象都只能去制作明胶，乳化他的照片底片。"

科本抓住了这个机会。在接下来的几天里，他为罗丹和他的作品拍了几十张照片；还有一张他和萧伯纳的合影，正在制作中的半身像位于两人之间。萧伯纳对罗丹的描述一点不夸张，科本想："他看起来像一位古代的族长，或一位先知。"

在巴黎的最后一天，萧伯纳正准备洗澡时想到一个主意。从浴缸里出来后，他让科本拍下了他摆出《思想者》姿势的照片——而且是裸体。科本拍了照片，两人都大笑一番，接着登上了返回英格兰的火车。

那年晚些时候，这张照片在伦敦的艺术沙龙展出，批评家们的反应是厌恶和不可思议：萧伯纳为什么会参与如此可耻的一件作品？他为自己辩护，说半身像表现的只是一个人的声誉，肖像画表现的无非是"头从衣服里伸出来的样子，那有什么用呢？"而这张照片才展现了他真正的样子。又或许，这只不过是一个失控的玩笑。

萧伯纳、罗丹和他雕刻的萧伯纳半身像，一九〇六年

萧伯纳终于看到三尊完成的胸像时惊呆了——分别以石膏、青铜和"发着光的"大理石制成。"他看到了我。还没有人做到过这一点，"萧伯纳谈到罗丹时这样说。他的妻子说，雕像太像她的丈夫了，简直让她害怕。额头上两缕分开的头发，就像魔鬼的两只红角。几乎完全没有表情的脸上，藏着一丝极其隐秘的微笑。

萧伯纳在几年后说，未来字典里关于他的条目准会这样写："萧伯纳：罗丹为其制作过一尊胸像。生平不详。"

第十章

一九〇五年,罗丹在巴黎的工作室看上去简直像是妓院了。许多穷困的艺术家不得不满足于用自己的妻子做模特,而罗丹现在已经有钱请女人们一直为他摆姿势了——不管他是不是需要。随时都可能有一位模特在一个台子上舒展着身体,与此同时另一位模特正在屏风后宽衣解带。还有好几位在四处闲逛,看上去百无聊赖。

罗丹不知道她们什么时候会做出有趣的举动,因此他摆出酒和食物,让她们随意走动。如果其中一位吸引了他的目光,他就会开始观察,同时手里把玩着一把凿子。接着他可能会突然大喊一声:"停!"他伸手去摸工具,与此同时目不转睛地盯着模特。"别动。"他说。

比起模特们摆出来的僵硬、做作的造型,他通常更喜欢这种天然的姿态。但有时他会突然灵光一闪,提议一个姿势,像对待黏土一样摆布模特的身体。对罗丹来说,她们成了物品,有一次由于听说他最喜欢的模特之一切除了阑尾,他大发雷霆,说医生把她当"肉馅"了。"他们本该崇拜那个年轻的身体,却把它切开,取出一部分内脏。"他抱怨道。他经常把模特们比喻成动物,有一次他将一个"一磅脂肪"都没有的日本女人描述为一只猎狐犬,而他认为英国女人都有着马那样的腿。他喜欢各种身形和体格的模特，孕妇也不例外。

罗丹会在深夜的烛光下进行人物素描。有时同一栋楼里的邻居会看到他穿着工作服，举着两个烛台在黑暗的大厅里来回走动，就像一个巫师。短短几年间，他画了几百幅女性人体画，常常还是双腿张开的特写。有时他会表现她们互相抚摸，甚至自慰。在有些人看来，这些画显示的是赤裸裸的变态。威廉·巴特勒·叶芝（William Butler Yeats）和他的爱人莫德·冈（Maud Gonne）以及诗人艾拉·扬（Ella Young）一起来参观的时候，女人们拒绝进入罗丹的画室。艺术家却坚持邀请，说这些是他最好的作品。叶芝出于尊敬照办了，却无法说服她们一起进去。"他疯了，野蛮而充满肉欲。"扬说。

但是罗丹并不是当时唯一深入探索性欲这一领域的欧洲思想家。在弗洛伊德当年出版的《性学三论》（*Three Essays on the Theory of Sexuality*）中，他指出，性欲是所有人类行为的起因，它从幼儿时期开始就正常或异常地发展，因每个人不同的生活条件而各不相同。此时距离弗洛伊德出版《梦的解析》并介绍他关于潜意识的理论已有六年；如今，他又指出，性是潜意识欲望、挫折和愉悦的首要驱动力。对罗丹来说，以及对古斯塔夫·克里姆特和埃贡·席勒（Egon Schiele）等许多维也纳艺术家来说，表现这些人类心理的最深层次，是一种无法拒绝的挑战。

虽然评论家们把罗丹这一时期的风格称作纯粹的色情是不公平的，但说他没有受到这种诱惑同样是不准确的。"我当然是一个喜欢感官享受的人。"那年春天，罗丹对正在研究他的格奥尔格·齐美尔说。他的感官经常被他的模特们激活，但这"并非性的愉悦"。不论是男人还是女人，罗丹都更喜欢描绘他们裸体的状态，但他说他更青睐女人，因为她们"比男人们更了解我。她们会更认真听我的话。男人们太听朋友们的话了"。

但是他抚摸和赞美的并不是女人们的耳朵。罗丹工作室中不雅的状况传到了外面，谣言也随之流传开来，说他是"色情狂"。"整个巴黎都在谈论他的色情探险中那些有伤风化的细节。"齐美尔说。人们把他叫作"默东的苏丹"。

一些女性拒绝为这位臭名昭著的色情艺术家做模特；另一些虽然来了，却担惊受怕。"第一次来的模特最有趣了。"罗丹曾经说。"她发着抖，害怕地脱掉衣服，好像在其他工作室染上了腼腆的毛病。我的名声真的有那么差吗？"他向一位助手疑惑地问道。

的确有这么差，而且有时是理所当然。光是他的目光就让一些女人觉得受到侵犯。当一个女人的身体特征引起他的兴趣时，他会以一种近乎攻击性的专注注视着她。任何人都可能成为他狼一般的目光的猎物——包括艺术品经销商的女儿或赞助人的妻子。对于那些必须为他的轮廓素描摆姿势的模特来说，这种效应就更明显——使用这种方法描绘对象时，他从不低头看纸，也不会抬起铅笔。其实他不是在看模特轮廓的弯曲，而是在用指尖感受这些弯曲——这种视觉的抚摸，显然会让一些模特觉得不安和受侵犯。

除了形如阴茎的笔构成的象征性威胁，罗丹在对待模特的问题上也确实越过了真正的界限。美国舞蹈演员露丝·圣·丹尼斯（Ruth St. Denis）年轻时曾在罗丹的工作室里全身赤裸地站着，罗丹跪在她面前，亲吻她的手臂，从手肘一直吻到手腕。一名记者走了进来，罗丹才放开圣·丹尼斯，她吓得赶忙跑了。

一些人把这些看作艺术家的怪癖而原谅罗丹，还有一些反而因此受到吸引。奥地利作曲家古斯塔夫·马勒的妻子阿尔玛在为自己的半身像做模特期间注意到，隔壁房间里总有一位年轻女性在等着他完成工作。她在回忆录中写道："总有一个涂着红唇的女孩，在那里度过漫长而没有回报的时光，因为罗丹很少关注她，甚至在休息时也不去和她说话。他的魅力一定很强大，让这些女孩——而且她们是所谓'上流社会'中的女孩——甘愿忍受这种待遇而不感到羞耻。"

年轻的威尔士艺术生格温·约翰（Gwen John）也在这些流连的女性之中。她成了罗丹固定的"五点到七点"的情人，也就是男人们工作了一天之后、回家之前陪睡的女人。这种关系持续了好几年，后来约翰对罗丹的感情成了一种无法自拔的痴迷，他不得不离开了她。

罗丹对年轻女性的吸引力，可能与最初吸引了里尔克的东西相似。许多人把他看作类似皮格马利翁的形象，认为他了不起的双手对他们有塑造或重塑的力量。伊莎多拉·邓肯正是这样描述自己二十多岁在巴黎跳舞时对罗丹的迷恋之情的。她厌倦了芭蕾舞那种矫揉造作而拘谨的感觉，发展出了自己的风格。她开始在编舞中融入自发、自然的动作，对她来说，这意味着从头到脚、整个身体都在舞蹈。她经常赤脚表演。"细节对她来说几乎没意义，"她的朋友让·科克托说，"她要充分地生活，超越美丑，牢牢抓住生命，竭尽全力地去活一场。她属于罗丹那一派。"

伊莎多拉·邓肯

邓肯像罗丹一样，在古希腊艺术中寻找灵感，模仿塔那格拉女性陶人①跪着的姿态、她们宽松的束腰连衣裙以及古希腊花瓶的轮廓。他们见面后，罗丹带她参观他工作室里的雕塑。她在多年后的自传中回忆了这次会面，那个段落格外露骨：

> 他用手摸着它们，爱抚着它们。我记得我当时在想，在他的手下，大理石似乎像熔化的铅那样流动。

---

① 1870年，人们在古希腊城市塔纳格拉（Tanagra，位于底比斯附近）的墓穴中发现了数百尊表现女性和儿童的工艺精细的小雕像，制作于公元前四世纪。后用"塔纳格拉"一词泛指造型优雅的古希腊小人像。

随后，他取了一点黏土，用两只手掌压紧。他这样做时喘着粗气。热气从他身上散发出来，仿佛他是一只燃烧着的火炉。片刻之后，他做好了一个女人的乳房，在他的手指下颤动。

邓肯随后将罗丹带回了她的工作室，并向他展示了她的艺术。显然，罗丹非常喜欢她的舞蹈。

> 他看着我，眼睑低垂，双眼放着炽热的光，然后，他带在自己作品前的那种神情，朝我走来。他用手滑过我的脖子、胸部，抚摸着我的手臂，又用手滑过我的臀部、我裸露的双腿和双脚。他开始揉捏我的整个身体，仿佛那是黏土；从他身上散发出的热力，将我烤焦、熔化。我全部的愿望就是把我的整个生命都交给他……

但那天晚上，邓肯怯懦的一面占了上风。她挣脱了罗丹的双手，穿好衣服，在事情进一步发展之前让他离开了。

"真可惜！"她后来写道，"我多少次为自己这种幼稚的误解而后悔！我因此错失了将我的童贞献给伟大的潘神本人、献给了不起的罗丹的绝妙机会——我的艺术和整个生命本来必定会因此更加丰饶！"

在诸多艳遇中，罗丹的感情强度一直都无法与他对卡米耶·克洛岱尔的爱相比——直到一九〇四年，他遇见了克莱尔·德·舒瓦瑟尔公爵夫人（Duchesse Claire de Choiseul）。尽管她有一个这样的名字，她却并不是法国人——法国社会急切地宣传这一点——从很多标准看来，她也不算公爵夫人。她本名克莱尔·库德特（Claire Coudert），是个富有的纽约人，十三年前嫁给了一位法国的侯爵，名叫查尔斯-奥古斯特·德·舒瓦瑟尔（Charles-Auguste de Choiseul）。尽管他在赌博中输掉了财产，但还是在一年夏天将自己的头衔在社会名册上从"侯爵"提升为了"公爵"，他的妻子也同意了。作为纽约著名律师的女儿、《时尚》杂志出版商康泰·纳仕（Condé Nast）的妻姊，这位"公爵夫人"重视的不是钱，而是头衔。

舒瓦瑟尔的丈夫写信给罗丹，想知道雕塑家对他继承的一尊半身像有什么看法，可能想要出售。后来，他的妻子和罗丹之间开始通信了，几年后，她把自己称作他的"小妻子"。罗丹的许多朋友都认为，这是后来旷日持久的权力斗争的最初迹象。在他们看来，这位"公爵夫人"简直是对美国人的最尖刻的讽刺漫画。她身上散发着荨麻酒和白兰地的味道。她为自己的恶作剧而哈哈大笑。她用更多的妆来掩盖旧妆，用与她的口红相配的海娜花染头发。最糟糕的是，她对艺术一无所知。

但是，比罗丹小二十四岁的舒瓦瑟尔为这位艺术家重新注入了活力——当时他已经六十四岁了。他不在乎舒瓦瑟尔是否不懂礼仪——许多人对克洛岱尔也有同样的批评——他一生中从未笑得这么多。他为舒瓦瑟尔雕刻的半身像，是他塑造的为数不多的微笑的面孔之一。

在大多数人看来，她完全支配了罗丹。她最初见到他时，发现他"穿得很糟糕，举止笨拙，心灰意冷，几乎精疲力竭"。她将他彻底改造了一番。她开始教他穿什么、吃什么、如何整理头发。在她的坚持下，他请了一名理发师，每天早上来给他修剪胡须并喷香。他不再穿宽松的袍子，换上了昂贵的合体西装和礼帽，这些东西穿在他身上很不自然，就像海象穿着高领毛衣。

舒瓦瑟尔认为自己是罗丹在现代社会的大使。一位《纽约时报》记者问她，罗丹是不是真的有很多时间都和一个美国人在一起，她答道："是的，我感到很自豪——我既是世界上最伟大的雕塑家的缪斯，也是世界上最伟大的国家的女儿。"

罗丹和舒瓦瑟尔公爵夫人在他的工作室

然而，舒瓦瑟尔并不满足于仅仅做罗丹的缪斯。她要成为他的经纪人、他的会计师、他的妻子,并最终成为他的遗嘱执行人。她很快将他的工作室门户开放的政策收紧了,要求朋友们在进入之前先从门房那里获得通行证。有时她则完全拒绝他们进入。出身富贵家庭的格特鲁德·范德比尔特·惠特尼(Gertrude Vanderbilt Whitney)①当时正在努力成为雕塑家。她的祖父在罗丹工作室的街区拥有一套公寓——当时租给了伊迪丝·沃顿(Edith Wharton)。惠特尼来找罗丹学习时,震惊地发现公爵夫人不准他的客人们入内。"有我在,就不必打扰他了。一切都由我处理。我就是罗丹!"据说,舒瓦瑟尔曾这样说过。由于她专横的看门之道,一位记者把她叫作罗丹工作室的刻耳柏洛斯②。其他人则称她为"流感"。

里尔克在默东,对于巴黎流传的关于罗丹的庸俗谣言全然不知。诗人忙于为艺术家回信,以及与萧伯纳交谈,根本没时间去巴黎。

四月二十三日,萧伯纳返回伦敦两天后,里尔克在处理罗丹的信件时,发现了一封意想不到的信——来自威廉·罗森斯坦(William Rothenstein),罗丹在伦敦最大的赞助人之一。罗森斯坦近期来到了巴黎,是为了给朋友罗杰·弗莱(Roger Fry)帮忙。弗莱刚刚被大都会博物馆任命为绘画策展人,他正在考虑购买一些作品,需要听听罗森斯坦的意见。趁着访问巴黎的机会,罗森斯坦拜访

---

① 雕塑家、收藏家、惠特尼美国艺术博物馆创始人。范德比尔特家族是十九世纪美国最富有的家族。

② 古希腊神话中的地狱看门犬,常表现为三头犬。

了罗丹，艺术家将他介绍给了里尔克。

诗人很喜欢这位新朋友，见面后不久就给他写了一封信。他写道，如果他哪天能来默东拜访他和罗丹，他们会非常高兴。他接着描述了先贤祠的典礼多么成功，并重复了他对萧伯纳的赞美，说萧伯纳的半身像散发着他本人的"惊人的强力"。

四月的那一天，寄到默东的是罗森斯坦亲切的回信。他也跟里尔克客套了一番，感谢他的溢美之词。尽管信中都是些平常的话，罗丹看到之后却勃然大怒。他没有允许里尔克以自己的名义给他的朋友写私人信件。这些话是不是造成了不好的影响，对罗丹来说并不重要，他认为这种行为本身就是辜负了他的信任，不可原谅。

罗丹发狂地在他的文件中搜寻，很快发现了第二封不正当的信，是著名收藏家和作家海因里希·蒂森-博内米萨男爵（Baron Heinrich Thyssen-Bornemisza）用德语写给里尔克的。罗丹又用这个证据质问他的雇员。一碰到争执就会畏缩的里尔克，努力地解释说，尽管男爵的信的确是写给他的，但却是把他作为罗丹的秘书写的呀。他提醒罗丹，之前写给男爵的那封信，是经他过目的，也许他忘记了？

至于另外那一桩更严重的违规，也就是与罗森斯坦的交流，里尔克指出，是罗丹把他作为一位朋友——而不是雇员——介绍给那个英国人的。因此，里尔克认为给自己的新交写张动机单纯的字条无可厚非。

罗丹拒绝听里尔克的辩解。他的顽固令里尔克惊讶，但是当时熟识罗丹的人都已经习惯了。"罗丹的性情开始变了。他现在急躁而专横，他的命令像剑一样落在无辜者的脖子上。他最亲切的朋友们都沮丧地离开了。"他的密友朱迪特·克拉黛尔（Judith Cladel）①写道。

罗丹立即辞退了里尔克，"粗暴而毫无道理"，克拉黛尔听到这个消息后心想。里尔克感到自己就像"一个偷了东西的仆人"一样被扔了出去。九个月忠诚的服务之后，他由于机会主义的罪过就遭到驱逐，实在是太过严酷的惩罚。几年之后，罗森斯坦得知自己写给"可怜的里尔克"的信竟然引起了"罗丹这么强烈的不满"，十分震惊。不过他也知道，罗丹是出了名的"难相处"。

这远非罗丹第一次对雇员发火。对于一切的失误，他都表现得像是一只被从睡梦中惊醒的狮子。他会大发雷霆，事后再承认自己反应过度。他反复解雇自己的助手，随后又重新雇用。对于他最得力的助手之一，短短两年内，他进行了五次这样的操作。

罗丹将自己破坏性的能量用在工作中时，创造出了迷人的肢体；发泄在人的身上时，就只剩下了破坏性。一位年轻的模特、未来的无声电影明星洛乌·特勒根（Lou Tellegen）带着自己做的黏土人像来问罗丹的意见——这是他做的第一件作品——罗丹瞟了一眼，拿起一个工具，开始动手改造。

"他停下来的时候，我原来那个形象几乎荡然无存。接着他把剩下的部分也毁掉了，说了句'从头开始'，就走开了。"特勒根在自传中写道。罗丹"总是把铁锹叫作

---

① 法国作家、评论家。

铁锹——那意思是说，他想不出更粗俗的名字来叫它了"。

里尔克到来时，罗丹的盛名让他对于自己臆想出来的背叛变得更加敏感，也让他更加看不得自己最忠实的门徒对萧伯纳的百般奉承——更何况还是在先贤祠典礼之前，他备感焦虑、格外需要支持的那几周里。当天晚上，里尔克在默东的小屋里收拾好了自己的东西，随即离开了。

罗丹没有时间面试里尔克的继任者。因此，当他的熟人、来自著名绘画世家的阿尔伯特·卢多维奇（Albert Ludovici）推荐他的儿子时，罗丹当场就聘用了他。

这位二十五岁的英国作家安东尼·卢多维奇（Anthony Ludovici），自从在一九〇〇年的世界博览会上第一次看到罗丹的作品后，就一直钟爱他的艺术。然而，他为了新的职位来到默东之后的感受，如果说是失望，未免太委婉了。雕塑家看上去衰老、麻木，络绎不绝的访客令他疲惫不堪。他的精力几乎完全被制作半身像的委托消耗殆尽，而与此同时，其他作品的生产还在不间断地快速进行。现在罗丹经营着一家真正的工厂，大量炮制着他从前作品各种尺寸、各种材质的复制品。罗丹用蜡或黏土雕刻的每个作品，他的助手们都会再用石膏做出十几个版本。其中有些会被浇铸成青铜像，或被送到一家石材加工作坊，雕刻成大理石像。

罗丹粗鲁的乡下作风，让这个练达的年轻人颇感震惊。他觉得罗丹"没有教养、粗野、没礼貌，与他过着亲密的家庭生活的那个女人"，也就是萝丝，"跟他相差极远"。与里尔克不同，卢多维奇并不认为能从与罗丹的交谈中学到什么，因此决定每日独自吃早餐。

卢多维奇还发现罗丹极其不公平。他要求手下对他要怀有"坚定不移的同情、宽容和忠诚"，甚至要达到泯灭自我的程度，然而却极少以同样的善意回报他们。罗丹的一个侍女说，他的前任之所以离开，就像"寓言中的陶罐和铁罐"的情形一样，他听了并不惊讶——在伊索的故事中，脆弱的陶罐要跟强大的铁罐一起玩，总会以破碎收场。

卢多维奇像里尔克一样，为他与罗丹共度的时光写了一本书。他的《关于奥古斯特·罗丹的回忆》中并没有无处不在的敬畏，而是充斥着冷静的客观性。卢多维奇在这本书中揭示了罗丹对儿子奥古斯特·伯雷的残酷——他没有一次听到过罗丹说出这个名字。卢多维奇亲眼看到过奥古斯特写给父亲的令人心碎的信件。收信人写的是"雕塑家、荣誉军团指挥官，罗丹先生"。奥古斯特在报纸的头条新闻上看到了父亲的名字，就写信来祝贺他获奖或是他的展览成功举办。卢多维奇还知道，这些信件通常不会得到回复。

奥古斯特让他的父亲难堪。罗丹一直都认定这个孩子头脑迟钝，没什么前途。我们不知道奥古斯特是真的患有残疾，还是罗丹的评定太过苛刻。有些传记作者写到奥古斯特小时候曾经从窗户摔了下来，但这个说法从未得到证实，也没有医生对他做出脑损伤的诊断。不论事实如何，在罗丹眼里，这个孩子一直是个负担，甚至把他送去跟姨妈生活了几年。

成年后的奥古斯特在父亲眼中也没好到哪儿去。卢多维奇震惊地发现，尽管罗丹那么富有，这个年轻人却生活得像个乞丐，靠卖二手衣服勉强维持生计。

六个月后，卢多维奇因为工作量过大，也没有受到应有的重视，辞去了罗丹秘书的职务。他后来写道，他离职的状态跟里尔克很像，"因为一场微不足道的误解发生激烈的争吵，罗丹的表现粗鲁得令人无法忍受"。

卢多维奇后来成为一名保守派神学作家和一位颇有名气的尼采研究者。但他在第一时间支持了希特勒和优生学运动，让他很快陷入了遗忘。第二次世界大战结束一年后，卢多维奇暂停了有关女权主义和黑人入侵英国的写作，评论了里尔克关于罗丹的专著的英文新版。卢多维奇写道，他本以为诗人会利用这个机会写一些罗丹的坏话，报复他对他的解雇。

事实上，里尔克确实短暂地考虑过这样做。要出版第二篇专论时，诗人犹豫着要不要以更具批判性的口吻来写。他开始担心，之前自己对这位艺术家的热情，是否主要源于"他对于努力工作的教导"，而非他实际的成就。不过，他最终还是决定，这不是"发表关于罗丹的新观点"的时候。在同一本书里先后表达关于这位艺术家的两种相反的观点，会让读者困惑，也会破坏这本书积极向上的精神。

卢多维奇钦佩里尔克在这本书中表现的信念和独创性。他在书评结尾写道："里尔克天性宽厚，懂得体谅，对人性有着深刻的理解，因此，他不会让这位备受赞誉的艺术家在过度工作的情形下偶然的情绪失控，影响自己对于他毕生艺术的解读。"

在《路加福音》中，关于浪子的寓言讲述了一个任性的儿子回到父亲身边的故事。他是两个儿子中较小的一个，提早拿上了应得的遗产，周游世界。大儿子留在家中，帮父亲干活。终于有一天，浪子花光了他的钱，不得不回到家中，又累又饿，身无分文。

父亲看到失散多年的儿子，冲上去拥抱了他。准备一场盛宴，他告诉另一个儿子。哥哥听了大吃一惊。他们为什么要欢迎鲁莽、自私的弟弟归来？况且这么多年来，自己一直忠心耿耿，为什么从未得到这样的荣耀？父亲答道，浪子曾经做过什么不要紧，重要的是他现在回来了。

当里尔克在巴黎寻找新家时，这个关于宽恕的寓言一直萦绕在他的头脑中。令他惊讶的是，是另一个漂泊在这座城市的浪子为他抛来了救命的绳索——他的老朋友保拉·贝克尔。三个月前，贝克尔在一天半夜趁她的丈夫还在睡觉时离开了沃普斯韦德。她写了一封信给里尔克，告诉他她来巴黎的计划，并在信中宣称："我不是莫德松，也不再是保拉·贝克尔了。我就是我。"她说她渴望再次见到他、见到罗丹，而且更重要的是，她渴望工作。

里尔克没想到贝克尔一个人能坚持这么久，但她对只有一个画架、一张松木椅子和一张工作台的生活感到很满足。她搬进了她常住的那家酒店，位于卢森堡花园以北几个街区的卡塞特街 29 号。这里很狭小，但便宜，并且可以按周租。五月，里尔克来拜访她时正在找住处，她便帮他在楼上租了一个房间。

他立即搬进了公寓，窗外是一座教堂中殿的屋顶，就像是一艘下沉中的船，正在驶向天空，里尔克想。他在新书桌前坐下来，把被解雇的消息通知了韦斯特霍夫。他在信中试着优雅地接受屈辱，写道，或许罗丹感受到了他的痛苦，是出于同情才将他解雇的。他分析道，毕竟这种雇佣关系终归会结束的，或许现在这样反而是"愉快"的结果。

但里尔克在次日写给罗丹的信中暴露了他真正的痛苦。"这件事深深地伤害了我。"他写道。罗丹解雇他时那么漫不经心，让他感到自己只是一个雇员，而在此之前他一直感到自己"只在外表看来是私人秘书"，而"实际上是可以推心置腹、畅所欲言的朋友"，安德烈亚斯-莎乐美后来这样说。

"如果我只是秘书，您就不会请我住在那个舒适的小屋里了。"里尔克在信中继续写道。他再次为自己的行为辩护，说那些所谓的违规不过是一些误解，他并没有背信弃义。不管罗丹最终怎样认为，里尔克还是会对他保持崇拜："我明白，您的生活是一个智慧的有机体，对于一切似乎会威胁其正常运转的事物，它都会立即产生排异反应……我不会再见您了，但是我就像那些悲痛而保持离群索居的使徒一样，我的人生将重新开启，它将遵循着您做出的伟大榜样，会在您身上找到它的安慰、它的价值、它的力量。"

对里尔克来说，被放逐而离开罗丹身边，不仅令他伤心，也让他作为艺术家正在取得的重大进步被中断了。他感到自己像是在错误的时间遭到剪枝的葡萄藤，"本该是嘴的地方变成了伤口"。那个月他写了一首诗，《一九〇六

年的自画像》("Self-Portrait from the Year 1906"),在其中记下了这种感伤:

> 在那一瞥中仍有些许童年的恐惧和忧郁
> 以及谦恭,并无卑屈之意,
> 却属于侍奉者和女性。
> 嘴有嘴的样子,宽大而轮廓清晰
> 并不雄辩,却足够
> 坚定。

里尔克在写下这些诗句的时期,也成了另一幅肖像画的对象。贝克尔在朱利安学院的学习需要练习人物绘画,但付不起模特费。里尔克同意每天早上为她摆姿势。一天,贝克尔正在画他时,敲门声响了起来。贝克尔从窗帘之间偷看了一眼街道,又阖上了窗帘,转身对里尔克低声说:"是莫德松。"

她的丈夫一直在写信,指责她自私、残忍。她坚称自己不可能无情,因为艺术本身就是爱的一种。他求她回来;她则求他放手。

里尔克一直设法避免介入他们的冲突,但此刻他感到被夹在了两个朋友之间。他担心如果他过多地鼓励贝克尔画画,会让他看起来像是站在了她那边。那天他离开后,贝克尔与莫德松谈了谈,但仍然下定决心要住在巴黎。不久后她写信给他说:"请让我们两人都免受这些烦恼。让我走吧,奥托。我不要你做我的丈夫。我不想。接受这个事实。接受这个事实。不要再折磨自己了。"

保拉·莫德松-贝克尔画的里尔克,一九〇六年

158　　贝克尔的姐姐对她大发雷霆，她的老朋友卡尔·豪普特曼说她无知、软弱。里尔克并没有直接发表意见，但是他再也没有继续为她做模特，以此向她传达自己的立场。贝克尔放弃了肖像画，转而开始创作静物画。

在某种程度上，这幅不完整的画反而更准确地表现了它的对象，勾勒出了里尔克的精神状态。眼睛停留在了没有特征的黑色圆圈的状态——而不是填上浅蓝色，再画出疲惫的眼睑——这正是诗人的眼睛：睁得大大的，别无选择地吸收着视野中的图像。画中的嘴像诗里写的一样，"宽大而轮廓清晰"，却是微微张开的，就像里尔克描述的刚刚修剪过的葡萄藤。两个作品捕捉的都是里尔克变化中的状态，但贝克尔的作品描绘出了一个濒临崩溃的诗人的形象，在这一点上更有预见性。

里尔克开始与贝克尔保持距离，接下来的一个月里，他像修道士一样把自己关在旅馆房间里。"我每天跪下又站起来，一个人在房间里，我认为在这里发生在我身上的一切都是神圣的，包括那些没有降临的灵感，包括失望，包括被遗弃的感觉，"他告诉他的妻子。

如果诗歌是里尔克的神，那么天使就是引领他走向它的话语。于是，沙特尔主教座堂的那位石天使，带着一首诗回到了他身边。在《持日晷的天使》（"The Angel with the Sundial"）中，里尔克接受了将他的世界与天使的世界隔开的距离。他回忆起那天几乎将他吹倒的风，对石雕却没有影响。他问这位不分昼夜都将日晷举向前方的天使，对他的世界了解多少。他在最后一行写道："关于我们的生活，啊石头人，你知道些什么？"

过去九个月中在他头脑中积累起来的想法，此时开始倾泻而出，后来成了他的两卷本《新诗集》中的第一部分。尽管他重新动笔了，他还是穷困而迷失。他人生中又一次感到像是被抛弃的浪子。

然而这一次，由于他是被从"父亲的"房子里驱逐出来的，他看待这个故事有了一种新的视角。或许浪子朝向未知的旅程并非自私，而是勇敢的。事实上，我们甚至应该怜悯那个留在家里的长子，因为他相信一个人的命运取决于一个人出生的地方，他的人生将毫无改变，在苦役中继续。而浪子则可以去历险，体味自由，甚至可能找到上帝。

这就是罗丹塑造的浪子：青铜少年跪在地上，双臂伸向天空。作品原名《浪子》，后改名为《跪祷者》（Prayer）。里尔克对这两个标题都不认同，他在专著中写道："这不是一个儿子跪在父亲面前的形象。这种态度赋予上帝以必要性，这个跪着的形象中有所有需要上帝的人。所有的空间都在他膝下的这块石头中，整个世界上只有它。"

在他的《浪子离家》（"The Departure of the Prodigal Son"）中，里尔克颠覆了这个寓言。诗的开头是：

> 是的，向前走，手从手中抽出。
> 走向哪里？向未知，
> 向与我们没有关联的地方。

这首诗的最后几行中，他歌颂儿子的离开，而不是他的归来：

去吧——

哪怕这意味着你将独自死去。

这是否新生的开始？

对里尔克来说，这至少是一个人生新篇章的开始。他正式离开了罗丹的房子，七月底，他又继续上路了，先是短暂地在比利时海岸停留，随后又去了柏林。他的赞助人卡尔·冯·德·海特已经给了他两千马克，帮助他度过这段漂泊不定的时期。"最近这段时期，一切都很混乱，离开巴黎对我来说很艰难，我的内心很复杂，"里尔克告诉他。九月，诗人预备前往希腊，他精心构思了一封请求信，希望冯·德·海特继续资助这次旅行。他说他需要完成关于罗丹的第二篇文章，而且他认为再没有比希腊——这位雕塑家的精神故乡——更适合完成这项工作的地方了。

但随即一位女男爵邀请里尔克到卡普里岛过冬，这些计划也就被放下了。这时候，冯·德·海特的耐心开始消退了。他责备里尔克要求太多，他认为一个诗人或许起初需要一些经济支持，但是终归要争取独立。

对于这一指控，里尔克以意料之中的复杂逻辑作答，声称正是因为他极其重视独立性，他才迟迟无法养活自己。罗丹提供的工作将他囚禁了太久，还在这段时间中让他牺牲了自己的写作。他拒绝再次为了一份糊口的活计放弃自由。

最终，冯·德·海特还是寄来了钱。里尔克出发了，在他三十一岁生日那天抵达了卡普里岛。

里尔克的赞助人并不是唯一一个因为他那些随性而昂贵的旅行而感到沮丧的人。韦斯特霍夫回到柏林后，向她的新朋友安德烈亚斯-莎乐美抱怨里尔克长期不在身边。在他们所谓的"精神婚姻"中——靠通信维持，又长期距离遥远——她一直是独自抚养露丝。靠教学的收入，她常常只能勉强糊口。

安德烈亚斯-莎乐美大为震惊。她建议道，如果里尔克不尽快开始履行父亲的义务，韦斯特霍夫应该通知警方。韦斯特霍夫一定知道，仅仅是这个采取法律手段的建议——而且是来自他亲爱的露的建议——就足以让里尔克出于受羞辱而就范。她写信给丈夫，转告了他的朋友的话。

如她所料，这封信扰乱了里尔克的意大利假期。他为自己写了一篇慷慨激昂的辩护寄给妻子——同时也是用一种迂回的方式告知安德烈亚斯-莎乐美，因为他知道她肯定会听说的。他指责自己的老朋友虚伪，他提醒她们，安德烈亚斯-莎乐美一直以来都在极力敦促他将他的艺术置于一切来自外界的需求之上。他说，做父亲是一项荣耀，但诗人的使命不容违抗——尽管安德烈亚斯-莎乐美当初的建议其实是根本不要组建家庭，对此他则未置一词。

里尔克请求妻子理解，随后又奉上对她的赞誉。但是他依然坚决要在浪子的路上继续走下去："在那个最后的、终极的、决定性的声音对我发声之前,我不会放弃这种冒险的、往往显得不负责任的态度,以投身于一个更说得通的角色,然后逆来顺受。"他说。

里尔克并不是不重视爱,他只是更喜欢爱作为不及物动词的状态:没有对象,只是一个辐射的圈子。不然的话,爱就是占有另一个人,而被爱就是被占有。或者像他在《马尔特手记》中更尖锐地指出的:"被爱意味着在火焰中被燃烧殆尽;爱就是以取用不竭的油来发亮。被爱就是逝去;爱就是忍耐。"对里尔克来说,家的壁炉就是熊熊烈火,让他感到被活活烧死的危险,他宁愿跳窗也不愿冒险留下来。哪怕他跌倒了,一张有伤疤的脸,总比一张像别人的脸要好。在里尔克看来,家庭就是对于自我的最极致的毁灭。

他没有看出,他的妻子对此至少是部分同意的——但对她来说,是她,想要完成她的使命。因此,当里尔克在卡普里岛度过圣诞节时,韦斯特霍夫去了埃及,那里的一些朋友给了她几项委托,并提供了工作期间的住所。里尔克已经有很多年没有见到她这么坚定了:"从她最初与罗丹接触那次算起,这是她这么久以来第一次怀着这么强烈的需要和真正的渴望去追求一件事。"

由于他的事业进入了休眠期,或许他还有一点嫉妒她的干劲。他的意大利之行已经被证明是一个彻头彻尾的错误。那里有太多让人分心的事情:醉酒的德国游客在城里四处喧闹,女主人的朋友们社交太多,工作太少。尽管在意大利总是可以找到偏远的角落,寻得宁静,巴黎却是唯一真正能够让他工作的地方。这座城市对待他的方式有点像军校,迫使他在恐惧中写作,以此来克服恐惧。只是这一次,罗丹在他完成学业之前就把他赶了出去。

"我再次在心里积聚起这么强烈的对于绝对孤独、对于在巴黎的孤独的渴望。当初我认定这是最必要的事,我是多么正确!而我不知怎么半错过、半浪费了这个机会,对自己造成了多么大的伤害!这样的孤独还会回来吗?在我看来,一切都取决于此了。"他在二月写道。

他等待着。春天,韦斯特霍夫从埃及回来了。他们在意大利一起度过了两个星期,但之前还残存在两人之间的一点点激情,如今已经彻底消失了。里尔克急切地希望听她讲非洲的见闻,但她却没什么可说的。她总是满脸失望的神情,这让他想起了伯雷——她永远扭曲的脸曾经让一个认识她的人惊呼道:"天哪!她真的必须让自己看起来那么缺少爱吗?"接着,韦斯特霍夫和里尔克再次分道扬镳。这次她去了德国,他一个人去了法国。尽管两人在接下来的几年里依然保持着密切的联系,但他们已经不再努力维持他们的婚姻。

里尔克知道,这次巴黎不会像从前一样了。他现在不是任何人的儿子,不是任何人的秘书。他几乎也不再是父亲或丈夫了。让恋人们将彼此如酒一般吞噬吧,他想道,而他终于从那些藤蔓上挣脱了下来。弗朗茨·卡普斯曾有一次感慨,他生命中所爱的人们正在远去,里尔克告诉他,他应当意识到的是,"你周围的空间正开始变得多么广阔"。他现在正是在这个空荡荡的地方,在常规之外的某处。他终于可以自由呼吸了。

第十一章

随着二十世纪的飞速展开,新一代艺术家们义无反顾地闯入了未知的领域。在西欧,许多人通过借用"原始的"非洲艺术,或玩弄有关性的禁忌,来表达对殖民探索精神的拥护。在短短几年间,印象派毛茸茸的笔触就变成了立体主义尖锐的线条,莫奈画中撑着阳伞的女士们也脱得只剩下图卢兹·洛特雷克笔下的羽毛和吊袜带。

法国的立体主义、意大利的未来主义和德国的表现主义同时迈进,都为一种新的抽象艺术铺平了道路:它承诺解放绘画——或者摧毁绘画,这取决于你问的是谁。如果说这种新的运动有什么文字形式的宣言的话,那就是德国艺术史学家威廉·沃林格于一九〇八年出版的著作《抽象与移情:对艺术风格的心理学研究》。

这部作品原本只是一篇论文,这位二十六岁的博士生从未预料到它出版后会收到那么广泛而热烈的反应。他是偶然想到书中的想法的。他在后来一版的前言中解释道,那段时间他一直在四处寻找研究课题。一九〇五年的一天,他在参观巴黎的特罗卡德罗民族志艺术博物馆(Musée d'Ethnographie du Trocadéro)时,突然想到了这个想法。

许多巴黎人都不肯走进这座破败、发霉的建筑，它是为一八七八年世界博览会而建造的。沃林格后来回忆说，那个春日，博物馆里只有他自己和两位年长的绅士。随后，他认出其中一人正是自己之前在柏林学习时的教授格奥尔格·齐美尔。这位社会学家当时来到巴黎，正准备参加里尔克帮忙安排的与罗丹的会面。

显然那天教授并没有看到自己从前的学生，他们也没有交谈。然而，就是在那几个小时里，与他共处同一空间，"在一种完全由他的在场所创造的氛围中"，沃林格历经了"众多想法的突然的、爆炸性的诞生，这些想法随后被我写进了论文，第一次将我的名字带到了公众面前"。

回到家后，沃林格开始着手进行一项广泛的推测性的研究，试图阐释历史上历次艺术运动之所以发生的原因。他从未具体解释齐美尔那天的在场对他究竟产生了什么样的影响，但他肯定因此回想起了这位社会学家对于社会动荡及其孕育的创造性运动的研究。现在，沃林格将这些想法与另一位前教授特奥多尔·李普斯的理论相结合——他对共情的研究让沃林格感到，有两个范畴能将所有的艺术包罗其中，那就是抽象与共情。他认为，艺术史的连续体就在这两极之间。一项艺术运动出现在这条频谱上的哪个点，取决于它所诞生的社会的心理健康状况。

共情的艺术往往是具象的，并且往往在社会繁荣的时代获得蓬勃发展。在这样的时代中，艺术家们发展出表现维度、景深和其他绘画幻觉的技巧，用反映了他们幸福现实的作品将自己包围起来。沃林格认为，向外部世界举起镜子，是意大利文艺复兴时期、古希腊等时期的艺术家认同美的方式。

而抽象的艺术则诞生于骚乱时期。历经战争或饥荒的艺术家们试图使用有序的数学形式来梳理他们混乱的现实世界,例如拜占庭帝国的几何形状的马赛克,又如古埃及的金字塔。沃林格认为,重复具有舒缓作用,而采用与柔和的人体完全相反的棱角分明的形状,则是艺术家们努力逃离悲惨现实的尝试。

稿子完成后,沃林格给所有他觉得可能浏览一下的人都寄了一份。其中一位是评论家保罗·恩斯特(Paul Ernst),他没有意识到这是一篇尚未发表的学生论文,他在德国流行的艺术杂志《艺术与艺术家》上就其发表了评论,称赞它具有预见性,正是时代所需。

沃林格的二元论可能过于简单化,但是其探讨的课题之大,立刻引起了人们的好奇。这一期《艺术与艺术家》刚出现在报亭,各家书店就开始收到购买这篇尚未发表的论文的订单。慕尼黑出版商莱因哈德·派珀(Reinhard Piper)也希望订一份。当他发现这篇论文的出版物还不存在,他和他的公司便于一九〇八年将其出版为《抽象与移情》。时至今日,这本书已经重印二十次,被翻译成九种语言,而且据艺术史学家乌苏拉·赫尔格(Ursula Helg)说,它"拥有比任何其他关于德国现代主义的理论著作都更多的版本"。

齐美尔本人是最早为这本书的出版向沃林格表示祝贺的人之一。原来《艺术与艺术家》杂志的那位评论家是齐美尔的朋友,早就给这位教授寄了一份。齐美尔写信给这位年轻的作者,表达了自己的钦佩。沃林格说,这封信

"仿佛架起了一座神秘而意义深远的桥梁,直抵他最快乐的灵感迸发的时刻"。

几年后,安德烈亚斯-莎乐美将这本书寄给了里尔克。他很可能没有意识到自己当初安排齐美尔那时出现在巴黎,对这本书的起源也有些微的贡献。他回信说,自己对书中的观点"完全同意"。(安德烈亚斯-莎乐美对这本书并没有特别的感触,她对里尔克说,既然他这么喜欢,就留下她这本吧。)

沃林格的书提出,艺术是对于自我的表达,就此为德国表现主义运动以及瓦西里·康定斯基、奥古斯特·麦克(August Macke)和弗朗兹·马尔克(Franz Marc)等艺术家——这三人共同组建了唯心论的艺术团体"蓝骑士"(Der Blaue Reiter)——提供了印证。"总算有一位学者能够接受和理解这些新思想了,他或许能够站出来支持这些思想,为之辩护,与如此众多的保守派艺术史学家对抗——那些人一向排斥一切新的和不寻常的事物,甚至根本就懒得理会这些事物,"麦克的妻子伊丽莎白·埃德曼-麦克(Elisabeth Erdmann-Macke)写道。

这本书的问世恰逢文艺发展史上一个如此偶然而美妙的时机,从而赋予了沃林格近乎先知的地位。在他剖析前现代抽象艺术运动的两年间,乔治·布拉克(Georges Braque)和巴勃罗·毕加索正在他们的工作室里创造一种全新的艺术运动,将时间和运动扁平化到单一平面上。《抽象与移情》出版的那年,马蒂斯(Henri Matisse)批评道,布拉克在一九○八年秋季沙龙中展出的不过是一堆"小立方体"。

同一年，毕加索画出了《亚维农的少女》。这幅决定性的杰作定义了一个时代的终结，以及另一时代的开始。与塞尚的泳客们①一样，毕加索绘于一九〇七年的这幅作品中扁平的裸体妓女们摒弃了古典的透视规则。由于没有景深，左边的三个女人似乎朝画布前景走来，仿佛在向观者招揽生意。右边两人戴着非洲面具。毕加索做的比塞尚更狂野、更极端，他干脆将人物形象切割成碎片，再重新拼在一起，构成新的几何体。

和沃林格的论文一样，毕加索关于《亚维农的少女》的灵感也是在参观特罗卡德罗民族志艺术博物馆时产生的。正是在那里，毕加索第一次见到了刚果人的面具。他和沃林格都曾经尝试解读其艺术逻辑。在沃林格看来，面具是实现抽象的催化剂，因为它遮掩了佩戴者，让他得以从可怕的社会中脱身出来。对毕加索来说，面具则是"武器"，部落艺术家们用它对抗恶灵。他们相信，赋予他们的恐惧以形象，就能将之清除。就在那个时刻、在特罗卡德罗民族志艺术博物馆，毕加索"理解了自己为什么要做画家"，他说："《亚维农的少女》的想法一定就是在那天产生的，但完全不是因为我看到了那些形象，而是因为这是我的第一幅驱魔画——是的，绝对是这样！"

大约在那个时期，毕加索还在他的朋友伊格纳西奥·祖洛阿加的工作室里看到了一幅埃尔·格列柯的画作，恰好印证了他对《亚维农的少女》的构想。他一次又一次地回到那里，端详画中身躯修长的圣徒，朝着酝酿风暴的天

---

① 指塞尚的作品《泳客》（*Les Grandes Baigneuses*）。

空召唤。这幅名为《圣约翰的幻象》（*The Vision of St. John*）的画作，正是两年前罗丹在西班牙之旅中力劝祖洛阿加不要购买的那一幅。根据这幅画（如今挂在纽约的大都会博物馆），毕加索得出结论：立体主义起源于埃尔·格列柯，因此"源自西班牙"。

埃尔·格列柯——这位罗丹长期鄙视的艺术家——在二十世纪的复兴，正显示了这位雕塑家与新一代的日益疏远。他认为立体主义是一场太过刻意的运动，认为它显示了"年轻人想让艺术过快地进步"。他们"努力追求原创性，或他们自以为的原创性，因此急于仿造出一种原创性"。

随着欧洲艺术家们越来越多地从遥远的殖民地获取灵感，罗丹那种歌颂法国文化的英雄纪念碑式的艺术，开始显得脱节。一九〇八年，也就是毕加索在他的"非洲时期"中探索最深入的那一年，罗丹完成了《大教堂》（*The Cathedral*）。两只大理石的手指尖相触，构成了一个"A"形。双手围绕出一个内部空间，宛如大教堂拱顶下的空间。先锋派们对这件他们眼中典型的罗丹式的煽情之作嗤之以鼻。这位雕塑家正在成为艺术最令人厌倦的传统的象征。"对于大多数想要发展出自己的风格的年轻艺术家来说，艺术的问题正是出在罗丹身上。"艺术史学家阿尔伯特·埃尔森（Albert Elsen）写道。

"我开始学雕塑时，我根本不理解罗丹，"阿里斯蒂德·马约尔说，"他的作品完全没有打动我。我觉得它们很糟糕，仅此而已。"

罗丹的作品表现动感和情感的强度，而年青一代艺术家们追求的则是静态的、数学性的冷静。马约尔和阿梅代奥·莫迪利亚尼（Amedeo Modigliani）认为罗丹的艺术过于写实，他复制每一处线条和皱纹的精确手法，让作品显得受到奴役般的限制。他们主张剥离所有细节，将形象精简到基本形态。

一九〇四年，二十八岁的罗马尼亚雕塑家康斯坦丁·布朗库西（Constantin Brancusi）搬到了巴黎，找到了给罗丹做学徒的工作，但几个星期后就辞职了。他意识到自己一直在不知不觉地模仿这位艺术家的作品，而"大树底下是长不出什么东西的"。他在原则上同意罗丹的观点，认为艺术家应该竭力传达出对象的本质，但在执行的层面上，他的看法与罗丹大相径庭。"任何人都不可能靠模仿事物的外表来表达出任何真正真实的东西。"他说。

布朗库西离开三年后，做出了自己的《吻》。他将罗丹相拥的恋人的姿态，概括成了最简洁的形式：一个石灰岩方块，中间用一条细线分开。布朗库西在其中一半上刻出了长发和乳房，完全没有罗丹忠实的造型中的极端自然主义和动人的情感。

一九〇〇年，亨利·马蒂斯在听了罗丹一番无用的意见之后，也将他抛到了身后。当时三十岁的马蒂斯把一些画作带给罗丹看。罗丹在工作室里热情地接待了这位艺术家，但对他的作品几乎没有表现出兴趣。"他说我的手很灵巧，但事实上根本不是这样。"马蒂斯回忆道。罗丹随后建议这位年轻艺术家"再精细一些，再精细一些。把这些画再润色上两个礼拜，然后再来给我看看"。

马蒂斯没有回来。他对精细的绘画不感兴趣，对罗丹仿佛在打发他的态度也很恼火。那天罗丹"只表现出了他小气的一面"，多年后他回忆道。"他也没办法。老一辈大师们所拥有的最好的东西，那些让他们伟大的东西，他们并不清楚是什么。既然并不清楚，他们也就无法将之传授给别人。"马蒂斯表示，在那个时期，罗丹的评价其实无论如何也不重要了。他的做法很快就走向了罗丹的"反面"。他看出，罗丹会从他的《施洗者圣约翰》(*St. John the Baptist*)上砍下一只手，在另一个房间里进一步加工，再重新接回去；而他自己只能通过整体构造去看待一件作品。他这样做，是"用活生生的、联想性的综合，去取代解释性的细节"。

同年，在这次不愉快的工作室拜访之后，马蒂斯对罗丹的《行走的人》进行了改作。他聘请了同一位意大利模特，几乎雕刻了相同的姿势——没有手臂，仿佛正在迈步。但他塑造的名为《农奴》(*Serf*)的形象浑身鼓包，更粗野，解剖结构上也不那么清晰。马蒂斯利用了罗丹的表现语言，创造了一个画家式的、更具统一性的形体。

每一次攻击似乎都让罗丹更坚定地留在过去，他怀着越来越强烈的蔑视接受了这一立场。他完全背弃了未来，转身去做一个"中世纪的人"——塞尚曾经这样描述他。他开始大量收藏来自希腊、埃及、东方和罗马的古董，用古代典籍塞满了他的图书室。他简直是以完全相同的热情购买墓葬雕塑、还愿雕塑、浮雕、花瓶、塔纳格拉雕像、半身像和躯干——他对一切都说，Que c'est beau!① ——以至于一些商人开始专门对他抬高价格，甚至向他出售赝品。罗丹去世后，《鉴赏家》杂志怀疑罗丹拥有的假古董可能比真品还多。但这似乎从未减损他的收藏给他带来的乐趣。"在家里，我有众神的残片每日陪伴左右。"他曾经说。这些作品"比活人更响亮地对我说话，更能让我感动"。

古董商人们并不是唯一注意到罗丹马虎的财务管理状况的投机者。不论舒瓦瑟尔公爵夫人本意是要占他的便宜还是帮他，她的确是一位出色的女商人。她巧妙地将罗丹推销给了美国的艺术品收藏家们——而这些人原本是对他的"淫秽"裸体雕塑无动于衷的。一九〇八年，艺术家爱德华·史泰钦（Edward Steichen）和阿尔弗雷德·施蒂格利茨（Alfred Stieglitz）将罗丹充满情欲的绘画带进了纽约的一家画廊，随后美国的批评家们对那场展览大加谴责。"这些画没有任何的'艺术性'，完全就是对一些裸体女人的描绘，她们的姿势可能让艺术家本人很感兴趣，但是不适合公开展览。"《纽约周报》（*New York Press*）这样评价。

然而，舒瓦瑟尔却看到了利用美国人资本主义民族心理的绝妙机会。她知道美国的收藏家购买艺术品，更有可能是为了炫耀财富，而不是显示自己的品位。因此舒瓦瑟尔专门对美国收藏家提高了罗丹作品的售价，然后静观需

---

① 这多美啊！

求增长。她还向他们力推罗丹的胸像,她预测到肖像制作能够满足他们的虚荣心。这些方法十分奏效:她声称,罗丹刚遇见她时,年收入不到 12000 美元;而在她开始管理他在巴黎的所有销售之后,她就将这个数字提高到了 80000 美元。

美国铁路和烟草大亨托马斯·福琼·瑞安(Thomas Fortune Ryan)来为自己的半身像做模特时,舒瓦瑟尔进一步升级了她的策略。她首先向他夸耀他们共同的祖国是世界上最伟大的国家,用爱国心煽动他的骄傲感。美国拥有比任何其他地方都更多的人才和潜力,但令她感到遗憾的是,美国的精英未能像法国人那样支持艺术。然而,以他特有的地位,他正可以改变这一点,她说。把他的财产都浪费在现世,岂不可惜?她发问。他为什么还不开始考虑他身后的影响?要不要考虑购买更多罗丹的作品,捐赠给大都会博物馆?难道他不想作为把伟大的艺术带给美国人民的慈善家而载入史册吗?

她的刺激起了作用。这位实业家很快购买了罗丹的几件作品送给大都会博物馆,又捐赠了 25000 美元,让博物馆用于后续的购买。舒瓦瑟尔希望这有助于促成大都会博物馆将来设置一间专门展出罗丹作品的永久展厅。

一九一〇年,她和罗丹在比隆府邸(Hôtel Biron)接待了大都会博物馆雕塑委员会的主席丹尼尔·切斯特·弗伦奇(Daniel Chester French)及其家人。弗伦奇的妻子非常喜欢这座"美妙的宫殿",谈到罗丹时她说:"他见到我和女儿喜欢他的作品,表现得很高兴,好像我们的评价很有价值似的,让我们颇感荣幸。"很快,弗伦奇和同事们投票决议，在博物馆的北走廊专门为罗丹设立一个展厅。展厅于两年后开放，藏有四十件他的雕塑。

美国人最终进入了罗丹最大的支持者的行列。他去世后不久，美国电影大亨朱尔斯·马斯特鲍姆（Jules Mastbaum）购买了一百多件罗丹的作品，并于一九二九年在费城创立了罗丹博物馆。这座博物馆至今仍然是巴黎以外最大的罗丹作品收藏地。

然而，美国人对罗丹的拥戴，并没有帮助他在欧洲同胞这里赢得更多的喜爱。评论家乔治·布兰德斯（Georg Brandes）在谈到罗丹近期为一位年轻的金融家制作的半身像时，将其描述为"一位年轻的美国人，就像我们遇到的很多人那样，不愚蠢也不聪明，不沉闷也不有趣——这只是一件受委托之作"。艺术赞助人哈里·凯斯勒（Harry Kessler）伯爵第一次见到舒瓦瑟尔时，为"这位老人能有耐心忍受这么多美国人感到十分诧异"。

有人认为，罗丹和舒瓦瑟尔为了满足美国人的需求，开始利用他们的无知，向他们出售劣质的作品。一位助手说，被送往大都会博物馆的大理石雕塑《皮格马利翁和加拉泰亚》（*Pygmalion and Galatea*）"并不在他最好的作品之列"，而且罗丹此前一直把它放在远离工作室的地方，免得看到它。

也可能，他只是不清楚这些事。那个时期，他出售的作品数量如此之多，他已经不可能监管所有以自己的名义制作和销售的作品了。他将几乎所有的石雕工作外包了出去，并授权大量铸造厂代表他生产艺术品。光是《吻》这一件作品，他生前就制作了三百个青铜件。这让罗丹变得非常富有，但他也认识到他的多产是有代价的。他曾对一位作家说："如今世人看到的所有东西都是复制品，而灵感的最初的新鲜，在复制品身上总归要损失一些。"

172　　在与罗丹的不愉快的会面八年之后，马蒂斯成了前卫艺术的领袖。他与毕加索并肩领导了艺术的革命，有时他们两人也相互对立——毕加索对于现代艺术应该是什么样子有自己的想法。这个西班牙人曾批判"马蒂斯的画中没有垂直的线条"，而马蒂斯则认为立体主义过于僵化和教条。不过，他们的对立还是很友好的——直到马蒂斯得知毕加索朝他的一幅画扔玩具飞镖。

　　马蒂斯比毕加索年长十二岁，又十分庄重，这种幼稚的恶作剧让他深感受伤。当他还在巴黎美术学院做学生时，同学们就把他戏称为"教授"。一九〇八年一月，这位爱穿粗花呢的画家实现了这一预言，在巴黎开了一家小型的艺术学院。那一代现代派艺术家中，很少有像他这样既创作又教学的，所以当他宣布将要免费开设课程时，立即有数百个学生报了名。

　　然而，那些期待向这位野兽派艺术家本人学习颜料四溅的狂野绘画的人，很快就大失所望：马蒂斯教的是传统的造型和静物描摹的技巧。他打破了自己所受训练的一切规则，却提倡他的学生们掌握古典派的技法，还经常引用库尔贝（Gustave Courbet）的话作为解释："我只是想在完全了解了传统的前提下，主张我对于自我的理性的、独立的理解。"而那些选择留在他的课堂上的人——包括格特鲁德·斯坦因（Gertrude Stein）的哥哥和嫂子，以及美国画家马克斯·韦伯（Max Weber）——发现他是一位极有思想的导师。事实上，马蒂斯要求他们描摹自然，为的是让他们能够辨别出一幅画面的基本组成部分，然后剥离一切冗余，最终表达出自己的艺术风格。

一九〇八年，马蒂斯把学校搬到了一个更大的地方，位于荣军院拐角处的瓦雷纳街 77 号。这里以前是一栋私人宅邸，周围是一片宁静的社区，遍布十八世纪贵族之家建造的华丽住宅，其中许多后来都为政府所用。

马蒂斯来到这里的时候，这座一度辉煌的宅邸已经年久失修。它建于十八世纪初期，大门宽得足够马车通过，门铃装在驾车人的高度。这座建筑后来被称为比隆宅邸，因为比隆公爵曾在这里住过一小段时间。他对此地爱护有加，翻新了房子的内饰，并将花园扩大了一倍。

比隆宅邸

公爵死后，俄国皇帝曾在此短居，随后三名修女于一八二〇年购买了这座宅邸，开办了圣心女子学校。修女们去除了一切洛可可风格的内饰，卖掉了镜子和镶板，拆下了弧形楼梯上的锻铁栏杆，任由花园里杂草丛生。青苔爬上了门前的台阶，马上就要入侵客厅的格子地板了。

历经一个世纪的蹂躏和改建，这栋房子看上去简直像要塌了。一九〇四年，政府的举措开始朝驱逐这些修女的方向迈进。那一年，法国通过了《政教分离法》，进一步强化教会与国家的分离，这所学校随即被关闭了。一九〇七年，最后一位修女从这里搬了出去。清算人接手了此地，在等待拆除期间，以低廉的价格将其中的房间租给任何敢于住进这栋破败建筑的人。

但是房主大大低估了比隆宅邸颓废气息的魅力。艺术家们像苍蝇飞向腐烂的水果一样聚集到了这里。艺术评论家古斯塔夫·科奎特（Gustave Coquiot）写道："一群喧闹的人涌了进来，很快，每个缝隙和角落都爬满了他们身上掉下来的虱子。"

单是租金低廉这一条，就足以让马蒂斯搬进其中一间公寓，并在这里租下一间工作室——他和学生们共用这间工作室，中间以一条帘子隔开。尽管他在那年的秋季沙龙上收获了最高评价，他在法国的名气却不幸远远落后于他在美国和俄国受到的关注。比隆宅邸是他能住得起的最好的地方了。

至少花园给了儿子玩耍的空间，院子里还有凉亭可以让他授课。马蒂斯早期的崇拜者们大多在国外，因此他的许多学生也来自国外。这些年轻的外国人来自挪威、俄国、罗马尼亚、美国——除了法国以外的所有地方——其中有些人就睡在阁楼上。

当时《可怕的孩子们》的作者让·科克托自己也还是个可怕的孩子。一天下午逃学时，他偶然撞见了这个神秘的宅院。他蹑手蹑脚地绕着花园探索了一番，想象着被纠缠的树木和玫瑰丛隐藏多年的秘密。这里似乎是"巴黎为猎奇人士提供的探索之旅的终点，就像一个跳蚤市场一样"。他已经在想象自己在这里举办的月光下的派对和化装舞会了……他推开了厚重的门，询问看门人是否可以四处看看。

泛黄的墙壁让他想起波德莱尔与大麻体验者俱乐部成员们会面的那座酒店——他们在那里举办聚会，品尝鸦片和大麻，波德莱尔相信这些药物为他的创造力冲破了阻碍。科克托得知比隆酒店一整年的房租只需廉价酒店一个月的租金，于是当场交出母亲给的零用钱，租下了一个房间。当天晚上，他就把钢琴、沙发和炉子搬到了他位于二楼的新住处。

不久之后，上了年纪、身材丰满的卡巴莱歌手珍妮·布洛赫（Jeanne Bloch）搬进了马蒂斯隔壁的房间。侠气十足、当时正与莎拉·伯恩哈特（Sarah Bernhardt）在舞台上演对手戏的罗马尼亚演员爱德华·德·马克斯（Édouard de Max）也搬进了房子里的礼拜堂。伊莎多拉·邓肯在临花园的一侧租了一个长房间，用于排练舞蹈。邓肯像当时的许多艺术家一样，希望自己的作品能与其他艺术形式融合在一起，而比隆宅邸恰恰是一个可以让她置身于雕塑家、诗人、剧作家或至少是有趣的人物中间的完美的所在。

在马蒂斯搬来之后不久,克拉拉·韦斯特霍夫也加入了这个杂糅的群体。她把露丝留在了德国,希望再次在靠近罗丹的地方工作,并受到他的指导。她已经习惯了不依靠里尔克找到自己的住所,这次她问了几个相熟的艺术家,是否知道城里哪里有便宜的住处。一位朋友告诉她,一座前修道院中有一个价格便宜的转角房间①。这栋建筑前途未卜,趁市政府犹豫不决之际,艺术家们正享受着它的低价。

韦斯特霍夫推开铁门,走进了庭院,那座褪色的灰色宅邸矗立在一片杂草丛中,仿佛鬼故事里的房子。但是当她走进那间屋子,看到阳光从巨大的窗户倾泻进来,还有那么大的空间等待她来填满,任何疑虑都烟消云散了。韦斯特霍夫去了办公室,立刻租下了那个房间。

---

① 位于建筑物转角处的房间通常窗户更多,光线更好,往往也更大。

第十二章

一九〇七年五月,与罗丹决裂一年后,里尔克回到了巴黎。在意大利期间,他祈祷获得哪怕一个小时的独处时间;而此时孤独却如影随形,无处不在。罗丹赶走了他,他又疏远了贝克尔和韦斯特霍夫,因此他只好接受自己与世隔绝的状态。

里尔克住进了伏尔泰河岸旅店(Hôtel du Quai Voltaire),庆祝自己的回归。这是他最喜欢的旅店之一,可以直接俯瞰塞纳河。瓦格纳和王尔德都曾住在那里,五十年前,波德莱尔也正是在那里完成了《恶之花》的创作。里尔克并没有把时间用在饱览河景上。他去了土耳其浴场,参观了巴黎圣母院,又到巴加泰尔宫(Bagatelle Palace)观看了爱德华·马奈的《草地上的午餐》,画中一个裸体女人与她穿戴整齐的男伴在公园中消闲,他想:这可真是一位了不得的画家。在小伯恩海姆画廊(Bernheim-Jeune),他看到了凡·高的一幅画作,描绘的是"一家夜间咖啡馆,深夜,沉闷……"。里尔克认为,艺术家将灯光描绘成同心圆的风格"有着压倒性的力量,看着它,你就会真真切切地感到自己变得苍老、枯萎、困倦而忧郁"。

他也重回了植物园,去看他钟爱的动物博物馆。他曾经为这里的黑豹着迷,如今却是三只瞪羚吸引了他的想象力。它们在草地上休息、舒展身体,就像躺椅上的女人们一样,他想。它们肌肉发达的后腿让他联想到步枪。"我根本无法走开,它们是如此美丽。"他写道。

但在伏尔泰河岸旅店住了几天后,他不得不搬到更便宜的住处。他回到了卡塞特街的旅馆,也就是他和保拉·贝克尔住过的地方。这里和从前看起来一模一样,只有一点无法忽略的区别:贝克尔不在了。几个月前她告诉韦斯特霍夫,她对巴黎的想法变了,她已经回到了沃普斯韦德她丈夫的身边。她说,她"不再那样满脑子幻想"。她曾相信自己是"那种能够独自面对生活的女性",是她想错了。

她曾顽强地尝试在巴黎站稳脚跟。但她的客户开始一个接一个撤销订单、取消见面,全都变得太忙,因此无暇与这位单身女性交往。她的朋友们要么直接站在了奥托·莫德松一边,要么像里尔克一样,在惊慌失措之下疏远了她。走投无路之际,她曾问里尔克,他和韦斯特霍夫是否可以带她一起进行他们的比利时沿海之旅。他拒绝了。

几个月后,贝克尔的决心渐渐消失殆尽。她给莫德松写了一封道歉信,承认自己之前可能是迷失了。"我是个可怜的小动物,不知道哪条路适合我。"她说,并邀请他来巴黎和她一起住几个月。他们一起工作、一起睡觉,后来她怀孕了。冬天结束时,他说服她跟他一起回到了沃普斯韦德。

贝克尔来信,将她的决定通知了里尔克。他心里充满了愧疚。她没有告诉他很多,只说她要回家了。她希望这是正确的决定,以及她很高兴听说韦斯特霍夫的埃及之旅多么有收获——"要是我们都能到天堂去就好了。"她说。

里尔克在回信中承认,或许他之前对她太残酷了,"我对我们的友谊太不上心了,而且是在一个我最不该如此的时候。"他认为她现在表现得很勇敢,并安慰她说,自由在她心中,因此即使她身在沃普斯韦德,也将保有这份自由。

贝克尔痛苦地意识到,拥有自由的人并非总能感到自由——对于女性尤其如此。与此同时,里尔克也开始看清,自由与自己想象的并不一样。距离他第一次敲开罗丹的门,已经过去了五年,但他在巴黎却感到比以往更加迷失。五年前,这座城市"起初让人感到陌生、可怕,然而充满了希望和美好的前景,它的一切微小的细节都有存在的必要",他曾对韦斯特霍夫这样说。但是他当时感到的美好前景有一个源头——罗丹。现在这幅图景消失了,他只能看到这座城市令人失望的地方。

身边总会出现一些事物,提醒里尔克想起自己已经与罗丹疏远的事实。在这座城市的艺术圈里,罗丹可谓无处不在,这令里尔克不得不回避许多场合。六月,他意外收到庆祝挪威画家爱德华·迪里克斯(Edvard Diriks)获得荣誉军团勋章的晚宴的邀请。里尔克还没来得及充分享受这个惊喜,就想起罗丹肯定会去。他不敢在公共场合面对他。"由于情况发生了变化,在从前会让他急切前往的那个原因,已经成了具有同等决定性的让他不能去的原因。太奇怪了。"他写道。

夏天到来时,孤独而没有目标的里尔克陷入了他惯常的抑郁。他在旅店里无法集中注意力。隔壁的那名学生由于患有某种疾病，学习时一只眼皮会闭起来，这让他极其恼火。他会跺着脚走来走去，把书扔到墙上。在某种程度上，里尔克很同情他，"我立刻感受到他那种疯狂中的节律，那种愤怒中的疲惫"，他写道。但他还是想搬走。

不幸的是，里尔克住不起任何其他旅店。他甚至没钱买书和茶，也不能坐马车。一天，这种现实尴尬地向他显现了出来：他向车夫付钱时，那人看了看他手里的零钱，把他撵下了前排的座位，让他去坐二等座。那天剩下的路程里，他都坐在行李下面，"双腿蜷缩得很厉害，这是应该的。显然如此。这件事让我很伤心"。

在地中海边时，他一直想念着巴黎。现在到了巴黎，他又只想着德国的草地。韦斯特霍夫从沃普斯韦德寄给他几枝石楠，那种泥土的气息让里尔克心中充满怀旧之情。那种香气像是"焦油、松节油和锡兰红茶混合而生的。肃穆，陈旧，仿佛行乞的僧侣的气味，同时又很浓郁，有一种树脂的气息，像是很昂贵的乳香"。天气渐渐变冷，进入秋天，里尔克想起比巴黎的夏天更糟糕的，是巴黎的冬天。离开的渴望越发强烈。"又开始有浓雾弥漫的清晨和傍晚了，阳光就像它曾经停留过的地方那么惨淡。"他写道。天竺葵"奋力用自己的红色在雾中造成一些对比，让我备感忧伤"。就在里尔克几乎准备乘着这片阴郁的云离开巴黎之际，突然有一件事让他想起，为什么这座有着种种不好的城市能够一次次引诱他回到那里。

十月，秋季沙龙开幕那天，一群人已经早早聚集在了大皇宫前的台阶上，准备入场。这已经是秋季沙龙第四年举办，比起一九〇三年初创时那个乱糟糟的、由艺术家们自发组织起来对抗官方沙龙的展览，已经有了长足的发展。当时塞尚已经将官方沙龙戏称为"布格罗沙龙"——威廉-阿道夫·布格罗（William-Adolphe Bouguereau）的作品无处不在，印象派艺术家们鄙视他那些光滑的、一味煽情的裸体画。（而布格罗沙龙的艺术家们对印象派也怀着同样的鄙视。）

秋季沙龙总是迅速激起愤怒，特别是在一九〇五年——马蒂斯、莫里斯·德·弗拉明克（Maurice de Vlaminck）和安德烈·德兰（André Derain）等艺术家，在画布上刺眼地展示着粉红的树木、绿松石色的胡须、绿色的面孔和其他耸人听闻的谬误。这些被称为"野兽派"的艺术家，将色彩视为表达情绪——而不是阐释现实——的工具。但许多参观者觉得他们无非是陷入了"色彩癫狂"。

到了一九〇七年，公众来秋季沙龙，与其说是欣赏艺术，不如说是为了品头论足和嘲笑。起初，里尔克也一样，是来看热闹的，对作品本身兴趣不高。但当他踏入一间挂满塞尚作品的展厅时，一切都不同了。这位画家在前一年去世了，这是纪念他的两个展厅之一。

里尔克太晚才见识到塞尚的高超之处，对于众多批评家来说也是如此，他们长期因为他倾斜的视角、晦暗的色彩和看似基本的构图而对他不屑一顾。甚至就在两年前，就在同一个沙龙，收藏家利奥·斯坦因（Leo Stein）还曾看到观者在塞尚的画作前"笑得歇斯底里"。

塞尚一生的大部分时间都处于社会生活的边缘，这更不利于他获得认可。他出生于普罗旺斯的埃克斯,一直在那里生活,并在自己的工作室里度过了大半生。当地的孩子们看到这个留着大胡子、穿着及膝军靴的人穿过小镇,就朝他扔石头,"好像他是一只恶狗",里尔克后来写道。很可能塞尚根本没注意到;他太专注于绘画,连他母亲的葬礼都没有去,而是在工作室里待了一天。他也极少有兴趣参加自己画展的开幕仪式——这可能反而是好事,因为他完全不通世故。塞尚不喜欢洗澡;而且大家都知道,他在吃饭时会舔光最后一滴汤,会把骨头上的每一丝软组织都剥下来吃干净。

然而到了一九〇七年的秋季沙龙举办之际,批评家们对塞尚画中事物扁平的外观越来越着迷了。他用几何形状完成构图,将圆锥体、立方体和圆柱体拼在一起。他认为这些形状是自然界的基本单元,因此也是人眼最容易看到的形状。这种着眼于结构的手法,自然对立体主义者很有吸引力——布拉克和毕加索正是在那一年在巴黎相遇——这也令他赢得了富有远见的画家的声望。

里尔克的目光扫过沙龙中展出的五十六幅画。它们表现的是玩牌的工人们、从水池中走出的裸体女人们,还有一幅自画像,里尔克认为其中展现出了一种"毋庸置疑的、真正的观察的兴趣,仿佛一只狗在镜子中看到自己,想道:那儿有另一只狗"。诗人当场得出结论,在塞尚的艺术中,"仿佛一切现实都站在了他的那边"。

里尔克第二天又回到了沙龙,并且在接下来的一个月里,几乎每天都去。他久久凝视着塞尚妻子坐在红色扶手椅上的肖像,以至于仿佛感到那种红色就像血管中的血液一样在他体内流淌了起来。这把扶手椅——他称为"绘画史上第一张,也是最好的一张红色扶手椅"——似乎是活的。"画面内部振动、上升、回落,而又没有任何一件事物移动过。"他写道。看了这幅画之后,里尔克开始怀疑,那些作品挂在卢浮宫的艺术家,究竟是不是理解"绘画是由色彩组成的"。

他每看一次塞尚的画展,都会产生一些全新的领悟和感受,接着他就冲回家去,写信讲给韦斯特霍夫听。有一次,他为她形容了塞尚一幅画作中"灰色"的背景,他立刻又写了一封信道歉——这个平常的词没法描述出塞尚采用的那个色调丰富的颜色。"我应该说:一种特殊的金属感的白,是铝或类似物质的颜色。"

塞尚处理色彩的方式就像考古学家一样,从它的深层开始着手,然后将其中包含的更微妙的色调显现出来。因此,他笔下的灰色常常过渡到不同色调的紫罗兰色或忧郁蓝,在他描绘普罗旺斯圣维克多山的那些画作中就是如此。"自摩西以来,还没有人见过一座山显现出如此非凡的面貌。"里尔克写道。

塞尚作品中丰富的蓝色令里尔克极为着迷,他认为自己甚至可以写出一整本关于这种颜色的书。由于塞尚在他的作品中从未简单地使用正蓝色,里尔克的描述也一样:"雷暴蓝""浅乌云蓝""布尔乔亚棉布蓝"或"湿深蓝"。

诗人并没有写这本关于蓝色的书,却写了一首十四行诗:《蓝色绣球花》("Blue Hydrangea")——草稿写在蓝色的信纸上。他将花朵斑驳的蓝色花瓣比作调色盘中正在变干的各色颜料。一片花瓣让他想起女学生的围裙,另一片较浅的花瓣,则像是几年后女孩已经长大时,这件围裙久经磨洗之后的样子。就这样,在这些小小的花瓣中,里尔克看出了一个关于童年转瞬即逝的隐喻。

一个月之内,塞尚成了继托尔斯泰和罗丹之后,第三个被里尔克称作自己的"荷马式前辈"的人。他开始对沙龙里的作品生出保护欲,仿佛这些是他自家的收藏。看到参观者们抱怨展览无聊,看到女人们无谓地与肖像画中的女士们比美,都让他很生气。他的朋友哈里·凯斯勒伯爵到巴黎来找他,跟他一起去看了一场展出塞尚、雷诺阿和博纳尔等人作品的画展。凯斯勒注意到里尔克"完全沉迷于塞尚,对其他一切作品简直视而不见"。

里尔克在塞尚的作品中看到了罗丹哲学的延续。两位艺术家都与无生命的物体产生了共鸣。塞尚画水果、罐子和桌布等日常景象,仿佛这些东西拥有内在的生命。"我要用一个苹果让巴黎震惊。"他曾经说。他们也都相信动感表现了生命的本质。在塞尚描绘橘园的一幅画中,明亮的颜料条纹划过画面,似乎在画布上闪烁跳跃。

有人说过,罗丹教会里尔克构建形式,塞尚则教会他如何用颜色填充这些形式。或者至少可以说,罗丹为里尔克提供了欣赏塞尚所需的框架。"我在这些画作中看出的是转折点,因为我刚刚在自己的作品中达到了这个点。"他在给韦斯特霍夫的信中说。一九五二年,在哲学家马丁·海德格尔的敦促下,韦斯特霍夫将这一系列信件作为一本书出版了,即《有关塞尚的信》(*Letters on Cézanne*)。曾经他只匆匆一瞥就走过的画作,如今会吸引他几个小时的注意。里尔克突然拥有了"正确的眼睛"。

在研究塞尚的过程中，里尔克发现他和自己一样喜爱波德莱尔。"你可以想象，当我读到塞尚在他生命的最后几年，还完整地记着波德莱尔的《腐尸》（'Carcass'），并逐字背诵，我是多么感动啊。"里尔克在一封信中写道。

就在那一刻，他在塞尚和自己的作品之间建立起了联系。里尔克那段时间刚读了波德莱尔《恶之花》中的《腐尸》：叙述者和他的爱人偶然发现了一具尸体。那是一个女性的尸体，正在腐烂，爬满了蛆虫，而波德莱尔却以法医般冷酷的精确性对它进行了描述。里尔克意识到，这就是马尔特要做的事情。他此前不清楚该让他年轻的主人公经历什么，但是"现在我对他了解多了"，里尔克对韦斯特霍夫说。

在《马尔特手记》中，对于波德莱尔，马尔特得出了与里尔克相同的看法。"他的任务就是去观察"，马尔特说。他必须克服内心的厌恶，与这具尸体建立共鸣，以辨识出"所有个体存在背后的那个存在"。这种灵魂交融象征着终极的考验："你能否让自己躺在麻风病人身边，用你内心的温度来温暖他。"

对里尔克来说，一位能够完全掌控自己的视觉的作家，也是自身情感的主宰者。艺术家们在努力将对象感伤化或美化的同时，也牺牲了一些感知层面的真实性。波德莱尔对于观察的坚持，使他做到能够像视觉艺术家一样写作，塑造出"像浮雕一般可触摸的诗句，像柱子一般的十四行诗"，里尔克写道。

里尔克看出，对塞尚这样的艺术家来说，波德莱尔提出的挑战并不太难。里尔克写道：塞尚"通过自己对事物的体验"，洞察了事物最内在的现实。然而令诗人非常苦恼的是，秋季沙龙在月底结束了。最后几天里，里尔克一直站在那些画前，他饥渴的眼睛竭力将全部色彩都吸收进去。最终画作被运走，汽车展开始了。

一九〇七年的秋天，除了秋季沙龙的塞尚展览外，还有一场展览给里尔克留下了深刻的印象。伯恩海姆青年画廊举办了首次大型罗丹绘画展，与他之前展出的作品大不相同。

前一年，在罗丹解雇里尔克几星期前，柬埔寨国王邀请雕塑家观看了柬埔寨王家芭蕾舞团在法国举行的特别演出。罗丹对舞蹈不甚了解，但那些留着短发、身体强健、颇为男性化的芭蕾舞演员，令他十分着迷。她们下蹲、颤抖，以他从未见过的方式动手指。她们的骨骼结构似乎是用花岗岩凿出来的。

这些舞者让他想到一些古老的东西，仿佛她们是从寺庙的浅浮雕中跳到舞台上的。或者是从主教座堂的侧壁上——她们完美的平衡感、古典的优雅，都让他想起他和里尔克两年前曾在沙特尔主教座堂瞻仰过的那尊天使石像。但是直到现在看到这些柬埔寨舞者，他才理解了那位天使的美。他回到沙特尔，再次观赏了那尊雕塑，感受现代与古典、宗教仪式与艺术的仪式在他心中融为一体。"这尊天使是来自柬埔寨的人物"，此刻他感慨道。

演出次日，罗丹来到舞团下榻的宅子拜访，在花园中观察、描摹那些舞者。她们前往巡演的下一站马赛，他也跟着去了。一周之内，罗丹画了足足一百五十幅描绘这些舞者的水彩画。

那年秋天里尔克前去参观时，伯恩海姆青年美术馆展出了两百多幅罗丹的画作，其中有四十幅出自这一系列。舞者们没有面孔，只有轮廓粗犷的四肢，包裹在多彩的色带中。这些画作的轻盈和神秘，让里尔克感到"一种幸福的惊异"，他写道。他一次次重新回到画廊。几天之后，他再也无法掩饰自己的兴奋了。他写信给罗丹，告诉他自己已经有多少个上午站在这些画作面前。接下来的那个星期，他又写了一封信，说这些作品依然在对他发生着影响。"你对柬埔寨舞蹈的秘密的探索，比你意识到的还要深入得多，"他写道，"对我来说，这些图画揭示了最深刻的意义。"

随后，里尔克登上了向东的火车，开始了自己的巡回作品朗读会，也正好避免再在巴黎度过一个冬天。他的第一站是可怕的布拉格。阅读会在康考迪亚文学俱乐部举行，在那个十一月的夜晚，那里的观众看起来又老又沉闷。俱乐部成员中也有他的母亲和她的朋友们——"一些可怕的老太太，我小时候常常看着她们感到纳闷"，他说。菲亚·里尔克①跟在自己刚刚出名的儿子身边，黏着他，向任何愿意听的人炫耀着他。她仍然是里尔克记忆中那个"可怜的、贪图享乐的动物"，仍然顽固地保持虔诚，并否认自己的年龄。他曾说，每次见到她，"感觉都像旧病复发一样"。

---

① 里尔克母亲索菲（Sophie）的昵称"Phia"。

他读了创作中的《马尔特手记》的几个段落以及《新诗集》中的几首诗，接着去参加了一位昔日导师主持的茶会。看到来参加的尽是他十年前离开布拉格前的旧识，他感到颇为沮丧。他本来想立即离开，却不得不留下来拜访老朋友和家人，度过了漫长的四天。

等他终于要离开时，旅店前台交给他一封来自巴黎的信。里尔克认出了那个熟悉的印章。是罗丹的信。他小心翼翼地打开了信封，终于打破了与前导师之间长达一年半的沉默。

罗丹来信是要向里尔克打听一个名叫雨果·海勒（Hugo Heller）[①]的人。此人在维也纳开着一家书店，希望展出一些罗丹描绘柬埔寨舞者的画作，以配合里尔克即将进行的关于他的演讲。里尔克此刻正是要前往海勒在维也纳的书店，很乐意向罗丹提供担保。

信是秘书写的，罗丹只是签了名，并不算是什么特别的举动。但里尔克却为此感到非常高兴。他分析每一个字的措辞，提醒妻子注意罗丹使用了"亲爱的里尔克先生"这样亲切的称呼。罗丹还说，他打算让人把里尔克关于他的第二篇文章翻译成法语来读——这篇文章已于当年与前一篇专论合并出版，并在《艺术与艺术家》杂志中刊登。

里尔克试着抑制自己的兴奋，但还是忍不住立即写了回信。他告诉妻子，他的回信"只是叙述事件，没有表达

[①] 雨果·海勒的书店是精英知识分子的汇聚之地。他也是诸多精神分析学著作的出版商。

太多感情,不过我把这么久以来积累下来的事都讲了一遍"。里尔克知道,至少与罗丹重新建立联系会让他生活中的许多事更方便。他已经为自己建立起罗丹专家的声誉,而又不能联系他,事实证明这是很麻烦的。一次,他不得不向《艺术与艺术家》杂志承认,他没法向罗丹索要照片,作为文章的配图。

里尔克到达维也纳时,又收到了罗丹寄来的一封信。这封信更长,和解的意思也更明晰。罗丹已经读了杂志上那篇文章的译文,认为它写得"非常美"。令里尔克惊讶的是,罗丹还邀请他下次到巴黎的时候去拜访他。"我们都需要真理,需要诗歌,需要友谊。"罗丹说。有"太多的事情,太多的事情"需要讨论:关于十九世纪的艺术从理想化形式向自然化形式的转变;关于为什么他的艺术花了那么久才得到公众认可,他现在也有了新的看法。随时来,他对里尔克说。默东的"小小的老房子"里,总有一个房间等着他。

"我简直不敢相信,我一遍又一遍地读这封信,"里尔克在给韦斯特霍夫的信中说,"这个亲切、高尚的人,他通过工作,真切地感受着外部世界。这个高尚的人!我一直都知道他是如此,你也知道。"

这一次,里尔克在给罗丹的回信中尽情流露了他的喜悦。"我对于您和您的友谊,有着无限的需求。"他写道。他也意识到,在他们分开之后,他已经独立在自己的事业道路上取得了很大的发展,如今可以与昔日导师更加平等地对话了。"我在工作中取得的进步,让我已经能够分享您对真理的光荣而单纯的渴求,这让我感到很自豪。"他写道。

那段时间，里尔克的出版商正在重印已售罄的《时祷书》——这是他生前最畅销的作品。他甚至开始表现得有点像个著名的文学家了。他会穿着一件时尚的黑色斗篷来到朗读会，自信地走到讲台边，脱下手套，缓缓抬起眼睛，迎向观众。他说话的声音"饱满、洪亮，没有一点孩子气或不成熟的感觉"，作家鲁道夫·卡斯纳回忆道，他参加了里尔克在维也纳的活动。随后，诗人与围上来向他致意的观众一一握手。

近几个月来，里尔克甚至赢得了他最严厉的批评者——保拉·贝克尔——的支持。十月，她写信告诉他，她非常喜欢他关于罗丹的这篇新文章。在她的日记中，她写道："我看出，那个充满活力却脆弱的少年正在消失，一个成熟的男人正开始现身，他寡言少语，却有更多值得去说。"

保拉·贝克尔告诉里尔克她要离开巴黎，回到沃普斯韦德丈夫的身边时，并没有提自己怀孕的事。现在她距离预产期还有一个月，几乎所有时间都待在家里，读书，有精力的时候也画画，而且一如既往地幻想着巴黎的生活。

她已经听说了秋季沙龙，在给母亲的信中她写道："现在有五十六件塞尚的作品正在那里展出！"塞尚是仅有的三位"如雷暴一般"震撼她的艺术家之一。自从里尔克在巴黎疏远了她，他们之间就没有密切通信了，但她知道他写了一些关于塞尚的长信给韦斯特霍夫，于是她询问朋友，是否可以把这些信寄给她。"要不是我此刻有绝对的必要留在这里，什么都没法阻止我去巴黎。"她在十月这样对韦斯特霍夫说。韦斯特霍夫答应她，这些信不仅可以给她看，而且她还要亲自来把它们念给她听。

十一月二日，贝克尔生下了女儿玛蒂尔德。几天后，韦斯特霍夫拿着里尔克关于塞尚的信来到了朋友的床边。贝克尔变得十分虚弱。她的分娩漫长而痛苦，最终医生只得给她吸入氯仿，用产钳接生了婴儿。贝克尔对她心爱的朋友甜蜜地微笑着，韦斯特霍夫答应几周后再来给她读信，那时她的身体应该好些了。

两周后，贝克尔终于从床上爬了起来。她穿着睡衣坐在镜子前，把金色的长发编成辫子，再绕着头顶盘起来，并从床头柜上的花瓶里摘了几朵玫瑰插了进去。房间里摆满了朋友和家人送来的蜡烛和鲜花。她想，这看起来就像圣诞节一样美丽。

她让人帮她把玛蒂尔德抱来。孩子被放进她怀里时，她突然感到双脚沉重得像铁一样。她躺了下来，希望能好转，喘着气说："可惜。"过了一会儿，她死了。

医生判定的死因是栓塞。这年她三十一岁。韦斯特霍夫当时正在柏林旅行。一周后，她按照约定返回沃普斯韦德，去看贝克尔并为她读信。她是一大早到达的，沿着朋友们"经常一起走过"的白桦护卫的小路走去。沿途，她为她采了一束秋天的花朵。她走到那栋房子时，发现里面空无一人。莫德松走了，贝克尔的妹妹带走了孩子，"保拉已经不在了"。

第十三章

里尔克在意大利得知了贝克尔的死讯。巡回朗读会结束后,他前往意大利度假,同时拜访他新的恋人——咪咪·罗曼内利(Mimi Romanelli)。十天之后,他回到了德国。他在那里和家人过了圣诞节,又度过了随后的将近两个月。他患了流感,卧床一个月,韦斯特霍夫不得不照顾他——尽管他们的婚姻早已名存实亡。里尔克甚至还在房子里放着一张罗曼内利的照片,显然韦斯特霍夫也觉得她非常漂亮。

身体恢复之后,里尔克回到了意大利,但那时他对于罗曼内利的激情已经消退,取而代之的是对巴黎的渴望。他在意大利各地旅行了两个月,在此期间对于贝克尔之死几乎只字未提。整整一年之后,他才开始表达他的愧疚。

一九〇八年五月一日,他回到了巴黎。这次他没有去他和贝克尔从前常住的卡塞特街上的旅店,而是从一位朋友那里接手了蒙帕纳斯的一间小屋,位于首战街(Rue Campagne-Première)。这间屋子"还不到三步宽、三步长",远远没法跟韦斯特霍夫在比隆宅邸的豪华公寓相比,但是暂时够他住了。

罗丹又发出了两次邀请,希望里尔克来默东,住在他从前的屋子里,但诗人越来越不感兴趣了。他曾经钟爱的小房子,如今却如同一个牢笼。就算他不再介意当初罗丹对他的不公正对待,他自己也已经发生了变化。作为罗丹下属的地位开始让他感到难堪了,几年之后,他甚至干脆否认曾经担任他的秘书。文学史家阿尔弗雷德·谢尔(Alfred Schaer)问及他早年受到的影响时,里尔克坚定地淡化了这件事,称关于他从前的工作的"谣言","只是一个顽固的传说",事实上他无非"在五个月的时间里,临时地"帮罗丹处理了通信事宜。里尔克澄清道,自己其实是作为罗丹的学生与他熟识的。

里尔克婉拒了罗丹请他住在默东的提议,称自己工作进度落后,暂时需要将自己关在家里。但他期待在不久的将来安排一次会面。这并非完全不实,因为他的出版商确实希望他在夏天结束之前完成《新诗集》。

但罗丹没领会他的意思,当天就回信说:"如果可以的话,明天下午您就来默东吧。"

差不多三个月之后,里尔克才回信说,他依然"像坚果一样把自己关在家里"。罗丹又是立刻回复,说他很高兴听说诗人正在如此热情地工作,但是他真的不能很快在某个周日过来吃晚饭吗?"我会非常高兴见到您,与您交谈,给您看看古董。"罗丹写道。有一天,罗丹前来拜访,诗人正好不在家,于是他在门口留下了一个水果篮。

罗丹似乎很孤独。在他搬到默东后的这些年,巴黎已经变成了红磨坊、单人喜剧和同性恋妓院的城市。二十四小时亮着的电灯的光华,盖过了曾在前一代人中造就印象派艺术家的斑驳阳光。与此同时,毕加索和其他年轻的移民带动了在蒙马特驻扎的风潮，将艺术圈与这个社区声名狼藉的夜生活密切联系在了一起。

有一次，罗丹试着与凡·高、高更和图卢兹-劳特累克一起去了一家蒙马特的卡巴莱。这家地下酒吧笼罩在浓烟之中，酒鬼们醉倒在椅子里，某位康康舞者的香气在观众席间飘过时，他们才偶尔点点头，显出一点生命的迹象。罗丹承认自己"非常害怕"这喧闹的人群。乳沟暴露、脸颊涂得过红、留着成堆的"爱的发绺"① 的女人们太粗俗了，男人们则是浪费时间和金钱的可耻的废物。

后来，是他们之中较年轻的艺术家图卢兹-劳特累克在他的创作中捕捉了这幅肮脏的场景。几年之间，图卢兹-劳特累克在卡巴莱的墙壁上留下了许多画作，他还为那里放荡的顾客画了数百幅漫画。有一次，他把罗丹画成了驼着背、留着胡子、披着大衣的一团。

罗丹更乐意把星期六用来与莫奈在吉维尼喝茶，或者就坐在默东的池塘边。他曾在这里与里尔克谈话，他开始怀念那段一去不复返的时光。

最终，是里尔克的妻子为两人的重聚做好了铺垫，尽管这是她的无心之举。夏末，她要去汉诺威的一位朋友那里长住一段时间，便让里尔克接手了她在比隆宅邸的房间。八月底，里尔克搬进了这套天花板极高的椭圆形公寓，又租了一个带有朝向花园的露台的房间。房租比他每月实际能付的钱多出了五百法郎，但他的《新诗集》马上

---

① 十六、十七世纪流行于欧洲时尚男士中间的发型，将左边的头发刻意留长，垂在胸前，表示忠于爱人。

就要交稿，而且他认为自己需要换换环境，好开始新的创作。

他做了几处简单的装饰，让这个地方看起来就像巴黎中间的小波希米亚。他把水果和鲜花放在桌子上，微风从开着的窗户吹进来，将它们甜美的香气传遍房间。他将韦斯特霍夫做的一尊半身像放在屋角，其余部分则空着，只把灿烂的阳光作为装饰。罗丹得知里尔克买不起书桌，便送给他一张大橡木桌子，诗人将它放在一扇开着的窗户前，并许下诺言，要让它成为"广大的沃野"，他将在那里完成他的《新诗集》。作为回报，里尔克给罗丹买了一尊木雕，表现的是健壮的圣克里斯托弗正背着幼年基督过河。"这就是罗丹，承载着他越来越沉重的作品，其中包含着整个世界。"里尔克说。

身处这个古香古色的环境中间的里尔克，让他的朋友哈里·凯斯勒伯爵想起了一个瘦小而年老的女佣。苹果的香味充斥着整个房间，就像在"一座乡下的旧房子"里那样，他说。不过，里尔克知道，有一个人会像他一样欣赏这里的乡村情趣。

"您必须来看看这座漂亮的建筑，还有我从今天早上起开始居住的房间，"里尔克搬进来的那天就给罗丹写了信，"我的房间有三个开间，俯瞰着一整座废弃的花园，其间还时不时有兔子毫无戒心地跳过植物的棚架，就像在古代的挂毯上那样。"

不出两天，罗丹就来参观了这个地方。两位老友终于重聚，聊了好几个小时。他们一致认为贝多芬是史上最无畏的作曲家，里尔克为罗丹背诵了贝多芬的名言中他最喜欢的一句。当时他正在失去听力，产生了自杀的念头。"我没有朋友，我必须独自生活；但是我深知，在我的艺术中，上帝离我比离其他人更近，我毫无畏惧地与他同行，我早已认出他，一直理解他；我也完全不为我的音乐担心，它不会有不幸的命运；那些能够理解它的人，必然要摆脱纠缠着其他人的种种痛苦。"

罗丹不仅仅很喜欢听到里尔克引用这句话，他自己也早已知道这句名言了。在他由于巴尔扎克的雕像遭遇一系列麻烦时，也曾有人把这段话寄给罗丹来安慰他。

他们也再次讨论了女性在艺术家生活中的意义，并争论是否存在没有欺骗的爱情。在这件事上，他们的观点存在着严重的分歧，里尔克第一次很乐意与罗丹持不同意见。罗丹认为，女性是男性创造力的障碍，但却是一种滋养，就像酒一样。里尔克认为这是严重扭曲的逻辑。他一向认为，与女性拥有性以外的深刻关系，是成年的象征。纯粹从享乐和功能的角度来看待女性，就像是孩子的看法。

罗丹认为女人天性就很有心计，只想着"将男人牢牢抓住"。里尔克试图让罗丹相信，他认识很多女性，都对婚姻以外的许多事物感兴趣。但即使在他讲话的时候，他也知道自己永远不会改变这位老人的想法。罗丹顽固地执着于过去的时代，"忠于他心中那些传统的仪式——其中有些对我们没有意义，但对于保持他对自己灵魂的崇拜、以此塑造自己，却是必需的。"那天罗丹走后，里尔克在给韦斯特霍夫的信中这样写道。

当然，里尔克的女权主义有些虚伪，毕竟他的妻子根本就是被他强加给她的育儿重担"牢牢抓住"了。里尔克可能也认识到了这一矛盾，因为他特意告诉韦斯特霍夫，他向罗丹强调了他在欧洲北部认识许多富有独立精神的女性——这是对他来自德国北部的妻子的婉转的恭维。他一直希望她在她的挣扎中看到她自己的强大，而不是他的软弱。

尽管里尔克对女性的看法自相矛盾，贝克尔的死也的确唤醒了他对于女性，特别是对于女性艺术家的同情。与女性每次生孩子所做出的牺牲相比，罗丹的抱怨如今在里尔克看来显得太肤浅了。或许罗丹为了艺术，在某些物质享受的层面上放弃了"生活"，但至少他拥有做出这番选择的自由。

里尔克怀疑罗丹能否有一天意识到自己逻辑中的不公平之处，但此刻，单是说出了自己的想法就让他十分满足了。他不再只是一个倾听者；他的声音在罗丹的现实中响亮而清晰地回荡。他在给韦斯特霍夫的信中发誓，"不会再抑制自己的声音"。

但尽管他声称已经原谅了罗丹从前做的事，但在下一句话中，他却憧憬着将这位昔日导师赶下神坛。他想象着如果某一天自己在艺术造诣上超越了罗丹，让他"对我们的需要比当初我们对他的需要还要强一千倍"，那样的话他该有多么欣慰。

罗丹太喜欢里尔克在比隆宅邸的新住所了，一九〇八年九月，他把一楼剩下的房间全都租了下来，又租了几个二楼的房间，其中一间还是里尔克原本希望租下来的。罗丹早就把作品的生产转移到了默东，因此他把这个新空间做成了一个华丽的陈列厅，用来接待收藏家和新闻界人士。主客厅的布置很简单，只有一张木桌、一碗水果和一幅雷诺阿的画。他把另外四个房间变成了绘画工作室，墙壁上从地板到屋顶都挂满了他的水彩画。

他要把这里变成他逃离默东的庇护所，一个如里尔克所写的，"没人能找到他"的地方。罗丹在这里布置了一间卧室，让他可以与舒瓦瑟尔公爵夫人一起过夜，而花园则是一片能让他安静沉思的绿洲。金合欢树纠缠的枝条紧靠着他工作室的窗户，窗玻璃上长满了茂密的蝎子草，他几乎打不开窗户了。花园把城市的声音隔开，将这个地方变成了让·科克托笔下的"寂静之池"。

罗丹把《行走的人》和他的其他雕塑散布在花园里高高的草丛中，看起来就像墓地中颓废的老墓碑。有时他会看着他的美国邻居伊莎多拉·邓肯和洛伊·富勒（Loie Fuller）在草地上旋转，给年轻女孩们上舞蹈课。罗丹常常一边观察她们，一边坐在园子里写东西。"我等待了多久，忍受了多少烦恼，才能在这个花园里享受几个小时的孤独，独自一人与树木们在一起。它们友好地迎接我，随着天色的变化，不断显示出不同的美！从房子出来，我迟钝的思想才来找我，自由地舒展。"

比隆宅邸的室内，无论白天、黑夜，都热闹非凡。公爵夫人说服罗丹买了一台留声机，经常邀请朋友来观看她表演欢快的布雷舞。她给古老的民间舞蹈加进了高踢腿和甩披肩的动作。她卖力地在房间里横冲直撞，帽子上的鸵鸟羽毛左摇右晃，一曲结束后，她气喘吁吁地倒在沙发上。

罗丹用这台机器播放宏大而乏味的格列高利圣咏。这些都是"没有人想要"的唱片，里尔克想，或许只有教皇除外。但是他看得出罗丹多么着迷于这些音乐。罗丹说，这些音乐是为了填满大教堂的空间而写的，因此有能力"像哥特式艺术塑造阴影那样，调节静寂"。阉人歌手尖厉的嗓音，让罗丹联想到被贬入地狱的灵魂，呐喊着要向生者诉说那里的场景。里尔克发现罗丹在听这种音乐时渐渐变得安静、封闭，"仿佛一场大风暴即将来临"。

片刻之后，舒瓦瑟尔会走进这个阴沉的场景，用她的一首美国的传统吉格舞，让留声机重新振奋起来。里尔克想，或许从这方面来看，她对罗丹是有好处的。"也许罗丹现在真的需要这样一个人，小心地陪他"从他头脑中的险峰走下来，带他回到现实。从前，"他常常一直待在峰顶，天知道他是怎样、经历了什么样的夜晚，才终于回来的。"她在场的时候，罗丹有点像是无助的孩子，但至少她会让他快活起来。

比隆宅邸中的狂欢宴饮，很大一部分源于舒瓦瑟尔。时髦演员爱德华·德·马克斯来拜访一位住在这里的朋友时，那位女士问他是否愿意见见住在她楼下的名人邻居。罗丹不在，迎接他们的是公爵夫人，德·马克斯对她盛赞这座建筑的设计。他说，这个地方绝对是一件珍宝。

"那你也来住在这里吧。"她说。

"这栋房子不是已经住满了吗？"他问。

"对，但是礼拜堂还空着。"

就这样，比隆宅邸最臭名昭著的房客到来了。德·马克斯将礼拜堂改造成了自己的房间。他装了新的门、大理石地板和一口浴缸。他的通宵花园派对之后回不了家的客人们，也临时睡在这个房间。

德·马克斯的朋友科克托也让这个地方更加热闹了。得益于德·马克斯在香榭丽舍剧院为他组织的一次诗歌朗诵会，这位年轻的作家开始崭露头角。科克托精力充沛，四肢修长，头发蓬乱，喜欢精心设计恶作剧。有一次，在比隆宅邸等一位朋友来访时，科克托戴上了一副圣诞老人的胡子待在花园里。朋友来了，四处找他之际，看到一个令人不安的有着大胡子的身影，正在草丛中徘徊。那是罗丹吗？他想。但是，都这么晚了，他怎么还在园子里——难道老人疯了吗？他不想深究，转身朝另一个方向跑开了。

科克托定期在晚上举办艺术家沙龙。年迈的卡图勒·门德斯（Catulle Mendès）背诵自己的诗歌，出生于委内瑞拉的音乐家雷纳尔多·哈恩（Reynaldo Hahn）为客人们演奏歌曲。有时，科克托会重现波德莱尔式的聚会，连续几天不睡觉，坐在他的山羊皮地毯上写字、画画。

有时，他的药物实验的确很有效（或者至少没有完全适得其反）。就在比隆宅邸的房间里，他出版了文学杂志《山鲁佐德》（*Schéhérazade*）。设计采取了时下流行的新艺术运动风格，当时最杰出的创造性人物在其中一一现身。杂志中可以见到伊莎多拉·邓肯的绘画、纪尧姆·阿波利奈尔的诗歌、莫里斯·罗斯坦（Maurice Rostand）和埃德蒙·罗斯坦（Edmond Rostand）的写作，不一而足。

里尔克极少参加他周围这些形形色色的社交活动。他觉得舒瓦瑟尔的音乐很庸俗，而邓肯讲话太大声。他不喝酒，不用迷幻药，当然也不跳舞。直到几年后，科克托才发现原来里尔克也住在同一座建筑里。他常常看到拐角处房间里煤气灯的光亮，却没有想过其中离群索居的住客是什么人。

科克托也没有想到，里尔克的文字将会在他人生中最痛苦的时期为他提供安慰。二十世纪二十年代末期，当他因为鸦片成瘾接受治疗时，他写道，他希望能有一本里尔克的《马尔特手记》在身边，缓解自己呕吐胆汁的痛苦。

但住在比隆宅邸的年少轻狂的岁月里，太过自我陶醉，来不及留意伟大的人物就近在眼前。"我相信我当时确实懂很多事，但我也确实活在自命不凡的年轻人粗鲁的无知中，"他在回忆录《巴黎专辑》（*Paris Album*）中写道，"成功让我走上了错误的道路，我当时并不知道，有一种成功比失败更糟糕，而有一种失败值得放弃世上所有的成功。我当时也不知道，与莱纳·马利亚·里尔克的淡漠的友情，会有一天为我带来安慰。我曾经看到他的灯在燃烧，却不知道它在召唤我靠近，去到它的火焰上灼烧一下我的翅膀。"

十一月，保拉·贝克尔去世一周年了。里尔克还是几乎没有跟任何人谈过此事。但现在，愧疚的洪流带着有关她的回忆强烈地冲击了他，他别无选择，只能任由自己被裹挟。里尔克开始意识到，贝克尔之死对他来说最难接受的一点，或许并非失去他亲爱的朋友，而是一种新的存在的诞生,即死亡中的贝克尔。

在三个无眠的日子里,他写出了一首长诗,《给一位朋友的安魂曲》("Requiem to a Friend")。在一定程度上,这是一个长长的道歉。他感到自己辜负了朋友,"她只有一个愿望,就是能毕生工作——却没能实现"。他最终必须驱走这个鬼魂,在诗的第一行就写道:"我已见证死亡,我也已让死者们离开。"

里尔克很少在作品里如此鲜明地流露愤怒。他写道,贝克尔人生真正的悲剧并非她的死,而在于她的死并不是她一个人的事。在他看来,死亡是最私密的人生经历。正如他在《马尔特手记》中所写,死亡是一粒每个人生来都带着的种子,每天它都在我们体内长大一点。因此,激烈、痛苦地死去,比带走贝克尔的那种随机、传统的方式更好。贝克尔的离世是不公的,为此里尔克责备自己、她的丈夫,以及一切男性。"我控诉所有男人。"

但或许在死亡中她还有希望,里尔克写道。男性艺术家可以随时进行创造性的活动,女性的身体却迫使她们留在物质的领域。现在贝克尔已经摆脱了自己的身体,里尔克恳求她完成她的转变,不要再纠缠生者,并且要拒绝生命:"不要回来。如果你能承受,就和死者一起留在死亡的国度……"

里尔克把这首诗题献给克拉拉·韦斯特霍夫,立即将手稿寄给了他的出版商。由于诗的长度不够出一本书,双方决定由里尔克再写一篇安魂曲,将这两首诗放在一本书里出版。里尔克选了一位年轻的诗人作为主题,他名叫沃尔夫·格拉夫·冯·卡尔克罗伊特(Wolf Graf von Kalckreuth)。里尔克从未见过这个人,但沃普斯韦德的人都知道他在十九岁时自杀了。他没来得及发挥自己的潜力,也是一位在艺术方面惨遭断臂的人,可谓是贝克尔精神上的孪生兄弟。

里尔克在诗中想象,有什么本可以让卡尔克罗伊特活下来。假如这个男孩活得足够久,看到里尔克在过去几年间与罗丹一起看到的那些东西就好了。假如他见识过劳作的乐趣,见识过工作场所,"人们在那里挥舞着锤子,日日造就简单的现实……",他或许就会明白里尔克在巴黎学到的道理:语言不是"告诉我们痛处在哪儿"的工具,而是让我们在痛苦中进行创造的工具。

将贝克尔逐出脑海之后,里尔克终于可以专注于完成手头的工作,赶在最后期限前交付《新诗集》的终稿。在住进比隆宅邸的最初几个月里,他极其专注地工作,也难怪科克托没有发现他。里尔克见的人只有罗丹,老人有时会过来说几句鼓励的话。他会说,拥抱你的孤独,这是终极的幸福。有一次,他对里尔克说,他用文字描绘真理的方式,让所有其他作家都显得平庸。

完成《安魂曲》不久之后,里尔克也交付了《新诗集》。在他的写作生涯中,这本诗集并不具有决定性的成就,但它将他的创作彻底转向了新的方向。如书名所示,这部作品与里尔克之前写的东西截然不同。他用简洁、不带感情色彩的散文描绘了奇特的、非人类的主题,比如蠕虫、伤口和动物。就像立体主义一样,里尔克的《新诗集》瓦解了图形与背景的关系,从多个角度审视对象。

在《新诗集》——他称其为"物品诗集"——中,人几乎完全消失了。甚至他所描写的对象也常常退居到背景中，或仅仅以负空间的形式出现。他将周围的环境加上阴影，就此勾勒出对象的轮廓，使其成为视线的焦点。这样，一首表面上描写天鹅的诗，也是在写它所栖息的水，以及死亡："放下一切，不再感觉/我们每日站立的坚实地面。"

批评家们对这本书的意见大不相同。一些来自德国的他早期的支持者，因为他与浪漫抒情诗的决裂而感到受了背叛。维也纳的评论家们则倾向于颂扬这本书表现出的世纪之交所特有的"情感疏离"。当一些人还在争论该把《新诗集》的作者算作德国人、奥地利人还是波希米亚人时，里尔克却给他们泼了冷水——他用法语把这本书题献给了一个法国人：致我的挚友奥古斯特·罗丹。

他的出版商建议，他至少应该将献词翻译成德文，以与全书协调，但里尔克坚持要让它以罗丹的母语呈现。他听从了导师的教诲——工作，要一直工作——因此迎来了或许可算作他写作生涯中迄今为止最高产的一段时期。不管两人之间正开始出现什么样的分歧，里尔克将永远为此感谢罗丹。

更重要的是，罗丹的榜样为他提供了一种全新的写作方式的蓝图。"我们要像建造大教堂一般构建文字；在这个过程中，我们真正没有名字，没有野心，没有帮手。在脚手架之间，我们只有自己的心，"书出版后不久，新年前后，里尔克在给罗丹的信中这样写道，"如果对方是别人，我就得长篇大论地解释我的意思了。但是您，我亲爱的、唯一的朋友，您会知道其中的含义。"

里尔克还没来得及充分享受《新诗集》带来的成就感，就于一九〇九年冬天重新投入了工作。他决心将始于《安魂曲》的创作热情推到极致，他于一月对他的出版商说，他将在接下来的一段时间里专注于《马尔特手记》的写作。这意味着他将要把自己关在比隆宅邸的房间里，"像囚犯一样，从一个小窗口里接过自己的饭食"，他这样写道。他计划于夏天完成这本书，在此之前，他不再接待访客，也不会去度假。

但是，他刚做出这样的承诺没多久，就不得不将它打破了。露·安德烈亚斯-莎乐美、克拉拉·韦斯特霍夫和他的意大利恋人咪咪·罗曼内利——当时里尔克生命中最重要的三位女性——都恰好计划于那年五月去巴黎旅行。

罗曼内利和韦斯特霍夫之间的一次会面显然一切顺利，不过对于此事，里尔克并没有留下多少记述，或许是因为安德烈亚斯-莎乐美的到来，向来会让其他一切都无关紧要。他渴望能一次与以往不同，是自己为她引见一位要人。她来比隆宅邸拜访他时，他带她穿过走廊，去见了罗丹。雕塑家挨着花园的套房里，法式的双扇门开向春天野花盛开的草坪，他们一起在这个房间里度过了那个下午。

罗丹告诉安德烈亚斯-莎乐美，自己最近全神贯注于工作，有时竟然把雕像与真人混淆了。从他记事起，他就常因无法区分幻想与现实惹来麻烦。他说，由于他"没有完成他的童年"，而是回避了它，所以他就"用虚构的东西替代了它"。

里尔克还带着安德烈亚斯-莎乐美去见了韦斯特霍夫，并参观了罗丹位于默东的工作室。回到德国后，她写信给里尔克，告诉他这次旅行对她来说是多么重要。她说，如果她要把某个物件看上一会儿的话，那么她就会看罗丹的《巴尔扎克》，而且要像那天在默东那样，看这尊雕塑立在一丛三叶草中间的样子。她还重申了自己对韦斯特霍夫由衷的认可："我对她的感情比她能想象的要深。"

里尔克的客人们离开后，可能正在他准备继续工作之际，他感到一种熟悉的疾病钻进了他的身体。他已经习惯了生病，"即使是我感觉最好的时候，也是正从某种疾病康复的阶段"，他在那年夏天写道。但是这次比普通的流感更严重。他额头上肌肉绷紧，这种紧张一直延伸到脸颊、舌头、喉咙和食道。

九月，他前往黑森林，用那里富含矿物的温泉以及松针的"空气浴"进行疗养。这些没有起作用，他又前往普罗旺斯，用羊群啃食百里香的田园风光来抚慰自己。他不知道这种神秘疾病的名称，但也很可能是马尔特引起的。这个角色像肿瘤一般，在里尔克体内生长了七年。在此期间，他完成了许多其他的项目，而这个神秘的形象比它们都更加强大，他存在于无数的纸片、信件和撕下来的日记页上，一路跟着里尔克，纵横欧洲大陆。但如今，这位未成形的诗人坚决地拦在里尔克的面前，要求他把自己变成真实的存在。想要越过马尔特，唯一的办法就是直接穿过他。

那年秋天，里尔克终于按照计划，把自己关在了比隆宅邸那间通风良好的房间里，几乎不见任何人。他甚至没有出席九月在皇家宫殿为罗丹的维克多·雨果大理石纪念碑举行的落成典礼。再下个月，凯斯勒伯爵来看望他时，发现他浑身发抖，生着病，"仿佛被蜘蛛网覆盖了"。里尔克现在把所有的时间都用来把他为新书积累的想法拼在一起，努力将它们组合成连贯的书稿。

完成《新诗集》时，他感到任务很明确，"而且显然我成功地完成了这个任务"。而马尔特则是一个更困难、更混乱的项目。他与这个分身在决斗中纠缠，目前马尔特占上风。他虚构的这个形象比里尔克"强大得多"。要深入对手的头脑，里尔克必须重新回到创作《安魂曲》时的癫狂状态。他必须体验马尔特的病痛，必要的话，还要历经他的死，才能真正地理解他。

他面临的任务看起来太艰难了，唯一能让里尔克感到一点安慰的，就是考虑完全放弃写作的可能性。这是里尔克第一次认真地怀疑自己是否有能力继续写下去。现在他几乎连动一动都没有力气，更不用说工作了。写得顺利的时候，他的思维极快，笔几乎跟不上。但在目前这个阶段，可能好几天里他一个字也没有写。

里尔克和他"可怜的马尔特"——他经常这样称呼他——陷入了僵局。里尔克不确定他虚构的诗人的命运。他考虑了两种可能的结局，他都认为是悲剧：杀死马尔特，或者让他皈依基督教。他决定摒弃第一种选择。他写的结局中，马尔特与托尔斯泰见了面，并考虑宗教救赎。里尔克从十年前与这位作家不愉快的会面中得知，他在生命的最后阶段变得十分虔诚。

里尔克让自己的主人公与托尔斯泰会面，并发现他的宗教信仰似乎是他作为艺术家失败的表现，借此完成了对自己昔日偶像的复仇幻想。托尔斯泰无法创造自己的神，因此不得不勉强接受基督教的神作为替代品。正如里尔克曾经说过的："宗教是没有艺术性的人的艺术。"

但在修改了几个版本后，里尔克最终放弃了这样的结局，转而采用了另一位作家启发他想到的可能性。那些日子里尔克读书不多，但近期一位朋友给了他一本安德烈·纪德（André Gide）的最新著作《窄门》，他爱不释手。这个关于不如意的爱与信仰的寓言，使里尔克得出结论：纪德与其他的法国人不同。他以独特的方式，精准地描述了"爱这桩伟大的任务，我们之中还没有人能够完成"。

里尔克把纪德其他的书也快速读了一遍，最后读到了他的短篇小说《浪子归来》。纪德重写了这篇圣经寓言的结局，小儿子回到父亲身边，不是出于悔改，也不是为了尽义务，而是因为他已经不再好奇了。"我并不是去寻找幸福。"纪德笔下的浪子告诉他的母亲。

"那你去找什么呢？"她问。

"我在找……我是谁。"

纪德的故事正是从圣经的寓言停下来的地方开始的，这一点给了里尔克撰写故事结尾的启发。但在他还没开始着手做这件事，更紧迫的问题出现了：他该在哪里做这件事。

比隆宅邸的租户大都忽视了自夏季以来就贴在门上的"出售"标志。十二月，业主宣布了出售计划。大家很快就要被驱逐了。

里尔克翻着自己的地址簿，看哪位赞助人可能给他钱，或者提供海边的住所。不过，他还没怎么搜寻，就有一位守护天使出乎意料地在那个月来到了他身边。

玛丽·冯·图恩和塔克西斯公主（Princess Marie von Thurn und Taxis）是奥匈帝国等级最高的贵族女性之一。她根本不需要为突然给里尔克写信而道歉，但她却这么做了。她解释说她非常欣赏他的作品，而她只在巴黎待几天，因此希望他周一五点钟能来和她一起喝茶。如果他同意的话，她的朋友、诗人安娜·德·诺阿耶（Anna de Noailles）伯爵夫人也会一起来。

里尔克不会拒绝一位公主，其实无须她多费口舌，他就已准备赴约了。他也已经读过诺阿耶的作品，两年前还曾撰文表达赞美。里尔克当天就回了信，为自己没能更快回复表示抱歉。他感到与公主会面的渴望"极其强烈和迫切"。

接下来的那个星期，诺阿耶看到里尔克走进利物浦酒店，她从房间的另一边喊道："里尔克先生，您对爱有什么看法，对死亡有什么看法？"这样的问候方式一定让诗人颇为不安，因为他从不轻待这类课题。对于任何形式的质问或情绪迸发，他也一向不知所措。不过，那天他一定是给出了令她满意的回答，因为他们的会面进行了两个小时。

里尔克天生擅长取悦贵族女性——在长大的过程中，他一直看着母亲假装自己是贵族，这对他很有帮助。很多年下来，他养成了对于礼仪的敏感性，安德烈亚斯-莎乐美说他有"精致的贵族气质"。还是孩子的时候，他就表现得像个小绅士，总是很注意自己的举止，并使用一些他自己也不懂的词语。直到今天，他也极少会用非正式场合使用的代词"du"来称呼朋友,而且在任何情况下,他都不说脏话。

与里尔克的第一次谈话让公主非常满意。他格外优雅,轻声细语,让他显得非常智慧。他们的会面后来发展成了里尔克一生中最长久、最牢固的赞助关系。里尔克并非只是怀着感激接受赞助人的金钱和邀请,而是会与他们建立真正的情感联结,与这位公主尤其如此。

然而,在旁人看来,这些关系并不总是那么真诚。里尔克接连在各个城堡居留的生活方式,自然引起了当时其他文人的愤怒和嫉妒。"那些追捧里尔克的老女人肯定很糟糕,这个奥匈帝国的势利鬼交往的那些公主和伯爵夫人也不例外。"德国作家托马斯·曼说。

冯·图恩和塔克西斯公主并非没有发觉里尔克的机会主义倾向。关于他们的第一次会面,她写道:"我相信他立即感受到我对他强烈的同情,他知道他可以利用这一点。"但她依然对他慷慨相助。会面结束前,她邀请里尔克到她传奇的"海滨城堡"小住。几个世纪以来,杜伊诺城堡一直是意大利艺术家和知识分子的高级庇护所,其历史可以追溯到彼特拉克和但丁——彼特拉克的墓就在附近,而《神曲》中有一部分正是但丁被从佛罗伦萨流放后在此地完成的。

第二天,里尔克让人给公主送去了一些玫瑰花和一封信,为在她那里度过的愉快的下午以及她慷慨的邀请致谢。他似乎已经知道,在杜伊诺的居留不仅将为他提供一段急需的假期,而且将成为他在比隆宅邸最后一段生活之后的救赎。

第十四章

私下里,里尔克很希望比隆宅邸驱逐房客。要离开这个在过去一年中给他这么多痛苦的地方,这是一个很好的契机。生病、为贝克尔哀悼、与马尔特旷日持久的缠斗——就连他对罗丹的信仰,也在他住在比隆宅邸期间发生了动摇。

"他想离开这些房间。这里有太多悲伤的回忆,"凯斯勒伯爵在十月参观了里尔克"豪华的"住所之后这样写道,"有太多他本以为了解的人和事,如今向他展现了另外一面,于是他的整个世界都受到了震动。他提到,这些变化之一就是罗丹。"八年前,里尔克初见罗丹时,将他度过人生的方式视为典范。他对凯斯勒说,当时罗丹向他展示了"一位艺术家变老的过程可以多么美好。我之前只在列奥纳多、提香等人的经历中看到这一点,或自以为看到这一点,但罗丹对我来说是活生生的证明。我对自己说,我也可以美好地老去"。

但是与罗丹一同在比隆宅邸中住了一年之后,他看到岁月对这位雕塑家是多么无情。在里尔克看来,罗丹越老,越像是一个孩子,攫取着他想要的一切——常常是女人——他吮着糖果,无论走到哪里,空气中都弥漫着那种甜味。

在里尔克看来，罗丹不停地追逐女性是一件很丢脸的事，而且也落入了法国人的俗套。他曾是阿波罗式的不受诱惑的知识分子，如今却已堕落成受身体统治的狄奥尼索斯式的享乐主义者。里尔克觉得这也是他面临衰老时绝望的抵抗。"他突然发现变老是一件可怕的事情，就像对你们普通人一样，"里尔克对凯斯勒伯爵说，"有一天他跑着来找我，一种对于死的无名的恐惧抓住了他。死，他甚至没有想过死！"

在那之前，罗丹只有一次对里尔克提起过这个话题。有一天在默东，他们正俯瞰着山谷，罗丹感慨道，他认为他人生一大可悲的讽刺就是，当他终于理解了艺术的目的时，他的创作却行将告终。停止工作——这就是那时死亡对于罗丹的含义。

而现在，是对于人必有一死这件事本身的单纯、原始的恐惧俘获了罗丹。"那些我本以为他在三十多年前就想透了的事情，此时才第一次抓住他，而他已经年老，再也没有力气挣脱。所以他来找我——这个比他年轻的人，寻求帮助。"里尔克说。

如今他的身体已经不能再像从前那样从事体力劳动，因此他那些尚未实现的想法让他十分痛苦。他现在常常用一个想法做出一系列雕塑，而且大部分大规模的作品都已经交由城外的其他工作坊制作。他现在除了画一些草图，在比隆宅邸接待一下客人以外，已经无事可做。对里尔克来说这是最糟糕的一点——罗丹似乎突然无聊了。"一天，他来到我的工作室，对我说：'我很无聊。'"里尔克告诉凯斯勒,"而且他说的那种方式也很奇特,我看出他在观察我,偷偷地——几乎是害怕地——朝我这边瞥,想看我对他的这番坦白做何反应。他无聊了,而且似乎单靠自己无法理解这件事。"

罗丹以前从没有过无法专注的时候。如今,老人发现自己的头脑正在衰退,发现自己失去了对它的控制,这让他感到害怕。其他人也注意到了。大家经常看到他在比隆宅邸自言自语地四处游荡。他会把重要的信件揣在口袋里,连续几个星期想不起来;他会忘记已经给哪些员工付过工资,以及自己有没有收到款项;他会把东西放错地方,然后倒空抽屉,大喊失窃,哪怕有时找不到的只是蜡烛或火柴之类的小东西。如果他去花园的时候忘带他的"想法"笔记本——其中记满了他对各种事的思考,从古典时代的女神,到公牛的特性——他就会把这些笔记写在袖口。伯雷要洗衣服时,他就会大叫道:"你在做什么?天哪,我的袖口!"

里尔克不忍心继续看自己的导师变得越来越可怜。比隆宅邸出售的消息传来之际,"我听说其他人都伤心欲绝,轮流前去抗议"。但是正如他对冯·图恩和塔克西斯公主所说的那样:"我很高兴。"

这些年间,里尔克先后将罗丹比作许多不同的神。他曾说他就像一位"坐在宝座上的东方神祇",就像罗丹放在默东小丘上那尊冥想的佛像。"那是世界的中心",遗世独立,里尔克曾这样形容它。

罗丹也曾经让里尔克想到《创世记》中的神。他雕刻出一只手,"它就独自存在于空间之中,此时它只是一只手。这位神在六天之中只造出了一只手,并在它周围浇了水,架起了天空。这些事都做完之后,他心满意足了,而这只手也成了一桩奇迹"。

最近里尔克把他比作一个"古典时代的神",却并不是在赞美他——这还是头一次。从前,罗丹俨然是伟大的古典艺术传统的继承人;而现在,他成了这些传统的俘虏。他是一个过时的神。他很快就要衰落了,每一个"极其伟大、超凡、神圣的"人物,命运都是如此,里尔克写道。

与罗丹在比隆宅邸中重聚之后,里尔克在给韦斯特霍夫的信的附言中,憧憬了自己登上"神坛"的道路。他不能继续像树木崇拜太阳那样,无所事事地崇拜罗丹了。是时候开辟他自己的天堂之路了。他对韦斯特霍夫说,他就像一个采集者,现在要把自己采集的蘑菇和药草混合在一起,制成一种致命的药剂,"把它带到上帝面前,给他解渴,让他感受到自己的伟大在血管中流淌"。

这封信中尼采式的语气很可能并非巧合。里尔克有一本做满了标记的《查拉图斯特拉如是说》,尼采在其中对于自己的追随者们做出了那句著名的告诫,提醒他们不要一味模仿导师:"一个人如果永远只做学生,就无法报答老师了。你们为什么不肯从我的花环上采摘花朵呢?……现在,我命令你们离开我,去找到你们自己;只有当你们全都否定了我时,我才会回到你们身边。"

里尔克在这封信中宣告了自己完成创作转型的意图:从刚开始写《新诗集》时的那个门徒,转变为创作《马尔特手记》的浪子。里尔克现在已经做好准备，将自己重塑为父亲。那年春天，在他不见罗丹的那几个月里，里尔克写下了开启这一变化的文字。

不知何时何地，里尔克看到了一尊阿波罗雕像。头和四肢都不见了，只剩下赤裸的躯干。可能是一尊罗丹或米开朗琪罗的雕塑。也可能就是著名的《贝尔维德雷躯干》。也有人认为是一位来自希腊古城米利都的年轻人的健硕的胸像，里尔克在巴黎期间，这尊雕塑正在卢浮宫展出。

总之，这尊雕塑启发里尔克选择了阿波罗——这位古希腊的音乐和诗歌之神、文艺的起源之神——作为那年春天的写作主题。从这个艺术创作的象征出发，里尔克写下了关于再创作的著名诗篇《古代阿波罗躯干雕像》("The Archaic Torso of Apollo")。

里尔克认为，作为神的关键成就是要创造人体。里尔克曾在《阿尔克斯蒂斯》("Alcestis")一诗中尝试塑造人物形象，他的结论是他和人物模特的关系"显然还是太刻意"。从那之后已经过去一年了。他决定暂时继续专注于"花朵、动物和风景"。而在一年之后，《古代阿波罗躯干雕像》将成为里尔克的第一篇全面进行人物塑造的作品，正像《青铜时代》对于罗丹的意义一样。

一位一贯写抽象诗歌的诗人要进入具象世界，借用化身为石头的神的躯体作为转换的媒介，是非常合适的。他之所以选择了一尊无头的残躯，很可能与罗丹经常砍下雕像的头是出于相同的原因，毕竟头部包含人体构造中最富有表现力的那些特征。一尊没有面孔的雕像，无法再用眼神表现某种想法。但在里尔克看来，罗丹那些残缺的身体依然完整。"罗丹所有无臂的雕像都传达出了完整性——必要的东西都没有缺失。"他在关于罗丹的专论中这样写道。

无头的躯干相当于一张白纸，对于不信这位神的人来说，这无非是一块沉睡的石头；而对于信仰他的人来说，这尊雕像就成了一面镜子，他们可以将自己内在的生命投射上去。就这样，里尔克从一尊未指明的残缺雕像缺失的部分出发，打造出了《古代阿波罗躯干雕像》这样一首近乎完美的十四行诗——这是诗歌体裁中最严格统一的一种。

> 我们无从得见他那超凡的头颅，
> 他的眼眸在其中成熟。
> 但他的躯干依然如街灯般发光，
> 他转向下方的双目
>
> 正在其中燃烧。若非如此，他胸膛的弧线
> 就不会令你目眩，微微扭转的髋部
> 就不会在那生命力的中心
> 留下微笑般的曲线。
>
> 若非如此，在他半透明的肩膀之下，
> 这块石头必定显得丑陋而短小，
> 也不会像猛兽的皮毛那般发亮。

> 他就不会浑身迸发光辉，
> 有如星辰一般；因为他身上没有一个点
> 不在看着你。你必须改变你的人生。

我们几乎可以听到罗丹的嗓音从这块石头中传出，里尔克曾向这位权威提出那个终极问题："我该如何度过人生？"罗丹当时答道：工作，要一直工作。在这首诗的开头，里尔克似乎遵从了这番指示。他带着我们依次感知这尊躯干的各个部位：眼睛、胸膛、臀部，以及曾经创造生命的地方。

接着，阿波罗开始回看诗人，他们之间的相遇不再是单方面的观察了。这尊雕像不需要眼睛来凝视，不需要嘴来说话，不需要生殖器来繁育——新的生命就在它的身上，正如马尔特带着自己的死亡。阿波罗和里尔克找到了彼此，拆解了将他们隔开的边界，里尔克也开始将这番经历以诗的形式传达给世界。

但此刻他似乎突然觉得一首诗还不够。否则的话，这首诗在那惊人的最后一句之前就会结束了，那么里尔克就只是一位忠实的传达者，仿佛神的秘书。然而仅仅是看到对于里尔克来说已经不够了。他需要新的眼睛。他不仅要与神同在，还要成为创造者。阿波罗对他说了话，他就完成了对象与观者、作者与读者之间的共情结合。这个新的作品现在可以交流了，它是完整的了。里尔克接受了艺术，赋予它的神以生命，而艺术也改变了他。

里尔克发表《古代阿波罗躯干雕像》的那个冬天，弗朗茨·卡普斯结束了四年的沉默，从一座偏远的军事堡垒寄来一封信。他告诉里尔克，他已经接受了军队里的一个职位。他彻底放弃了写诗。

里尔克在给这位年轻诗人的第十封，也是最后一封信中回复道，最近几个月他经常想起他，很高兴重新收到他的来信。令人惊讶的是，里尔克说，更让他感到高兴的是听说卡普斯的新工作。"我很高兴你能拥有那种稳定的、易于言说的存在，你的头衔、你的制服、你的兵役，所有这些具体而确切的现实。"

里尔克写道，这种勇敢的职业，比诗人转行时常常青睐的新闻记者或批评家等"半艺术"的职业更好。这些都是依附于他人的艺术的可悲的尝试，而且里尔克认为，一位艺术家如果没有把自己的作品做到极致，就应该彻底放弃它。他最好把握住一份具体的工作，比如进入军队。里尔克认为，这至少能让卡普斯立足于"残酷的现实"。

如果里尔克得知，卡普斯在几年之后还是做了报社编辑——先是在《贝尔格莱德新闻报》，后来又在《巴纳特日报》——可能会很失望。有了第一次世界大战期间在东线参战的经历，他还写了几部动作小说，包括一九三五年被拍成了电影的《红骑士》（*The Red Rider*）。卡普斯后来承认，"生活驱赶我来到的，正是诗人温暖、亲切、动人的关怀曾经保护我、竭力让我远离的那些领域"。

但此刻，当卡普斯步入一个新的人生阶段时，里尔克最后一次安慰了他，让他在那些独自一人驻守"空山"的夜晚，信赖自己的孤独。诗人重申了一些他常谈到的智慧：一个人要感到快乐，只需"时不时地站在雄伟的自然风光面前"。

  然而,在信的结尾,里尔克惊人地推翻了他长期以来一直向卡普斯传授的教诲。他否定了罗丹观念中艺术与生活的严格对立,并劝告这位年轻的诗人,不要后悔自己放弃诗歌、谋求更稳定的生活方式的抉择——因为"艺术也无非就是一种生活方式"。

第十五章

负责出售比隆宅邸的清算人计划于一九〇九年六月下旬进行拍卖。他们期待房地产开发商买下这座破败的房子，将其夷为平地，重新建造一座更宜居、更现代化的建筑。

"想象一下年迈的大师收到这个通知后该有多么震惊和愤慨！他心爱的比隆宅邸即将像巴黎许多其他古老的东西一样，遭受商业驱动的文物破坏。"日后创办了莎士比亚书店的西尔维亚·比奇（Sylvia Beach）曾设想罗丹可能做出的反应。

罗丹的感受远远不止是震惊和愤慨。政府要拆除他的工作室，他"迷人的住所"——舒瓦瑟尔这样称呼他们的秘巢。过去，国王会亲自将伟大的艺术家安置在自己的宫殿里；而现在他的国家却想把他扔到街上。罗丹不会毫不反抗地忍受这样的屈辱。他写信给一位市议员，提出了一项重大的提议：去世之后，他将把自己所有的作品捐赠给国家，包括"石膏、青铜、石头的雕塑，我的画作，以及我收藏的古董"，希望政府能在比隆宅邸开设罗丹博物馆。唯一的条件就是他在世时可以一直住在这里。罗丹指出，他的艺术已经在美国的大都会博物馆有了一个永久的家，因此，祖国这边至少应该对他有同等的纪念才说得过去。

政府承诺考虑罗丹的提议。但与此同时，这栋房子的许多租户不想听凭自己的命运悬而未决，这片艺术家的飞地开始解散了。即将到来的出售，让马蒂斯终于下定决心搬到乡下去。他的学校占用了他太多时间，巴黎媒体对待他的两极分化的态度让他十分失望。他们有时说他太过学术化——安德烈·纪德说他的《戴帽子的女人》（*Woman with a Hat*）是"理论的结果"——有时又说他太狂野。他于一九〇八年发表的宣言《画家手记》（"Notes of a Painter"），即是对批评家们的回应。但这篇文章反而为他引来了更多的攻击。现在他迫切想要完全回避社会，独自安静地画画。他甚至开始实行禁欲，以此将他的"创造力"保留给艺术。比隆宅邸的狂欢气氛并不利于他的这番努力。

就连科克托也很快要离开了，尽管这并非他的意愿。他的母亲发现了他这个藏身之所——她所在的卢浮宫之友俱乐部听说了这处历史遗迹，希望她的儿子能邀请他们前去参观。显然除了科克托夫人之外，所有人都知道他这个秘密的单身公寓。

教养优良的儿子竟然与这么一群堕落的艺术家为伍，令她大为震惊。她指的很可能是公开同性恋身份的演员爱德华·德·马克斯，他因在台上和台下都涂眼影而闻名。尽管后奥斯卡·王尔德时代的法国公众已经在很大程度上将德·马克斯视为某种"神圣的怪物"，但并不是每个人都能这么开放。"德·马克斯就像海洋；而且他也像海洋一样让母亲们害怕。"科克托说。

她威胁儿子说，如果他不立即搬出来，就不再给他钱。于是，卢浮宫之友来进行了参观，然后，科克托怀着极大的悲伤告别了他的"童话王国"。

整个冬天，里尔克都在收拾他的房间。他的出版商邀请他前往莱比锡完成《马尔特手记》的手稿。在那里，他可以看着自己的笔记向打字员口述，而无须自己动手。他在离开——或许是永久地离开——比隆宅邸前，礼节性地拜访了罗丹，向他道别。罗丹送给诗人一幅画作为圣诞礼物，并祝他好运。一九一〇年一月八日，里尔克登上了前往德国的火车，手提箱里装满了散页的笔记，准备好让马尔特彻底安息了。

"原来这就是人们前来生活的地方；我却觉得这是个更适合死的城市。"年轻的马尔特·劳里茨·布里格到巴黎生活的故事就是这样开始的。这部小说完全由印象式的速写构成，每一条都像日记一样有日期标注。以上就是第一条，开头写着"图里埃路，9月11日"——这是里尔克在巴黎第一个地址的变体：图里埃路11号。

里尔克和他二十八岁的分身之间还有诸多相似之处。马尔特是一个忧郁的北方人，在一座冷漠的大都市中漂泊；他是一位志向坚定的诗人；他对于死亡和衰败的痴迷，则是直接整段出自里尔克的日常随笔。尽管《马尔特手记》无疑是一部虚构作品，但值得注意的是，里尔克差点将其命名为《我的另一个自我的日记》。这是最早的现代小说之一，马尔特的故事几乎没有什么情节。它讲述的是主人公曲折的自我追寻之旅，同时他也在为里尔克那个持久的问题寻找一个答案：人应该如何生活？

马尔特一直在努力，却始终未能实现自我。他是一块人体海绵，不断吸收他人的痛苦。当马尔特开始利用他超强的感受力时，他发现了令他大开眼界的种种可能性。"我正在学习如何观察，"他在开头就这样说道，"我不知道是什么原因，但一切都开始进到我内心更深入的地方，再没有什么停留在从前的深度。"

最终，马尔特离开巴黎，回了家，像在浪子的故事中一样。我们不知道他是否再也不准备离家。但是在里尔克对这则寓言的重述中，马尔特并没有寻求家人的原谅。"他们怎么可能了解他呢?"他现在不属于任何人了。在马尔特看来，浪子回家的寓言其实是"一个不想被爱的人的故事"。这是他的长处，而且"归根结底，也是所有离开家的年轻人的长处"。

里尔克就把故事写到这里结束了，没有交代这位年轻的诗人后来怎样了。"现在的他很难有人来爱，而且他觉得只有上帝能做到这一点，但他目前还不愿。"小说的结尾写道。马尔特并非不知道自己该做什么——他理解波德莱尔的难处——只是没有能力将它最终完成。"这个困境难住了他，"里尔克写道，"直到它依附于他，再不离开。马尔特·劳里茨的书——等它终有一天被写出来之后——将是一本专门展示这番心路历程的书，而对于经历它的主人公来说，这一切太难以承受了……"他是一个会被巴黎路人抽搐的场面吓坏的人，正像曾经的里尔克一样，也像卡普斯有可能变成的那样。但是马尔特的失败标志着里尔克的蜕变。

"分身"作为德国浪漫主义的标志性特征，到那时已经发展了一百年了，而里尔克则是在二十世纪最早复兴这种文学手法的现代主义作家之一。里尔克必须先毁掉他的分身——传统上，这些分身总是厄运的预告者——才能解放自己。在那个心理学家们正在发展镜像和自恋理论的时期，许多文学批评家都认为，里尔克、卡夫卡和霍夫曼斯塔尔的分身是他们对自己进行精神分析的工具。里尔克有一次问安德烈亚斯-莎乐美，她是否看出马尔特"之所以消亡，是为了让我免于消亡"。

她的确看出来了，她写道："马尔特不是一幅肖像，而是专门用自画像让自己与之划清界限的尝试。"诗人感到自己要借用马尔特或已故的姐姐未能实现的潜能获得重生——而唯有当他们的灵魂死去后方能如此。

那个月底，里尔克在莱比锡，在那张被出版社的员工们称为"马尔特·劳里茨的办公桌"前，写完了这本书的结尾。"它已经成形了，脱离了我。"他说。他的意思并不是说完成这部作品让他感到喜悦——这本来是很自然的——相反，随之而来的是一种空虚。为了抛开这种感觉，他踏上了旅途。

他去了柏林，与韦斯特霍夫短暂重聚。韦斯特霍夫当时刚刚在苏台德山脉附近的一个小村庄，用三个月的时间为他们的朋友、作家格哈特·豪普特曼（Gerhart Hauptmann）制作了一尊半身像，正要返回沃普斯韦德。四月，里尔克再次前往意大利，这次是在公主的城堡里待了几天。但他失望地发现自己并不是她的贵宾。她还在同时接待她的儿子和奥地利作家鲁道夫·卡斯纳，他在智识方面的风采令里尔克生畏。在他们谈话时，从未完成大学教育的里尔克感到自己仿佛正在措手不及地应付一场本来就不该他来参加的考试。尽管几年后他和卡斯纳会成为好友，这一次他简直巴不得赶紧摆脱他以及杜伊诺城堡。他决心，等各方面条件更有利于工作时，一定要再回到这里。

接着，消息传来，政府暂停了比隆宅邸的出售计划，好让官员们有更多时间考虑罗丹的博物馆提案。前一年，许多租客已经搬走，现在三楼空出来一套公寓，比里尔克从前的那间距离罗丹更远，包含一间卧室、一个小厨房和一间办公室，而且与其他住户之间隔着一条长长的走廊。窗户从地板一直通到屋顶，朝向花园里一棵鲜绿的椴树。里尔克想，既然他不得不与其他人近距离接触，那么还是待在他曾经高效工作的地方好一点。他租下了这个公寓，于一九一〇年五月回到了巴黎，这次甚至还搬来了一些家具和书，好让这里更有家的感觉。

里尔克这次回归巴黎，开始转变一系列昔日的生活方式。他不再是一棵畏缩在罗丹树荫下的幼苗，那年春天，他以前所未有的独立性步入了巴黎的阳光中。

他学会了控制自己的人群焦虑，以及他人的生活对自己的侵扰。自从他掌握了"入视"的艺术后，他不仅可以用自己的思想洞察物体和动物的内部世界，还可以反过来抵御他人思想的渗透。以前他去卢浮宫，要做好准备，承受人群和面孔的冲击；他往往无法将现实与画布上的事物区分开来。而如今，他已经学会在感官将他淹没之前暂停下来，闭上眼睛，想象着强化自己身体的边界，仿佛它们是城堡的墙壁。

"[我]拉伸我的轮廓，就像乐手拉伸小提琴的弦，直到感觉到它们拉紧并发出乐音那样，这时我突然知道我的边界已经被勾勒出来，就像在丢勒的画中一样。"加强了心理防御之后，他现在终于可以站在《蒙娜丽莎》前的人群中，欣赏她"无与伦比"的美丽。

这个时期，里尔克的地址簿中有一千两百个名字，他也毫不犹豫地使用了它。俄国芭蕾舞团来到巴黎时，里尔克与科克托、佳吉列夫和瓦斯拉夫·尼金斯基（Vaslav Nijinsky）一起去拉吕餐厅（Larue's）参加了演出后的聚会。他很快与雕塑家阿里斯蒂德·马约尔成了朋友；凯斯勒伯爵也终于把他介绍给了安德烈·纪德。

纪德当时已是一位声名卓著的作家，看上去似乎远不止比里尔克年长六岁。他已经遍游北非——他出版于一九〇二年、有些惊世骇俗的小说《背德者》，就把故事设置在那里。前一年，他还创办了巴黎顶级的文学杂志《新法兰西评论》（*La Nouvelle Revue Française*）。

六月，纪德邀请里尔克到他位于巴黎西部的蒙莫朗西宅邸（Villa Montmorency）参加午餐会。他最近才翻修了这座房子，这里还曾是维克多·雨果的住所。那时的里尔克开始得意于自己的法语能力，流畅地与纪德以及两位比利时人进行交谈——艺术家泰奥·范·里塞尔伯格（Théo Van Rysselberghe），以及装饰过凯斯勒伯爵的家和魏玛尼采档案馆的室内设计师亨利·范·德·维尔德（Henry van de Velde）。这次午餐开启了一段深入的、对双方都颇为有利的友谊。当月,里尔克的出版商岛屿出版社为他寄来了《马尔特手记》的第一批校样,里尔克立即寄了一本给纪德。

七月,这本书出版了,并没有引起太大反响。德语媒体大多很喜欢里尔克对一位年轻艺术家的敏感的描绘,但有些人对其非线性的叙事感到困惑。"《马尔特手记》并不是为大众而写的,但它所针对的那一小部分读者会喜欢它。"柏林的一篇早期的评论这样写道。另一位批评家认为,马尔特对刺激的极度敏感,在"我们都渴望内化"的这个历史时期是"合适的"。

与纪德的许多著作一样,里尔克的这部哲学小说吸引的更多的是知识界的追随者,而不是主流的大众读者。不过,接下来那年,纪德在《新法兰西评论》上刊登了《马尔特手记》的几个选段,帮助这本书在法国传播到了更广大的读者群。两位作家接下来互相翻译了彼此的书:里尔克用德语重写了纪德的《浪子》,纪德则将《马尔特手记》翻译成了法语。里尔克说,他很惊讶能有人如此巧妙地将他那"难以理解的散文"翻译成另一门语言。

在美国,《给青年诗人的信》比任何其他作品都更牢固地奠定了里尔克的盛名;而在法国,扮演这个角色的是《马尔特手记》。完整的法文译本于二十世纪二十年代初问世时,书中对于疏离感、人生徒劳、意识等主题淋漓尽致的刻画,在接下来的十年中帮助存在主义塑造了自己的语言。让-保罗·萨特一九三八年的小说《厌恶》(*Nausea*),很大程度上是仿照《马尔特手记》写成的。里尔克的主人公渴望"拥有属于自己的死亡",这一点启发萨特想到,生命无非是死亡漫长的展现过程。"你的死亡就在你的内部,就像水果有核一样。孩子们的小一些,大人们的大一些,"马尔特在书中这样说,"你拥有死亡,这赋予了你一种奇特的庄严,一种宁静的骄傲。"

里尔克写作《马尔特手记》过程中的挣扎,就很像一场旷日持久的死亡。这部自我摧毁的作品在他体内不断生长,直到最终独立,得到出版,里尔克却陷入了绝望的贫乏。再多的赞扬也无法将他从这种状态中挽救出来。里尔克相信,艺术本身就是一种死亡,因为它会将艺术家消耗掉。唯一活下去的方法,就是重新开始这个过程。但对里尔克来说,现在这似乎是不可能的。他怎么能再承受一次那个痛苦的过程呢?而且他能写什么呢?或许马尔特已经把里尔克想说的一切都说完了。他想,或许是时候进入一个更实用的行业了,比如医学。里尔克认为,医生是除了艺术家之外最接近上帝的人。

他问安德烈亚斯-莎乐美,写完这本书之后,他是不是"像幸存者一样搁浅了?我的灵魂仿佛在迷宫之中,失去了焦点,而且再也不会有焦点"。到目前为止,他选择的道路通常将他带到三个区域之一:巴黎、意大利或德国。也许他需要尝试一个新的方向。他迫切渴望摆脱旧日生活模式,于是,十一月,他收拾行装,前往了未知的领域:非洲。

法国人对"原始"艺术及其创造者"未经驯化的"头脑——克洛德·列维-施特劳斯(Claude Lévi-Strauss)后来称之为"野性思维"——十分着迷,二十世纪初,许多艺术家都曾前往法国的北非殖民地进行参观。东方神话启发了罗丹的柬埔寨绘画；安德烈·纪德则表示，对他的写作影响最大的，就是他在北非荒芜的沙漠中旅行的那五年。现在，里尔克追随着纪德和韦斯特霍夫的脚步，手拿一本《天方夜谭》，于一九一〇年底开启了自己的非洲之旅。

里尔克首先抵达了突尼斯，在这里，他前所未有地感受到神性的包围。殖民地的穆斯林氛围如此鲜明，令他感到震惊。在突尼斯的圣城凯鲁万，"先知的故事仿佛就发生在昨天，这座城市也仍像是他的王国"；在阿尔及尔，"安拉多么强大，除了他的力量之外，这里再没有任何力量存在"。他曾考虑去比斯克拉会见纪德的一位情人，后来他意识到这个人可能穷到会抢劫他，就打消了这个念头。

几个星期后，他开始质疑自己来这里的意义。色彩缤纷的纺织品、白色的建筑物和充溢着香料的露天市场都令他耳目一新，但大多数时候，这场旅行都让他感觉是在大把地浪费时间和金钱。他意识到，自己显然是在拖延，而且很不幸是以一种代价高昂的方式在拖延。离开前，他在突尼斯被狗咬伤了，他认为自己活该。里尔克写道，这条狗"只是以它的方式告诉我，我在所有事情上都完全错了"。

返回欧洲几个月后，他人生中的另一个章节也宣告结束了。他与韦斯特霍夫的通信越来越少，有时是他希望如此。他曾建议她"只写简短的信，我们俩都有很多其他事情要做"。等到她真的寄了信，谈的也主要是非个人事务，比如对他的作品的反馈，有时寄的则是她替他打好的文稿。因此，韦斯特霍夫于一九一一年年中提出离婚，本在情理之中。

里尔克没有反对。他对妻子的困境表示同情，向安德烈亚斯-莎乐美哀叹，她"并不跟我在一起，也无法去过没有我的生活"。他认为，韦斯特霍夫从未完全活出自我；她把时间都花在了他的身上，"在吞噬我和与我决裂之间摇摆"。他支持她暂时把露丝寄放在她父母家中一段时间，到慕尼黑年轻的医生维克托·埃米尔·冯·格布萨特尔（Viktor Emil von Gebsattel）那里——他是安德烈亚斯-莎乐美的朋友，有一段时间还是她的恋人——接受精神分析。里尔克希望这番治疗能让她的头脑摆脱掉他——"（显然我对她来说终归是有害的）"。在这之后，或许她能重生为遇见他之前的样子，并终于走出一条自己的道路。

里尔克给布拉格的一位律师写了信，说他们夫妻已经分居多年，现在要走法律流程，只是为了将一个已经持续了很久的事实合法化。但是他很快意识到要离婚并不那么容易，他们之间友好的关系，也无助于缓和即将到来的行政程序的噩梦。

由于里尔克直到婚后才正式离开天主教会，现在他还必须受制于教会严格的离婚政策。而且，夫妻两人多年来曾在多个国家居住，也让司法流程更加复杂。最终，里尔克花了一大笔律师费，却终究没能在自己离世前完成离婚手续。

第十六章

一九一一年十月,政府勒令比隆宅邸所有的住户于年底前搬走,罗丹也不例外。政府还没有正式拒绝罗丹关于博物馆的提议;但对于接受这一提议,他们也存在很多顾虑。有些官员坚决反对,认为博物馆不应该向在世的艺术家致敬。另一些官员表示,单是罗丹在一座前修道院中展示裸体画的亵渎行为,就足以让政府否定他的提议。政府还考虑将这座华丽的建筑留给自己,或许可以将它作为办公楼,或用来接待外国要人。

当月,里尔克雇了搬家工人来帮他收拾房间。其中一位估计,光是他图书室里的那些书就需要七个箱子。他把东西全部存在了一个地方,写信给冯·图恩和塔克西斯公主,问是否可以再次去杜伊诺拜访。他不知道这一次是否更能集中精神,但他希望至少能有一些安静的时间来完成几篇翻译。

到那时为止,里尔克在巴黎居住的时间比布拉格以外的任何城市都长。尽管在后来的很多年间,巴黎还会持续吸引他回来探访,但他在此最后一次长期的居留正在接近尾声。里尔克认为一个地方作为家的功能是次要的,更重要的是它提供的视角,而现在新的视角正等待着他。"巴黎本身就是一部你在不知不觉中完成的作品，一部厚重、令人疲惫的作品。"他曾这样写道。他终于感到自己掌握了它的人群、它的语言、它的艺术，而且从它身上获得了创作《新诗集》和《马尔特手记》所需的一切。"我要感谢巴黎，它让我写出了迄今为止最好的作品。"里尔克总结道。

公主在信中说她会派一辆车和一位司机来接他。他想在杜伊诺待多久都可以。里尔克原则上不喜欢汽车——对于他的艺术家性情来说，就连打字机都太现代了——但他还是为能够以如此奢华的方式旅行感到兴奋。他让司机按照他指定的路线开，经过阿维尼翁和戛纳，接着又去了圣雷莫和博洛尼亚。到达杜伊诺的旅程历时九天，终于让他彻底把"瓦雷纳街那座令人难忘、令人厌烦的，奇怪的房子"抛到了脑后。

而罗丹却没有要离开的意思。政府没有立即收下他慷慨的赠礼，让他感到不可思议。他拒绝服从政府的命令，直接找到了媒体，说巴黎不肯接受一座免费赠送的博物馆给公众享用。为了让那些对他的艺术不怎么认可的记者也站到他这边来，他还发起了将这座建筑评定为历史古迹的倡议。

到第二年年初，罗丹已经获得了几位重要编辑和古建筑保护主义者的支持。他和他的朋友朱迪特·克拉黛尔还收集了有影响力的艺术家和赞助人的签名，为罗丹将被逐出比隆宅邸进行抗议。他们分发了小册子，莫奈和阿纳托尔·法朗士在其中表达了对建立博物馆的支持。"没有人比他更值得获得这样的殊荣。"德彪西说。也许最重要的一点是，一九一二年一月，罗丹的老朋友雷蒙德·庞加莱（Raymond Poincaré）当选了法国总理。

然而正当局势似乎开始朝有利于罗丹的方向扭转时，五月，这一切戛然而止了。罗丹和《费加罗报》的编辑因俄国芭蕾舞团近期在巴黎的演出发生了公开争执。谢尔盖·佳吉列夫曾担心瓦斯拉夫·尼金斯基在芭蕾舞剧《牧神的午后》最后一幕中表演性高潮可能会引起骚动。果然，《费加罗报》的编辑加斯顿·卡尔梅特（Gaston Calmette）在头版写了一篇文章，谴责尼金斯基"兽性色情的卑鄙动作和极其无耻的姿态"。

卡尔梅特的观点在艺术家中属于少数，许多艺术家多年来一直与这家舞团合作（马蒂斯、毕加索和可可·香奈儿都为他们设计过服装）。里尔克也被尼金斯基深深感动，他曾经说，为他写一首诗的想法"一直缠着我，不断地召唤着我：我必须，我必须……"。

罗丹同意为《费加罗报》的竞争对手《晨报》写一篇文章，捍卫佳吉列夫的明星。"幕布升起，只见他斜躺在地上，抬起一只膝盖，衔着笛子，你会以为他是一尊雕像；最动人的一幕莫过于在高潮阶段，他面朝下俯身在那片神秘的丝巾上，以无拘无束的激情吻它，拥抱它。"

《费加罗报》的编辑反击道，罗丹会捍卫这般不雅的表演，他并不诧异。毕竟罗丹还造出了更下流的景象：他用他的裸体画玷污了修道院的墙壁。这是只有"神魂颠倒的崇拜者和自得自满的势利小人"才会宽恕的亵渎行为。随后卡尔梅特给了他近乎致命的一击："令人难以置信的是，为了安置我们最富有的雕塑家，政府——法国的纳税人们——竟然已经为比隆宅邸投入了五百万法郎。这是真正的丑闻，制止这样的事是政府的职责。"

这番挑衅很快吸引了其他报纸跟着泄愤。一份报纸刊登了一幅漫画：一位裸体的模特问罗丹，该把衣服放在哪里，他答道："放在隔壁的礼拜堂里。"尽管罗丹远非这里唯一的租客，他也不住在礼拜堂里，而且他也在付房租。媒体欢欣雀跃地扑向这桩丑闻，很快开始聚焦于其他房客可疑的声誉，特别是爱德华·德·马克斯，他被指控将礼拜堂变成了罪恶的巢穴。在天主教徒们反对这些租户的运动中，德·马克斯装在圣器室里的浴缸更是成了把柄。

罗丹极少会参与公开的争议，这样一来，他立即后悔了这次的决定。这些谴责如此地针对他，如此严厉，让他正在争取的事受到了不可挽回的损失。五月底，他的朋友凯斯勒伯爵看到罗丹悲痛欲绝，召集尼金斯基、佳吉列夫和雨果·冯·霍夫曼斯塔尔（Hugo von Hofmannsthal）[①]组成了一个"战争委员会"，与他会面，准备帮助他制订行动计划。

舒瓦瑟尔浑身哆嗦着开了门。她眼泪汪汪地告诉众人，罗丹"非常受打击"，就好像"有人恶意破坏了他最好的大理石雕塑之一"。她发誓，如果政府强迫他离开这座建筑，她将亲自确保没有任何一尊罗丹的雕塑会留在法国。

这时，罗丹出现了，看上去有点落魄。舒瓦瑟尔用一

---

① 奥地利诗人、剧作家。奥地利唯美主义和象征主义文学的代表作家。

只戴满了钻石的手从他额前拨开了一缕头发。他对大家说，他不像他的情人那么记仇。如果他对媒体的每一次攻击都进行报复的话，那他的整个职业生涯就都会在战斗中度过，而他也不会完成任何作品了。凯斯勒的"委员会"除了喝茶并安慰罗丹以外，并没什么可做的。

罗丹和媒体之间的对峙持续了几个月。后来庞加莱内阁做出了意义非凡的决定：接受罗丹的捐赠，并同意他的请求，让他在世时，作为唯一的住户，继续住在这栋建筑里。

卡尔梅特还在继续他的攻击，直到一九一六年的一天，法国财政部长的妻子拿着枪走进了《费加罗报》的办公室。她因为卡尔梅特刊登了丈夫从前写给她的情书而怒火中烧——那时她还是他的情妇——开枪打死了这位编辑。

到了一九一二年，这座著名的光之城已经陷入黑暗。二十四小时不间断点亮的路灯并没有吓退犯罪分子，只是日夜将暴力行为突显了出来。无政府主义者在街头抗议，而城市授权的残暴则以当众砍头的形式进行着。

盗窃也十分猖獗。一天早上，一名窃贼把《蒙娜丽莎》夹在腋下走出了卢浮宫。警方对这起犯罪进行了两年的调查——其间还把阿波利奈尔和毕加索作为嫌疑人进行了审讯——终于，罪犯在试图把画卖给佛罗伦萨的一位艺术品商人时被抓获了。与此同时，人称阿帕奇的街头帮派分子也让路人恐慌不已。阿帕奇们又野蛮又时尚：他们跟踪、抢劫、刺伤市民，同时穿着舒适的水手裤，脖子上围着丝巾。

犯罪浪潮吓坏了舒瓦瑟尔公爵夫人,她亲自承担起了保护年迈的情人的责任。她在工作室里藏了几把枪,还告诉一位朋友,她曾在一天晚上击退了两个入侵者。他们想要敲诈时年七十二岁的罗丹。"还好我在!"她说,"还好我有枪!"

她买了一只德国牧羊犬来保护他,又安排了一名警察,每天晚上护送他从巴黎回到默东的家。有些夜晚,这名警察甚至就睡在罗丹床边的椅子上。大约一个月之后,这种不间断的陪护惹恼了艺术家,他让警察离开了。

罗丹的一些朋友开始警告他,他真正应当防的不是强盗,而是舒瓦瑟尔。有传言称,公爵夫人正在密谋夺取罗丹财产的控制权。有人说,她已经骗他签字,把他去世后他的作品的全部复制权都给了她。还有一些人听说,她正试图让他与萝丝·伯雷决裂,好让自己成为他遗嘱中唯一的受益人。

她到伯雷面前炫耀她和罗丹的关系,在自己的丈夫那边也毫不隐瞒。一次,公爵给伯雷写信道:"您还在容忍我已经无法承受的局面,不能再这样下去了,我指的是我的妻子一直待在罗丹先生的工作室里这件事。"

他以为伯雷听到这个消息后会和罗丹分开,但他低估了这个女人多年以来的忍受力。里尔克曾经说,伯雷像放在瀑布下的一只茶杯那样忍受着罗丹。在罗丹与卡米耶·克洛岱尔的恋情结束后的几年间,他有时会提到他"美丽的"前任助手,把伯雷气得浑身发抖。就算他注意到她的反应,也只会笑着说:"我的猫咪,我永远最爱你。所以你还在这里呀。"

舒瓦瑟尔和她嗜赌的丈夫经济状况日益恶化，已不是什么秘密。罗丹有时会帮助他们还债，也从未多想。公爵夫人的姐姐去世后，罗丹出钱让她的丈夫陪她去美国参加葬礼。多年来，罗丹要么无视有关舒瓦瑟尔的流言蜚语，要么假装没有听到。也许他无法想象她会背叛他；或者他可能认为女人头脑太简单，想不出这样的阴谋。

但后来，一位罗丹非常信赖的朋友提出了一系列更严肃的指控。他听说舒瓦瑟尔直接从罗丹工作室偷了艺术品——他已经就此事向警方报了案。罗丹想起来了，的确有一盒画在六月失踪了。

罗丹质问了舒瓦瑟尔。她否认与此事有任何关系，转而指控他的秘书马塞尔·蒂雷尔（Marcelle Tirel）。

放在平时，罗丹可能会当场解雇这位助手，但蒂雷尔已经为他工作了六年，远远超过了大多数人坐她这个职位的时间。他问起失踪的艺术品时，她将矛头重新指向了舒瓦瑟尔。她告诉罗丹，她曾经亲眼看到公爵夫人将一些画塞进长袜。

罗丹向后倒在他的乌戈利诺雕像上，开始抽泣。他知道自己必须做什么。他一个字也没和舒瓦瑟尔说，就了结了他们七年的恋情。他派一位助手去跟舒瓦瑟尔要回比隆宅邸的钥匙，不等她做出反应就与伯雷出远门了。

罗丹的朋友们欢欣雀跃，媒体也一样。《纽约时报》在头版报道，整个巴黎近来谈论的"唯一的话题"就是罗丹与公爵夫人传说中的分手事件。人们都说，她"对这位大师施加的影响非常大……她基本垄断了他的一切事务"。

法国人对于舒瓦瑟尔离开的消息尤其高兴。《巴黎呼声》（*Le Cri de Paris*）周刊宣布道："我们这个时代最美躯干的塑造者"的工作室如今"已经摆脱了看守它的三头犬，重新向他的朋友们敞开了大门"。

里尔克认为这整件事都很丢人。和罗丹的许多朋友一样，他很高兴看到这位"可怕的"公爵夫人离开，但是他更希望看到罗丹自己做出这样的决定，而不是在发现这样一桩可耻的欺骗之后被迫如此。像这样的琐事，放在前些年，罗丹可能会不假思索地抛到一边，如今却似乎把他压垮了。在里尔克眼中，他看起来如此地"荒唐和可笑"，仿佛他那么多年的斗争都白费了似的。

罗丹和伯雷旅行归来，看到一摞恳求他原谅的信。"我的生命停止了。我的心碎了——死并不让我害怕了。"舒瓦瑟尔在一封信中写道。甚至连她的丈夫也恳求他重新接纳这个可怜的女人："您就见见她吧。我相信您看到她那个样子，一定会怜悯她的。"

这种情形持续了两年。有一次，她戴着黑色面纱来到了工作室，扑倒在罗丹的脚下。他暂停了画画，叫来一名助手，指着她喊道："把这位女士带出去！"罗丹下定决心，绝不重新陷入她的魔咒，因为他从前是真心爱着舒瓦瑟尔。"现在的我就像是一个在黑暗的树林中行走的人。"他们分手后不久，他对一位朋友这样说道。

尽管罗丹发誓绝不再让一个女人插手他的工作，他还是马上让他的一位模特开始管理他在比隆宅邸的事务了。这位年轻女子的品质显然包括"湿润的红唇"和"平静"的眼神。后来他发现她经常允许各色可疑人物进入这座建筑，又把她解雇了。

这些压力似乎也损害了罗丹的健康。七月的一天下午，伯雷在午餐时看到他把叉子掉在了地上，他想去捡时，那只手臂却无力地垂在一边。它就这样麻痹了好一会儿。这很可能是一次轻度的中风。

他的手臂渐渐恢复了活动能力，但熟悉他的人们说，他在这件事之后再也没有回到从前的状态。一天下午，凯斯勒伯爵注意到了朋友日渐消瘦的身形，问他要不要去吃午饭，罗丹让他无须担心。他指着天空问道：在大自然面前，谁还能有胃口呢？他说，自然就是他唯一需要的营养。

第三部分
艺术与共情

第十七章

一九一三年夏末的一天，西格蒙德·弗洛伊德与"一位年轻却已经很著名的诗人"以及他的"沉默寡言的"朋友，一起在慕尼黑散步。地点可能是在一座公园里，或者是在城市的郊区。这位五十七岁的维也纳教授来到慕尼黑，是为了参加第四届精神分析大会。这是弗洛伊德人生中一个关键的时刻，这次大会是他最后一次见到他的朋友、他此前认定的接班人卡尔·荣格（Carl Jung），那一年他三十八岁。

自一九〇六年以来，这两位心理学家一直是亲密的同行。当时，在瑞士做医生的荣格刚刚开始崭露头角。他发现弗洛伊德的词语联想研究能够支持自己的无意识压抑理论，便写了一封信到维也纳告诉他。从此，他们就一直进行着热烈的思想交流。但当荣格开始质疑弗洛伊德关于性是人类一切行为的基础这一观念时，两人之间的关系紧张了起来。与此同时，荣格的研究开始扩展到神秘主义和超自然的方向，弗洛伊德担心这会让刚刚起步的精神分析学科声誉受损，给它的批评者们提供攻击的口实。荣格拒绝追随弗洛伊德的理论、压制自己的研究，较年长的弗洛伊德则把这番对他的违抗解读为俄狄浦斯式的、推翻自己

"父亲"的欲望。荣格却说，自己从未想要成为他的门徒，受他提携，而只是希望被作为智识相当的同行对待。这次大会前不久，弗洛伊德切断了与这位好友的一切私人联系。

到了九月初，精神分析学界的每个人都知道了这场争论，大会现场也出现了分歧：来自苏黎世的学者都站在荣格一边，聚集在房间一头的桌子周围；而维也纳人则和弗洛伊德一起集中在房间另一头。悬在整个房间上空的问题是，国际精神分析学会是否还应该选举荣格担任主席。由于荣格没有竞争对手，弗洛伊德的支持者们提议大家投空白的选票。五十二名投票者中有二十二人这样做了，但这并不足以让荣格卸任，他勉强保住了自己的职位。但他对传统弗洛伊德精神分析学派的背叛，现在算是坐实了。

身处这些不愉快的事件中间，弗洛伊德看到他的朋友露·安德烈亚斯-莎乐美和诗人莱纳·马利亚·里尔克一起走进酒店，松了口气。那时她已经开始认真学习精神分析，她说自己之所以如此，部分是由于多年以来她一直参与着"另一个人"——正是里尔克——"非凡而罕见的精神命运"。她已经是弗洛伊德的学生，也是参与了一九一一年首次精神分析大会的女性之一。一张集体照中，安德烈亚斯-莎乐美裹着长长的皮毛大衣，坐在荣格和弗洛伊德中间。那次会议期间，她问弗洛伊德能否让她跟着他学习，他只是大笑。那时还没有任何正式的精神分析学习机构，而且他不懂她为什么想要学习，"因为我所做的无非是教人们洗自己的脏衣服①"。

但安德烈亚斯-莎乐美非常坚定。她又自学了六个月，然后前往维也纳证明她的决心。她和弗洛伊德之间很快开启了长期、亲切的通信。一九一二年十月，她开始在维也纳跟着他学习。正是她提醒他，必须更深入地考察母亲在童年早期的作用。不久之后，弗洛伊德就将对女儿安娜的精神分析托付给了她。

现在，安德烈亚斯-莎乐美不仅是弗洛伊德的同事，而且是他最忠实的盟友之一。她坚定地坐在房间里他的这一侧，并在日记中写道："他的身边就是我最想待的地方。"看到弗洛伊德与"他的'孩子'荣格决裂——他曾经那么爱他"，并压抑着自己的悲伤，让她感到很痛苦。整个大会期间，他都在担心自己提出的问题或反驳，会让他看起来像是荣格将他描绘成的那个专制的暴君。

与安德烈亚斯-莎乐美和里尔克的散步，让弗洛伊德得以暂时抛开令他焦虑的会议，获得片刻喘息。他熟悉里尔克，主要是通过他的孩子们。他的儿子恩斯特和女儿安娜在学校里背过里尔克的诗。安娜听说父亲这次出门见到了他，在信中问道："你真的在慕尼黑见到了诗人里尔克吗？为什么呢？他是什么样的人？"

弗洛伊德似乎觉得他很有魅力。两年之后，他在《论无常》（"On Transience"）一文中描写了他与"一位年轻却已经很著名的诗人"以及他的"沉默寡言的"朋友的相遇——学者们普遍认为前者指的就是里尔克，后者则是

---

① 指让人们说出自己不愉快的私事或尴尬的秘密。

安德烈亚斯-莎乐美。弗洛伊德回忆道，诗人惊叹于那个夏日下午迷人的自然美景，但却说自己并不为此感到愉悦。他说，冬季到来后，眼前的一切都会枯萎、死亡，就像我们关心的一切，终有一日都会消亡。诗人"本来会喜爱、会欣赏的一切，由于注定消逝，对他来说似乎都失去了价值"，弗洛伊德写道。

他并不否定这种消极的看法；当然，所有的生物都会死亡。但是他并不认为这种必然性减少了它们当下的价值。相反，生命的有限只会让它更加宝贵，他说。但令弗洛伊德惊讶的是，这些在他看来无可辩驳的真理，并未说服他这位感伤的同伴。

后来，弗洛伊德对于里尔克的伤感做出了一种解释，那时他自己也开始遭遇一系列悲哀的事件：欧洲反犹主义情绪日益高涨，精神分析的合法性受到威胁，世界大战爆发在即，而他的孩子们也将入伍。他在文章中写道，里尔克在预想死亡的同时，也预想了随之而来的哀悼。由于无法承受即将到来的悲伤，他就提早建起了防御工事，拒绝对美的体验。人无法哀悼从未爱过的事物。

弗洛伊德在文章中主张采取更有希望和治疗功能的观点。他承认战争"夺走了世界的美丽"。战争破坏自然，摧毁历史古迹。"它让我们的国家重新变小，让世界其他地方变得更加遥远。它夺走我们所爱的一切，让我们看到，许多我们认为不会改变的事物其实是多么无常。"

但与里尔克不同的是，弗洛伊德坚持认为美的快乐超过为它哀悼的痛苦。即使美消失了，悲伤也会像它突然到来那样，突然地离去。他说，每一次结束都意味着一场新的开始，随之而来的还有"在更坚实的基础上"，重建"更经久的事物"的机会。

这篇文章最终导向了弗洛伊德关于心理防御机制的开创性研究。这种理论认为，人们会无意识地扭曲自己的感知，以保护自己免受痛苦情绪的影响。里尔克可能在更早的时候，就不知不觉地提到了这种逻辑。他在《杜伊诺哀歌》（*Duino Elegies*）的第一首中写到他担心天使的爱会将他吞噬："……因为美只是 / 我们几乎无法承受的痛苦的开端。"我们欣赏得越久，失去它之后就会越绝望。

杜伊诺城堡坐落在亚得里亚海边一座陡峭的悬崖顶端。里尔克于一九一一年冬天到达这里，感到它是一个冷酷无情的庞然大物。深色的海水在薄雾的笼罩下，是一片"广阔而毫无特征的虚空"。岩石地貌上，没有绿色，没有任何植被。这里靠近斯洛文尼亚边境，与里尔克在卡普里岛度假期间所了解的意大利相去甚远。

他住进了一个位于建筑物拐角的面向大海的房间。他打开窗户，让咸味的空气进来。简朴的环境本来应该给里尔克一种纪律感，但他却感觉自己像一个被关在石墙里的囚犯。这个环境也加剧了自从他离开比隆宅邸就一直困扰着他的焦虑感。

见证罗丹的衰退让他意识到，假如他不趁现在直面自己的恐惧，它们就可能会一直追赶他，直到有一天他太虚弱，再也无力抵抗，它们就会抓住他——罗丹就是这样被对死亡的恐惧压垮了。"经过对罗丹的这番观察，我现在对一切变化、一切衰退、一切失败都感到担忧。因为那些并不明显的弱点,一旦我们留意到它们,只有当上帝还允许我们以足够的力量将它们表达出来的时候,我们才能继续承受。"他对公主说。他第一次想到要明确他的各种恐惧并找出根源,心理治疗或许是一种有用的方法。

里尔克一直有些害怕弗洛伊德以及他关于精神的新科学。他对安德烈亚斯-莎乐美说,他觉得弗洛伊德写的东西"令人不愉快,有些地方甚至十分恐怖"。他相信精神分析会让灵魂褪色,将其清空。几年来,每次弗洛伊德尝试与里尔克发展友情,里尔克都倾向于回绝他的邀请。弗洛伊德发表《论无常》后的下一年,他二十三岁的儿子恩斯特"终于见到了他的偶像里尔克",但是会面却并没有在弗洛伊德家里进行。"里尔克无论如何不肯再来拜访我们一次。"弗洛伊德写道。

但是在杜伊诺与世隔绝的状态下,里尔克开始感到,作为医学的一个分支,高度依赖讲述的精神分析,或许对于作家会很有用。里尔克当时写得非常少,因此就算接受治疗也没法让情况变得更糟糕。他写信给安德烈亚斯-莎乐美,问她是否认为弗洛伊德的谈话疗法可以帮助他。"亲爱的露,当我等人、需要人、寻找人的时候,我的状态就很糟……"他写道。

她收到这封信,浏览了他关于抑郁、肌肉疼痛和食欲不振的抱怨,然后看到了一个真正令她不安的段落。这段话不是关于他惯常的病痛,而是描述了他写作最近一首诗的过程。

那是一月里一个狂风大作的日子。在杜伊诺,来自匈牙利低地的寒冷的北风会与来自撒哈拉沙漠的暖风相撞,形成世界末日般的风暴，有如埃尔·格列柯画作中描绘的场景。在这样的一个下午，里尔克为了透透气，在天色将晚时出了门。他正想着必须要写的一封重要信件，没有留意到天气。公主从城堡里望见他在悬崖上踱步，双手插在口袋里，低着头陷入沉思。

然后，他听到风中有一个声音说："若我呼喊，天使的行列中有谁会听到？"里尔克停下脚步倾听。他把这句话写在笔记本上，这就是他的《杜伊诺哀歌》的第一行。回到城堡后，后续的诗句从他头脑中倾泻而出。在向安德烈亚斯-莎乐美描述这种灵感的涌现时，他说他几乎不觉得自己是作者。他感觉自己被一种更高的力量占据了。"那个借用我来写作的声音比我强大。"他后来对公主说。

里尔克的叙述让安德烈亚斯-莎乐美感到担忧。从他的叙述来看，写下那些文字的手仿佛从未存在过一样。这番难以捉摸的描述近乎自我否定，以极端的方式表现出了他的身体疏离①，她早就怀疑这正是他反复生病的根源。因此当里尔克问她，他是否应该去慕尼黑接受精神分析时，她表示同意。

他也问了已经在接受治疗的韦斯特霍夫，她说他至少应该尝试一下，否则就太懦弱了。里尔克接着写信给韦斯特霍夫的心理医生，问他自己是否适合接受治疗。他告诉医生，他认为自己的作品"其实一直都只是一种自我治疗"。问题是现在它似乎失效了。

但是里尔克还没出发，安德烈亚斯-莎乐美又赶忙发

---

① 指无法在身体的活动中感受到自我。

来一封电报：不要去，她请求道。她突然改变了想法，现在她认为精神分析对他的创造性构成的风险太大了。它很可能会在驱魔的同时，将天使也一起驱走。

里尔克觉得她说得对。或许他需要一点疯狂，才能推动自己完成《杜伊诺哀歌》。假如在他与马尔特漫长的缠斗中途出现一个进行精神分析的机会，他或许会立即接受。假如有一天他转行从事一个"非创造性的"职业，就像他写完那本书之后曾经思考过的那样，他也会再去考虑进行治疗。但是现在他下定决心，只要自己还是诗人，就不去做精神分析。

在那个惨淡的冬天剩下的时间里，他在杜伊诺寒冷的天气里光着脚行走，安德烈亚斯-莎乐美继续担当他非正式的心理治疗师，就像她在过去近十五年来所做的那样。她最近开始分析他的梦。在一封信中，里尔克告诉她，他梦见自己站在动物园里，周围都是动物的笼子。其中一个笼子里是一只白化的狮子，他说这让他想起法语词"曾记得"和"曾反映出"。笼子中间，一个笼罩在紫色和灰色的阴影中的裸体男子摆着姿势，就像塞尚画作中的人物。他不是驯狮员，而是"和狮子一起供人参观"，里尔克说。

这个梦中有许多巴黎的和《新诗集》中的意象，安德烈亚斯-莎乐美没有写下她对这个梦的解析，但是她对里尔克建议道，或许他需要的不是精神分析，而是应该回巴黎待一段时间。她并不喜欢他的《新诗集》，她感觉那些作品缺乏情感，不过至少他在这些作品中深入了现实世界。在最近听他谈到杜伊诺风中的声音之后，她认为再体验一下巴黎残酷的现实，对他会有好处。

一九一三年的春天，里尔克听取了她的建议，回到了位于首战街的老公寓，同时他也许诺帮韦斯特霍夫一个忙。她当时还住在慕尼黑，露丝也跟她在一起。她告诉他，自己一直希望为罗丹雕一尊胸像。罗丹已经答应过她，但随后就没了下文，因此她不确定他是否真的还愿意帮她。里尔克答应帮她去说说。

韦斯特霍夫相信里尔克一定能成功，于是四月就来到了巴黎，准备开始工作。接下来的两个月中，里尔克反复写信给罗丹，请求他为她做模特。他告诉罗丹，曼海姆的一家博物馆已经为这尊胸像下了订单，因此这件事关系到韦斯特霍夫的职业声誉。罗丹没有做出反应，里尔克又尝试诉诸他的自负心理，说塑造像他这么了不起的人物，或许正是唤醒韦斯特霍夫潜在的天赋所必需的。他引用了她在信中写到的一句话："我不敢奢望罗丹会愿意为我做模特。"

里尔克只收到了一封客气的回信，看上去罗丹简直是刻意不提这个话题。最后，里尔克告诉韦斯特霍夫，罗丹"这段时间显然不想再提关于这尊胸像的事了"。罗丹没有正式拒绝，但是也不想做出配合的举动。五月，他们得到最后一次请求此事的机会。罗丹邀请里尔克和韦斯特霍夫到默东跟他一起吃早餐。他们共度了一个美好的上午，告辞之前，里尔克表示，过几天他还会再和出版商一起来，为此和罗丹确认了时间。他们要来取几张罗丹作品的照片，放在关于他的专论的新版中作为插图。

罗丹早已同意发布这些照片。但是，里尔克在约好的日子回到这里时，罗丹却莫名其妙地改变了注意。他不肯把照片交给里尔克，也不说为什么。里尔克发誓，这是他最后一次容忍罗丹毁约了。韦斯特霍夫明白她不可能说服罗丹为她做模特了。她回了慕尼黑，改为为里尔克的朋友、捷克的女男爵西多妮·纳德尼雕刻半身像。

"任何事都不能再指望他了。"里尔克总结道。罗丹不计后果、出尔反尔的性情，和八年前他解雇他时一样"无法预料"。但这一次，诗人知道他们"很可能彻底决裂，不会和解了"。

第十八章

正当先锋派在巴黎出现之际,罗丹却目空一切地选择了和过时的人站在一起。在一九一三年的法国国家美术协会沙龙上,他展出了一尊完全不受欢迎的大理石半身像——艺术家普维斯·德·夏凡纳(Puvis de Chavannes)由于画了大量的装饰性壁画,在去世十五年后就变得无足轻重了。但罗丹坚称他是一位天才,并甘愿冒着损害自己名誉的风险来纪念他。

罗丹早已处于巴黎当代艺术的边缘,现在则开始更进一步远离巴黎。他开始到法国南部过周末,跟雷诺阿学习画油画,作为交换,他教他做雕塑。这时的雷诺阿年事已高,受着关节炎的折磨,不得不把画笔绑在手腕上。罗丹的身体也有些问题,但能在这个年纪学习一门新技能,让他感到了孩子般的快乐。

他前往那些他心爱的大教堂,怀着小时候在寄宿学校时那种单纯的敬畏观察着它们。他描摹它们的柱子、装饰线、彩窗和祭坛天盖,并记下自己的感受。近来,他一直在回顾从前的大师们的作品,因此自然也不会忘记那些教给他最多东西的建筑。大教堂是一切雕塑的母亲,它的身躯在数世纪中承载着那些浮雕、装饰、塑像,后来它们才

年迈的罗丹，大约拍摄于一九一三年

从它的墙壁上爬下来，成为独立的艺术品。罗丹认为，如果没有大教堂，我们今天所熟悉的这类雕塑就不可能存在。

一九一四年初，罗丹将这些感想和一百幅有一定相关性的画作放在一起，出版了一本书，题为《法国的教堂》（*Cathedrals in France*）。这本书跟随他的旅程，从沙特尔讲到博韦，再到拉昂，最后到了兰斯，讲述这座位于巴黎东北方向九十英里处的十三世纪哥特式建筑杰作，这是所有大教堂中他最钟爱的一座。

罗丹把书中最长的一章放在了兰斯主教座堂身上。他曾接连好几天"满怀敬畏和狂喜地"站在它面前。它身上几乎有一种"亚述的气质"，他写道，但是它整体的效果甚至比金字塔更有冲击力。罗丹用整整三十六页，陈述了他从教堂正面、从四分之三侧面、从他的旅店窗口、从教堂中殿、在白天以及在夜间观察到的各种技术细节。在中殿里度过的晚间时光，让他感觉像是身处一座石窟之中，仿佛阿波罗随时可能现身。他想象着假如《思想者》坐在这里的地下墓穴中该有多美，"巨大的阴影会加强它的效果"。

他写到教堂的钟，它们鸣响的频率似乎与云的流动同步；写到驼背的滴水嘴兽，它们已经从墙上跃入了他的噩梦。到了那一章的结尾，罗丹依然觉得自己还没有说出这座大教堂的哪怕一丁点妙处。"有谁敢说自己把这些都看过了呢？我只是分享几条心得罢了。"

罗丹说，兰斯主教座堂就是他的宗教。"建造这座大教堂的艺术家们，带给世界一点反映神性的东西。"这就是为什么他认为过去五十年的粗暴修复完全是一种亵渎。这些野蛮的修复者在哥特式主教座堂上使用的廉价合成材料，象征着"病态的法国……被关于利益的忧虑蹂躏的法国……在现在的法国，学校里的人们只知道说话，不再知道该如何做事"，他说。

罗丹认为，哥特式大教堂体现着法国的精髓，就像帕特农神庙对于希腊的意义一样。但大教堂对他来说成了一门已失传的艺术的象征，它们的消逝则标志着法国天才创造力的终结。然而，公众似乎根本不在乎。罗丹认为大教堂危在旦夕，急需祈祷的祝福。他在这本书中的合作者、象征主义诗人查尔斯·莫里斯（Charles Morice）甚至将罗丹描述为"一位带领他的人民前往应许之地的先知"。

这本书半是痛苦的呐喊，半是对行动的呼吁。罗丹恳求他的读者们为法国的孩子们保护好这些大教堂，并实地来参观它们。看照片是不行的；相机的镜头没有触觉，而眼睛可以抚摸。他还恳求游客们在大教堂前要保持耐心和谦逊，要像学徒在师傅面前一样，仔细研习。

罗丹的感慨归根结底，就是没有人再为旧的东西辩护了——这样说来，他的呼吁除了捍卫大教堂，可能也有一部分是为自己哀叹。"谁能相信进步？"他问，"如果无限进步论是正确的，我们早就变成神了。"当罗丹回到默东来完成这本书时，他的合作者感到了巨大的压力。他艰难地从罗丹的衬衫袖子上解读笔记。有一次他说，罗丹"想尽一切办法让我不痛快"。

一九一四年五月，书出版了。罗丹和莫里斯在比隆宅邸举办了一场朗读会，评价褒贬不一。一些评论家认为这本书完全是莫里斯代笔的。他肯定起了重要的作用，但很难想象有人能这么精确地模仿出罗丹那种极尽华丽的陈述。他用那么强烈的口吻做出审美上的论断，以至于读者常常认为他说的都是不容置疑的事实。书中充满了"热情洋溢的评价、崇高的思想、美妙的比喻"，评论家埃米尔·马勒（Émile Mâle）写道，但是他和其他评论家都强调，这本书不能被误认为是一部严肃的学术著作。有些评论家更进一步指责罗丹故意误导读者，让他们相信既然他是杰出的艺术家，那他自然也是哥特式建筑的专家。

罗丹还没来得及为自己辩护，整个世界就将注意力转向了那场正在全球范围发生的危机，他的这本小书很快被遗忘了。欧洲已经处于战争爆发的边缘。罗丹原本是为保护法国精神的象征而祈祷，此刻突然变成了为法国的存活而祈祷。

里尔克没有参加比隆宅邸的朗读会，也没有再到默东去见过罗丹。他在一九一四年初去过那里一次，是为了满足朋友玛格达·冯·哈廷伯格（Magda von Hattingberg）①的要求，在她来巴黎期间介绍她和罗丹认识。但他们来的那天下午罗丹不在家；他去和雷诺阿画画了。

于是里尔克带着冯·哈廷伯格在院子里走了走，乡村的风景和她想象的一样迷人。但她对里尔克说，房子看起来冷冰冰的，没有吸引力。里尔克向她解释说，这就是罗丹的生活：破败的家，没有取暖设备，周围都是剥削他的

---

① 奥地利作家。

朋友。这番景象让冯·哈廷伯格感到"非常绝望：人类的弱点和天才在一个伟大的创造性的人身上结合，而这个人正在孤独和忧伤中老去，"她在日记中写道，"我真希望我们没有去默东。"

里尔克在罗丹的晚年疏远了他，并非只是因为罗丹拒绝配合韦斯特霍夫做雕像，以及答应为他的书提供照片又反悔；他受不了的是罗丹颓然老去、屈从于自己的欲望、受到种种世俗事务困扰的样子。罗丹在里尔克最漂泊不定的时候接纳了他。"他的内心深处，像一所房子的内部那样黑暗、平安和宁静，而他自己则是房子上方的天空和周围的树林。"里尔克曾在一九〇三年这样写道。

罗丹不仅为里尔克提供了庇护，还教会了他雕塑的意义。他给了他构建自己的诗歌——就像木匠围绕自己建造四面墙壁那样——的蓝图。"一定要去创造，去创造才是关键，"里尔克明白了，"一旦你创造了一点什么，又会有十件、十二件东西被创造出来，接着又会有六七十个你留下来的小印记。所有这些都是时不时在这样或那样的冲动之下创造出来的。这样你就已经赢得了一小片立足之地。这样，你就再也不会失去自我。"

这就是里尔克长期以来遵从的信仰。当罗丹说"要工作，要一直工作"时，里尔克的理解是不能去享受生活。在诗人相信这样做就能达到大师的境界作为回报的时期，他是愿意付出这样的牺牲的。里尔克把自己隔绝起来，把他对人的爱转移到事物身上。他仿佛在水下，在一种不适合人类居住的地方生活。如果有人敢于在这个"没有空气、没有爱的空间"里安慰他，就像韦斯特霍夫尝试过的那样，他们的支持早晚都会衰竭，最终"在一种虚弱、悲惨的状态下"消逝。那些年里，里尔克逼着自己工作，已经接近疯狂的边缘。然而不论他如何努力，他还是没法完全扑灭自己生活的愿望。

两人的最后几次见面中，有一天罗丹对自己的老朋友发问道："谁会愿意离开这一切呢？"当时这位年逾古稀的艺术家在默东的花园里，望着那些大理石和石膏人像这样说，它们一直是他生活中最亲密的陪伴者。那一刻，他看起来那么满足：这些美丽的事物环绕着他，他忠实的伴侣伯雷就在旁边的屋子里，他头脑中还有那么多美好爱情的回忆。里尔克意识到，自己做出的那些牺牲，罗丹其实一项都没有做出过。罗丹并不是他的艺术的殉道者。他是怎么生活的呢？他的生活充满了享乐，而且完全是按照他想要的样子打造出来的。

罗丹不可能意识到，他在十年前说的话会让里尔克错过生命中一些最珍贵的体验。里尔克听到"要工作，要一直工作"的指示之后，就按字面意思照办了，为了未来的回报，放弃当下的生活。当他看到罗丹自己并未遵守这个信条时，他感到受了欺骗。但是他错在没有领悟到，罗丹根本不可能告诉他该如何生活。一位导师能够做到的最高境界，无非是鼓励学生，希望他们能在工作本身当中得到满足。里尔克开始意识到，在艺术的领域，根本没有什么在前方等待：没有神会现身，没有秘密会得到揭示，而且在大多数情况下，也没有回报。只有劳作。

六月下旬的一个上午，就在战争爆发之前，里尔克写了一首诗，讲述他为自己的作品付出的高昂代价。他曾经坐在一个个空荡荡的旅店房间里，曾经盯着大教堂的塔楼和关在笼子里的狮子，曾经睡在一张张空床上。但在这位终身观察者的体内深处，还有着一颗曾"痛苦地被众多意象活埋，但至今仍然能够感知的心"。

作为叙述者的里尔克已经将客观的观察推到了极限，此时他下定决心："或许现在我该学着变得更有人情味一点。"他将这首诗寄给了安德烈亚斯-莎乐美。标题是《转变》（"Turning"），因为它表现的是"如果我要活下去，就必须完成的"转变。

> 眼睛的工作已经完成，现在
> 去做心灵的工作吧……

一九一四年六月二十八日，弗朗茨·斐迪南大公遭到枪杀。两星期后，里尔克收拾行装，踏上了他以为会和往常一样的德国之旅：去哥廷根见安德烈亚斯-莎乐美，接着去莱比锡拜访他的出版商，最后去慕尼黑，见见露丝，并且再同安德烈亚斯-莎乐美会面。他认为这次旅行会很短，因此把所有的东西都留在他的公寓里了——罗丹送的书桌、挂在墙上画框里的家徽、他父亲的银版照片。他站在首战街等出租车时，他的女房东开始抽泣。里尔克不明白为什么。对于欧洲正处于崩溃边缘的现实，他毫无察觉。

里尔克于七月中旬抵达德国，两周之后，奥地利对塞尔维亚宣战了。有关岌岌可危的外交关系的新闻传遍了欧洲大陆，而里尔克对此依然漠不关心。他把俄国的国防动员视为故作姿态，继续按照自己的计划前往慕尼黑去见安德烈亚斯-莎乐美，表现得"像个孩子，对待有关政治的事，他一向如此"，一位朋友这样评价那个时期的里尔克。但是安德烈亚斯-莎乐美没有冒险登上一列可能会让她滞留在另一个城市的火车。她是对的。里尔克在六年之后才终于回到巴黎。

八月二日，里尔克无意中离开巴黎的两个星期后，士兵们在罗丹返回默东经过城门时扣押了他的车。进出巴黎的一切交通都被切断了。七十三岁的艺术家和他负责制作石膏模型的助手只能步行走回郊区。还好半路上一位同情他们的农民让他们上了他的马车。

那天晚上罗丹回到家，发现他的雇员们都受到征召，要去服兵役了。就连他那匹残疾的老马拉塔普兰也被征用了。接着，他又收到一封电报，建议他在四十八小时内将他的艺术品移至比隆宅邸的地窖。之前巴黎到处张贴传单，通知市民要进行国防动员时，罗丹并没有充分理解这次冲突有多么严重。

第二天，德国向俄国和法国宣战了。罗丹雇了一群搬运工，其中包括他的儿子奥古斯特，将他的雕塑作品紧急放进仓库，同时将尽可能多的作品运往英国。到了那个月底，德军已经逼近巴黎，并在城里发放大量传单，警告市民投降是他们唯一的出路。

九月一日，罗丹意识到是时候离开了。他和伯雷把奥古斯特留在默东，来到火车站，从刚刚到达的士兵们中间挤了过去，登上了开往英国的火车。罗丹的一位亲戚暂时接管了他的庄园。一周后，在勉强将巴黎拯救下来、免于被德军占领的马恩河战役中，这里还充当了野战医院。

罗丹和伯雷在他们的朋友朱迪特·克拉黛尔伦敦的家中避难。罗丹在流亡英国的生活中看到了一丝慰藉：至少那年秋天他的《加莱义民》在议会大厦花园中举行的揭幕仪式，他可以到场参加了。然而在最后关头，策展人认为在德军正在围困加莱的时候，来为这尊纪念加莱在历史上做出的牺牲的雕塑揭幕，是不合适的。

尽管这个决定让罗丹很失望，却远远不及他到达伦敦几周后得知的消息那么让他受打击。一天上午，罗丹打开《每日邮报》，看到一张兰斯大教堂被炸成瓦砾的整版照片。

"他的脸色变得煞白，好像快要死了。有两天时间，悲伤让他苍白而沉默，他自己似乎也成了遭到破坏的大教堂身上的一尊雕像。"克拉黛尔说。德国人非常清楚兰斯主教座堂作为法兰西民族创造力之象征的重要地位，又对

一九一四年九月，兰斯遭到轰炸

它的废墟进行了四年的轰炸。罗丹预言道，未来"人们会称之为'兰斯的陷落'，就像我们现在说到'君士坦丁堡的陷落'一样"。

这也许是罗丹第一次发现自己热切地关心政治。他写信给曾住在比隆宅邸的和平主义作家罗曼·罗兰说："这不仅仅是一场战争。这场上帝降下的灾祸是全人类的浩劫。从前的时代一去不复返了。"他的爱国心更加坚定了，十一月，他向伦敦的维多利亚和阿尔伯特博物馆捐赠了十八件雕塑，作为送给抗击德军的英国兄弟的礼物。德意志皇帝威廉二世希望请罗丹为自己制作半身像，报出了不可思议的十二万五千法郎的高价。罗丹拒绝了这项委托，说道："我怎么能为法国的敌人做雕像？"

兰斯陷落两个月后，罗丹和伯雷离开伦敦，来到了罗马，他受委托为教皇雕塑半身像。本笃十五世同意做十二次模特，但是才三次之后就不来了。他似乎不喜欢长时间保持一个姿势，跟罗丹说他太忙，不能继续了。接下来，教皇的一位助理竟拿来一些教皇的照片给罗丹，作为替代，罗丹解下围裙，怒气冲冲地夺门而出。一位曾经帮忙安排了这个项目的朋友，那天在梵蒂冈的阶梯上遇见了满眼泪水的罗丹。他不得不扶着伤心的老艺术家走下了台阶。

几个月后，战事从法国转移到了比利时，罗丹回到了巴黎，继续雕塑教皇的半身像。这件作品与本人很像，但罗丹哀叹道：教皇配合的话，这本来可以成为一件"杰作"。

在战争的最初几个月中，当罗丹被迫离开巴黎时，里尔克却遇到了异常的好运。九月，他的出版商通知他，一位即将上前线的匿名捐助者向他和另一位诗人格奥尔格·特拉克尔（Georg Trakl）捐赠了两万奥地利克朗。里尔克从未得知这位神秘赞助人的身份。后来人们发现，此人正是维也纳哲学家、钢铁巨头的继承人路德维希·维特根斯坦，他很欣赏里尔克早期的抒情诗。

对里尔克来说，这件事就像"独角兽存在一样令人震惊"。这是他一生中少有的一段舒适期的开端。一九一五年，他有了一位女友，画家卢卢·阿尔伯特-拉萨德（Loulou Albert-Lasard）；慕尼黑的一位女赞助人还让他在自己度假期间免租住在她的河畔公寓里。里尔克每天都在她的起居室里凝视着一幅奇怪而有趣的画，其中表现了六位孤独的马戏团演员，这就是毕加索的《卖艺人家》（*Family of Saltimbanques*）。这幅画后来也在里尔克的《杜伊诺哀歌》的一首中出现。

但是到了十一月末，奥地利开始在战争中失利。军方放宽了入伍的年龄限制，突然之间，里尔克也符合条件了，要"被紧急送往鬼知道什么地方"去了。他的出生日期进入被征召范围之后，医生委员会的官员宣布他适合入伍。他被命令于一月前往山区小镇图尔瑙报到。

里尔克赶忙给冯·图恩和塔克西斯公主写了一封信，问她是否有能力把他从这场噩梦中拯救出来。她竭尽全力调动各种关系，却没有用。政府坚持要求里尔克加入第二预备部队。"我很害怕，很害怕。"他对公主说。

将近四十岁的里尔克像少年时期一样，不情愿地把僵硬的军装领子扣到了最上面，去新兵训练营报到了。这些事和他记忆中一样令他痛苦。其他士兵仍然欺负他，同时还为他的名字听起来像女孩取笑他——这里用的是他出生时登记的名字勒内。三个星期后，里尔克厉害的关系终于开始发挥作用，他被调到维也纳做文职工作了。据说，公主还亲自来到兵营，护送他离开。

里尔克的新岗位在战争档案馆，他要负责将正在进行的战斗简短地、用歌颂的腔调报道出来。里尔克厌恶这种篡改历史、"包装英雄"——他这样形容——的做法。不过，他还是拿出了通常写诗才会用的认真劲儿对待这项任务。一天，他揉了一页又一页纸，就是写不出他们要求的东西。他对上级说自己遇到了写作障碍，于是那位上校拿来一沓纸和一把尺子给他，让他在这些纸上画线。

"他认真地连续几个小时画着垂直和水平的线条。有时两条线之间的距离只有两毫米，但他画得极其精确，他的态度也非常谦逊。"他的一位同事回忆道。

就这样，在五个月的时间里，奥地利让自己当时最伟大的诗人在纸上画线。一九一六年六月，军队终于让里尔克退役了。

教皇的半身像是罗丹的最后几件作品之一。回到巴黎时，他"很累；战争让他感到震惊，让他恐惧"，他的秘书马塞尔·蒂雷尔说。他在最后两年中几乎没有再做雕塑。只有为了重要的会面，他才会去比隆宅邸。他大部分的时间都待在默东，与伯雷一起度过。

一些朋友敦促他早日跟伯雷结婚。她在这么多年来对他保持忠诚，这显然是应该的。罗丹最终同意了，于一九一七年一月二十八日与他半个多世纪的伴侣结了婚。在附近一家军工厂的爆炸声中，默东市长为他们举行了仪式。他们的儿子、几个亲密的朋友和雇员也在场，他们注意到在这个简短的仪式中，罗丹全程微笑着，时不时看看糕点桌。伯雷一如既往地阴沉着脸。

几天后，罗丹的新娘开始剧烈地咳嗽。服药的间隙，她对罗丹的秘书蒂雷尔说"我一点也不害怕死"，但是她不想比罗丹先走，留下他一个人。两周后，情人节那天，蒂雷尔回到家，发现罗丹站在房间中央，"像一尊雕像一样"盯着伯雷。他泪流满面，低声说："只有我一个人了。"她在那天因肺炎过世了。蒂雷尔给伯雷换上一条白色的裙子，他们把她埋在了默东花园思想者雕像脚下的合葬墓里。

在这之后，罗丹的健康状况很快恶化了。他的肺部感染，无法离开默东，几乎独自一人度过了生命中的最后几

罗丹和伯雷的墓

个月。他抱怨道，一个心眼不好的护士把他像孩子一样关在房子里。来看他的只有几个过去最爱他的情妇，以及几个贪心的相识——他们还希望得到一张他临终前的画作或照片。他的儿子也回到这里住了一段时间，但在得知本以为他能够继承的遗产都将被捐给国家之后，连他也离开了。从法律的角度看，奥古斯特只是伯雷的儿子，因此，没有遗嘱的支持，他无权从罗丹这里得到任何东西。

最后的五天，罗丹躺在床上，浑身发抖，由三名护士照顾，他称她们为"他的命运三姐妹"。一九一七年十一月十八日，他的肺部积满了水。据说，在生命的最后一刻，他呻吟着为已故的偶像辩护道："而人们居然说普维斯·德·夏凡纳不是一位杰出的艺术家！"

韦斯特霍夫比里尔克先听说罗丹去世的消息。她又回到了沃普斯韦德，正和露丝一起经营她最终的家，就在这个时期，她将这个悲伤的消息转告了里尔克。她说："他不在了，巴黎将是一片荒芜。"

里尔克正要给韦斯特霍夫发一封迟到的生日祝福，却先收到了她的信。尽管里尔克和罗丹没有就最后的分歧和解，这个消息还是让他痛苦不已，对于当时生活中的一切其他事务，他再也无心顾及。"你将像我一样沉浸在回忆与悲伤之中。我们已经失去了巴黎以及那里的一切，现在又将承受这桩巨大的损失。"他在给韦斯特霍夫的信中说。

从那天起，里尔克坚称罗丹对他的影响超过了任何人。里尔克认为，如果罗丹的过世不是发生在战争期间，或许自己也不会那么痛苦了；而战争又持续了一年。安慰他的信件开始涌入他在慕尼黑的公寓，更加让他感到生活是极其不人道的。

一天，他的朋友凯斯勒伯爵为了安慰他，告诉他说，他发现自己的服役还是有意义的。他说，光是看到有那么多人在他周围牺牲，就让他非常感动。

里尔克把头埋在手中。他说，战争造成的死亡没有任何意义。唯一值得的牺牲是为艺术做出的牺牲。只有罗丹的青铜雕像、米开朗琪罗的大理石雕像或杜伊诺深蓝的大海才值得争夺，他对凯斯勒说。战争只是没有信仰的人的消遣。

凯斯勒在日记中写道，他这才意识到里尔克对人性的了解多么少。对于这位完全生活在精神领域的诗人来说，战斗一定是太真实、太物质了。他得出结论，阿波罗就是里尔克唯一的神。

没有什么可以安慰像里尔克这样在战争中受到伤害和打击的人们，但作家西尔维亚·比奇感到，一九一九年罗丹博物馆的开幕还是为巴黎人带来了些许希望。战争导致它的正式批准推迟了几年，但现在士兵们已经"从战场归来，回到艺术永恒的美中间，将会有许多人从世界各国赶来，到罗丹博物馆——这座美的圣殿来朝圣"，她写道。如今，这座博物馆仍然是全世界收藏罗丹作品最多的地方。建筑侧面的一块牌子上写着："莱纳·马利亚·里尔克于一九〇八年至一九一一年间在此居住。是他把这个地方介绍给了奥古斯特·罗丹。"

第十九章

自从战争爆发以来,里尔克一直在问自己:我属于哪里?战斗初期,火车上士兵的歌声曾经让他充满对祖国奥地利的自豪感。但他亲眼看到战争造成的浪费之后,这种爱国情绪迅速消解了,他逐渐开始与日益壮大的和平主义运动站在一起。

离开军队后,他回到了慕尼黑,但是他感觉自己并不属于任何一个国家。"我身后有那么多荒废的岁月,或者至少我没有充分把握。现在,我要义无反顾地朝着一种清醒的自我掌控的状态而生活。"他写道。一九一八年奥匈帝国的解体进一步加强了他贯穿一生的无家可归之感。一夜之间,里尔克在法律上成了捷克斯洛伐克公民,但他甚至不会说那个民族的语言。

这时的里尔克对自己母语的感情也很淡漠。已经掌握了法语的他,总是感到用德语找不到能表达自己意思的词。以"手心"这个词为例:法语有 paume,意大利语有 palma,但德语没有一个词能描述手的内部,他说。他能找到的最接近的德语词,字面意思是"手盘",让人联想到乞丐乞讨的画面,在里尔克看来恰恰完美地表现了德语的贫瘠。

在里尔克生命的最后阶段,他定居在瑞士的法语区,并将自己的名字从莱纳改回了勒内。当时法语国家的反德情绪依然十分高涨。里尔克很快开始用法语写作了,有时甚至不知不觉地用法语思考。用外语写诗很有挑战性,但重新探索如何表达的过程,让他感觉自己像个孩子,正在用全新的眼睛体验世界。

一九一九年,里尔克开始逐渐将战前感受到的情感"转折"的躁动付诸行动。他仍然保持着孤独,但现在他已经准备好去进行长期以来禁止自己从事的"心灵的工作"了。他终于想要给予别人一些东西了。

十几年前,黑发的波兰画家巴拉蒂尼·克洛索夫斯卡(Baladine Klossowska)与里尔克在巴黎第一次见面。那时她还是别人的妻子。她的丈夫德国艺术史学家埃里希·克洛索夫斯基(Erich Klossowski)也为"艺术"丛书写过一本专论——就是收录了里尔克关于罗丹的专论的那个系列。几年间,两位作家时不时会相遇。其中有一次是在巴黎,就在罗丹解雇里尔克之后的第二年,诗人请这对夫妇来到自己的小公寓,听他朗读《时祷书》中的一些诗。

战争结束后,巴拉蒂尼·克洛索夫斯卡作为德国公民,不得不离开巴黎。她去了日内瓦,一九一七年与丈夫分居。两年之后,里尔克到日内瓦做一次朗读活动时去看望了她。两位老朋友迅速发展成了恋人,原计划五天的拜访延长到了十五天。

很快,他们开始一天三次地给对方写信。一九二一年夏天，他们开始一起翻修一座房子。建于十三世纪的穆佐（Muzot）城堡坐落于罗讷河谷中一处陡峭的悬崖顶端。它看上去像一个坚固的石头方块，仿佛原本的城堡坍塌了，只有守卫塔保留下来。它灰得发紫的墙壁和塔楼让人想起塞尚笔下的山脉，而它贫寒的内饰——剥落的石墙，没有水和电——想必会让罗丹满意。

里尔克成了一位慈爱的、有强烈保护欲的父亲，照顾着克洛斯索夫斯卡的两个儿子。两人都是崭露头角的艺术家。长子皮埃尔是作家，较小的巴尔塔萨才十一岁，已经表现出了绘画天赋。又高又瘦、爱惹麻烦的巴尔塔萨在学校里未能进入较好的班级时，里尔克向校长抗议说，问题并不是出在这个孩子的成绩上，而是"学校的极端迂腐"。

一天，一只流浪的安哥拉猫溜进了房子，加入了这个家庭。他们给它取名为米苏（Mitsou），它成了巴尔塔萨最亲密的伙伴。它跑掉之后，他画了四十幅粗线墨水画，描绘了他们一起度过的时光：他们一起睡，一起吃饭，一起过圣诞节。最后一幅画是巴尔塔萨擦眼泪的自画像。

里尔克惊讶于画中体现出的天赋和敏感。他太喜欢这些画了，于是帮助巴尔塔萨将它们出版成了一本书，题为《米苏》。巴尔塔萨听从里尔克的建议，署名时用了自己的昵称巴尔蒂斯（Balthus）。这位现代艺术中最著名、最具争议性的画家之一，在他漫长的职业生涯中一直保留着这个笔名。

里尔克为这本书作了序。他在其中对猫难以捉摸的特性进行了一番思索，这是他第一篇用法语出版的文字。文章以一个问题开头："有人了解猫吗？"狗对人类坚定不移

里尔克、年轻的巴尔蒂斯和巴拉蒂尼·克洛索斯卡在瑞士

的崇拜,既美好又可悲。而与狗不同,"猫就只是猫。它们的世界完完全全是猫的世界。你觉得它们在看着我们吗?"。几乎完全没有,他说。就算它们的目光停在我们身上时,它们也早已忘记我们的存在。

书出版后,弗朗茨·卡夫卡的第一位出版人库尔特·沃尔夫(Kurt Wolff)看到了这本书,他认为这些画好得"令人惊讶,几乎令人恐惧"。后印象派画家皮埃尔·博纳尔(Pierre Bonnard)写信给里尔克"女士",对《米苏》"大加赞扬"。巴尔蒂斯在成名后的这些年里一直对里尔克赞不绝口,是十分自然的。他认为他是"一个了不起的人,十分令人着迷。他有着出色的头脑,有一双大大的蓝眼睛。他有一种梦幻般的嗓音和非凡的魅力"。

诗人一直把这个男孩作为平等的艺术家来对待。在谈到他的一系列画作时,里尔克对十二岁的巴尔蒂斯说:

"这些画的构思非常迷人,其中的从容显示了你内心的财富;这些构图一如既往地凸显了你所做出的选择有多么出色。"他想象着如果他们两人有机会并肩看这些画的话,一定会感到"完全相同的快乐"。

《米苏》出版后,里尔克把自己关在穆佐城堡,度过了一个漫长而寒冷的冬天。接着,在一九二二年二月,他完成了《致俄耳甫斯的十四行诗》(*Sonnets to Orpheus*)的全部五十五首诗。他女儿十几岁的朋友韦拉·努普的离世激发他写下了这些诗——原本跳舞的她,在白血病搞垮了她的身体之后,转向了音乐。里尔克说这些诗就像《杜伊诺哀歌》一样,他几乎是在无意识的状态下想到那些诗句的。后来,评论家们认为《致俄耳甫斯的十四行诗》是里尔克抵达诗艺最成熟时期的关键点。但在他自己看来,这些诗无非是《杜伊诺哀歌》的思想溢流的结果,而《杜伊诺哀歌》也正是在那年最后一次"精神的风暴"中完成的。

那年春天,他的女儿露丝嫁给了一位名叫卡尔·西伯的年轻律师。里尔克没有出席婚礼,也从未见过她的丈夫。"我非常渴望什么都不做,"里尔克在这个时期对巴尔蒂斯说,"你可以想象一个邪恶的巫师把我变成了一只乌龟。这种假想非常接近现实:我有一副坚固的外壳,对任何挑战都漠不关心。"

克洛索夫斯卡也感到里尔克越来越远离她的生活了。这对情侣的关系维持了五年,但他坚持大部分时间都在远方度过,或者把自己关起来。他的缺席让她非常痛苦。"但我们是人,勒内。"有一次,在他动身离开时,她这样说。最终，克洛索夫斯卡发现自己无法靠绘画谋生——里尔克显然没有提供帮助——她带着孩子们去了柏林，和她姐姐住在一起。接下来的两年，他们在德国和瑞士两地生活，在此期间，克洛索夫斯卡常常向里尔克报告巴尔蒂斯的进步。"他开始有自己的观众群了，"她写道，"勒内，你会看到的，他会成为一位伟大的画家……"

里尔克与克洛索夫斯卡的恋爱以与其他女性的关系大致相同的方式结束。他逃离了亲密，选择了孤独。尽管如此，他仍然热切地帮助她的两个儿子。皮埃尔·克洛索夫斯基十八岁时，里尔克介绍他到巴黎为纪德担任秘书，协助这位作家创作小说《伪币制造者》。里尔克不停地向他的朋友询问这个男孩需要多少钱、他应该学习什么、他应该从事什么工作。后来，皮埃尔撰写了有关尼采和萨德侯爵的很有影响力的专著，翻译了卡夫卡的作品，并且凭自己的实力成了一名画家。

大约在同一时间，里尔克也建议当时十六岁的巴尔蒂斯前往巴黎。和里尔克一样，这位年轻的画家后来放弃了学业，让城市做他的老师。他因为《米苏》很早就受到了公众认可。里尔克于是给了他一本威廉·沃林格的版画史，把他送到了巴黎，同样放在了纪德门下。

一九二五年一月，里尔克把新写的诗题献给了巴尔蒂斯。这首题为《纳西索斯》（"Narcissus"）的诗把一个十六岁男孩极端的自爱视为其艺术觉醒的先决条件。那年秋天，巴尔蒂斯每天都在卢浮宫度过，临摹尼古拉·普桑的画作《厄科与纳西索斯》（*Echo and Narcissus*），并在画中的一块石头上写下："致勒内"。

纵观巴尔蒂斯的职业生涯，他早年与里尔克共同生活的主题一直出现在他的作品中。众所周知，他几近偏执地坚持画猫，画像猫一样懒洋洋地躺着的女孩。他的传记作者尼古拉斯·福克斯·韦伯写道，巴尔蒂斯年轻时就认定自己有着猫一般的灵魂，在生活中和自画像中，他都散发出"猫那样的高傲的自信和难以接近的气息"。他有时会在作品上署名为"H. M. 猫之王"①。

巴尔蒂斯作品中另一个持续的主题是窗——通常他表现的是女性从窗户跌落，或从窗户向外望。在等待里尔克回来的时期，巴尔蒂斯的母亲把大部分的时间都放在窗边度过。为了迎接他的到来，她在窗台上摆了一盆一盆的花，这样她坐在那里时，也有些东西可看了。有时候，他离开得太久，她只好眼看着花蕾绽放，然后枯萎、死亡，而他还没有回来。在克洛索夫斯卡看来，里尔克就像猫一样来去匆匆，无法预测。

里尔克和克洛索夫斯卡在交往初期曾到一个瑞士小镇旅行，从那时候开始，里尔克就对窗十分着迷。他想，这些乡村房屋的窗户多么像是其中正在进行的生活的画框。以后他要为窗写一本书，他说。他没有实现这件事，不过确实写了一组题为《窗》的诗，克洛索夫斯卡还为之配上了插图。在这组诗中，窗对里尔克有许多重意义：它们是眼睛、视野、对期望的衡量。窗是一种邀请，吸引你靠近，但也诱导你坠落；它们可能意味着恐怖的开端。"那天她是窗的心情，"诗这样开始，"生活似乎只意味着

---

① "H. M."代表的意义不明。

凝望。"里尔克去世一年后，克洛索夫斯卡将这些作品出版为一本题为《窗》的小书。

窗也传达出了 Weltinnenraum——"世界内在空间"——的精髓。这是里尔克后来创造出来的一个词，以此来描述内心与外部世界之间的分界坍塌之后展现出的空间。在这个领域中，自我仿佛在天空与灵魂之间无声飞翔的鸟，他说。里尔克在一首题为《世界内在空间》的诗中，将之表现为一个既自相矛盾又现实的概念："……啊，因为想要成长，/ 我向外望去，于是树在我心中成长。"他写道。世界内在空间让里尔克回想起三十年前在慕尼黑接受的哲学教育。他努力描述道，他在观看舞蹈表演时，舞者的动作似乎同时发生在舞台上和他自己的肌肉中；他昔日的美学教授特奥多尔·李普斯可能会很欣赏这个想法。

这个中间领域，是里尔克唯一认同为家的地方，是万物最终安定下来的空间。对他来说，房子是一个容器，而他是从窗户里溜出来的空气，是在夜间逃走的猫。他是鬼魂，是传说——首先是死去姐姐的鬼魂，后来他也终于成了自身死亡的执行者。他终于为自己的死创作出了完美的隐喻。

一九二六年十月的一天，为了从花园里采一束花，里尔克被玫瑰的荆棘刺伤了手指。伤口在几天之内恶化了。化脓性的感染扩散到他的手臂，然后扩散到了另一只手臂，接着开始入侵他的整个身体。他的皮肤上长出了黑色的血泡，溃疡从口腔前部一直蔓延到食道，他干渴难耐却

一九二三年,里尔克在瑞士穆佐城堡

无法喝水。到了十二月，他知道自己已经不久于人世。

在生命的最后一天，里尔克请医生握住他的手，时不时捏一下。如果他醒着，他就会捏一下医生的手。如果没有，医生应该将他在床上直立起来，让他回到"意识的边缘"。里尔克并不害怕疾病，因为他从小就熟悉这个领域；他也不害怕死亡。

死亡只是生命展开的过程。它是有意识的生物向纯粹的物质的转化，但这至少确凿地证明了这个人曾经真实存在——在里尔克眼中，这并非总是不言而喻的事实。对他来说，死亡是一个要被"审视"的事物，就像任何其他事物一样。一九○六年，在父亲去世后不久，里尔克写下了《诗人之死》（"The Death of the Poet"），他在其中描述了死者的面容："柔和而坦白，再没有抵抗，／像果肉在空气中衰败。"现在他即将见证的则是自己的死亡。

里尔克曾看到对死亡的恐惧让罗丹在生命尽头多么悲惨，现在他相信，应对疾病带来的屈辱的唯一方式，就是接受它。里尔克在床边的笔记本中，写下了他最后一首诗。诗的开头，他召唤着病痛，就像召唤幽灵一般："来吧，你是我认出的最后一件事……"这一页的结尾，他提醒自己，一定要将死亡带来的这最后一次"弃绝"，与他儿时的疾病区分开来。"不要把早年那些奇特的经历和这件事混为一谈。"他写道。

直到生命的最后一刻，里尔克都拒绝服用止痛药。他拒绝去医院，因为那里还有其他人死亡。他拒绝陪伴，他的妻子和女儿也不能来。他拒绝知道他的疾病的名字。他已经认定死因就是有毒的玫瑰——而且他的死将是属于他自己的。一九二六年十二月二十九日,他五十一岁生日三个星期后,死亡终于到来了,他大睁着眼睛迎接了它。

里尔克让人把他的遗言刻在了墓碑上:"玫瑰,啊,纯粹的矛盾,眼睑重重,却无意入眠。"那年,大地回春之际,玫瑰丛苏醒了,毫不在意压在土上的墓碑。它们围绕着墓碑开放,年轻的花瓣温柔地张开,环绕着沉睡中浑然不觉的花心,仿佛许多嘴和眼睑,做好了接受的准备。

里尔克去世后的那个周日,人们为他举行了一场简短的天主教仪式。一名小提琴手兼管风琴手在教堂内演奏了巴赫的音乐,孩子们在外面一英尺厚的雪中,围着空的墓坑站了一圈。里尔克合作多年的编辑安东·基彭伯格(Anton Kippenberg)和几位瑞士的赞助人都到场了。据说巴尔蒂斯也赶来了,随后在山里哭了好几天。

二十年后,年近四十的巴尔蒂斯出版了里尔克在去世前的几年间写给他的一系列信件,题为《致一位年轻画家的信》。第一封信是写给十二岁的巴尔蒂斯的。里尔克写道,罗丹曾告诉他,在读《效法基督》(*The Imitation of Christ*)时——这本十五世纪的书指导人们如何过精神充实的生活——每次他遇到"上帝"这个词,都会在心里用"雕塑"来代替。这样做效果很好,由此产生了一些奇特的章节标题:"我们必须怀着谦卑和真诚在雕塑面前行走",以及"蔑视世界并为雕塑服务是甜蜜的"。

里尔克让巴尔蒂斯对《米苏》①也这样做：每次读到里尔克的名字，都用自己的名字来代替。"这本书中你的那部分工作又劳累，又悲伤，"里尔克写道，"而我的部分则无关紧要，而且都很愉快。"巴尔蒂斯已经用这本书证明了自己，此时已经在成为大师的路上。看清这一点，是真正成为大师的第一步。

---

① 由于巴尔蒂斯尚未成年，出版商提供的合同中，作者部分写的是里尔克的名字，并请里尔克签约。里尔克随信附上了合同，请十二岁的巴尔蒂斯过目，如果他一切同意，里尔克再签名寄回给出版商。

致谢

感谢马特·威兰德(Matt Weiland)热情饱满地对我的几版书稿进行了细致的编辑。我还要感谢诺顿出版社的雷米·考利(Remy Cawley)始终耐心解答我的疑问,并感谢我的经纪人莱瑞·维斯曼(Larry Weissman)从始至终的鼓励支持。

感谢所有允许我使用图片的个人和机构。感谢莱纳·马利亚·里尔克的家人们,特别是贝尼塔·西伯-里尔克(Bettina Sieber-Rilke),允许我访问他们家族的档案,极大地丰富了这本书的内容。

如今一切有关里尔克和罗丹的文论,都得益于拉尔夫·弗里德曼(Ralph Freedman)、史蒂芬·米切尔(Stephen Mitchell)、爱德华·斯诺(Edward Snow)、弗雷德里克·V. 格仑菲尔德(Frederic V. Grunfeld)、露丝·巴特勒(Ruth Butler)等学者、翻译家和传记作家的成就。我尤其受到乔夫·戴尔(Geoff Dyer)、威廉·加斯(William Gass)和刘易斯·海德(Lewis Hyde)的作品的启发,他们有关里尔克和罗丹的论著展现出了深刻的洞见。

许多朋友在整个写作过程中支持了我:惠特尼·亚历

山大（Whitney Alexander）、斯蒂芬妮·贝雷（Stephanie Bailey）、夏洛特·贝克特（Charlotte Becket）、劳伦·贝尔弗（Lauren Belfer）、本·戴维（Ben Davis）、娜塔莉·弗兰克（Natalie Frank）、安德鲁·哥德斯坦（Andrew Goldstein）、瑞安·麦克帕兰德（Ryan McPartland）、艾美·迈克尔森（Emmy Mikelson）和凯瑟琳·穆斯雷克（Kathryn Musilek）。我要特别感谢莱纳·伽纳尔（Rainer Ganahl）严谨的翻译和阅读。最后，我还要感谢我的母亲、我的继父、我的兄弟泰勒（Tyler）和我的祖父母，还要特别感谢芭比切卡·奥尔加（Babička Olga），感谢他们这些年来对我始终如一的亲切和信任。

注释

常用文献

Rainer Maria Rilke, *Letters of Rainer Maria Rilke*, 1910—1926. Translated by Jane Bannard Greene and M. D. Herter Norton. New York: W. W. Norton, 1969. 如无特别说明,里尔克的信件均引自本书。

AR—Rainer Maria Rilke, *Auguste Rodin*. Translated by Jessie Lemont and Hans Trausil. New York: Sunwise Turn, 1919, 39.

BT—David Kleinbard, *The Beginning of Terror: A Psychological Study of Rainer Maria Rilke's Life and Work*. New York: NYU Press, 1995.

CF—Auguste Rodin, *Cathedrals of France*. Translated by Elisabeth Chase Geissbuhler. Boston: Beacon Press, 1965.

DF—Eric Torgersen, *Dear Friend: Rainer Maria Rilke and Paula Modersohn-Becker*. Evanston, IL: Northwestern University Press, 2000.

DYP—Rainer Maria Rilke, *Diaries of a Young Poet*. Translated by Edward Snow and Michael Winkler. New York: W. W. Norton, 1997.

FG—Frederic V. Grunfeld, *Rodin: A Biography*. Boston: Da Capo Press, 1998.

LB—Lou Andreas-Salomé, *Looking Back: Memoirs*. Edited by Ernst Pfeiffer. Translated by Breon Mitchell. New York: Paragon

---

* 注释页码为原书页码,可按本书边码检索。

House, 1991.

LC—Rainer Maria Rilke, *Letters on Cézanne*. Translated by Joel Agee. New York: Macmillan, 2002.

LP—Ralph Freedman, *Life of a Poet: Rainer Maria Rilke*. Evanston, IL: Northwestern University Press, 1998.

LYP—Rainer Maria Rilke, *Letters to a Young Poet*. Translated by M. D. Herter Norton, New York: W. W. Norton, 1934; revised edition, 1954.

LYR—Marcelle Tirel, *The Last Years of Rodin*. Translated by R. Francis. New York: Robert M. McBride, 1925.

JA—Harry Graf Kessler, *Journey to the Abyss: The Diaries of Count Harry Kessler*, 1880—1918. Translated by Laird Easton. New York: Vintage, 2011.

PMB—Paula Modersohn Becker, *Paula Modersohn Becker: The Letters and Journals*. Edited by Günter Busch and Liselotte von Reinken. Translated by Arthur S. Wensinger and Carole Clew Hoey. Evanston, IL: Northwestern University Press, 1998.

PR—Anthony Mario Ludovici, *Personal Reminiscences of Auguste Rodin*. Philadelphia: J. B. Lippincott, 1926.

RA—Albert E. Elsen, *Rodin's Art: The Rodin Collection of Iris and B. Gerald Cantor Center of Visual Arts at Stanford University*. Oxford: Oxford University Press, 2003.

RAS—Rainer Maria Rilke and Lou Andreas-Salomé, *Rilke and Andreas-Salomé: A Love Story in Letters*. Translated by Edward Snow and Michael Winkler. New York: W. W. Norton, 2008.

RL—Wolfgang Leppmann, *Rilke: A Life*. Cambridge, UK: Lutterworth Press, 1984.

RP—Ruth Butler, *Rodin in Perspective*. Upper Saddle River, NJ: Prentice-Hall, 1980.

RR—Anna A. Tavis, *Rilke's Russia: A Cultural Encounter*. Evanston, IL: Northwestern University Press, 1997.

RSG—Ruth Butler, *Rodin: The Shape of Genius*. New Haven, CT: Yale University Press, 1996.

导言

x "也许我们生命中一切可怕的龙": Rainer Maria Rilke, *Letters to a Young Poet*. Translated by Stephen Mitchell. New York: Random House, 1984, 92.

第一部分

第一章

4 "仰着头": CF, 252.

8 "艺术本质上是": Quoted in Horace Lecoq de Boisbaudran, *The Training of the Memory in Art: And the Education of the Artist*. London: Macmillan, 1914, xxvi.

9 "你是为艺术而生的": RSG, 17.

9 "一座行走的神庙": Albert E. Elsen, *Rodin's Art: The Rodin Collection of Iris and B. Gerald Cantor Center of Visual Arts at Stanford University*. Oxford: Oxford University Press, 2003, 186.

10 "总有一天": RSG, 15.

10 "精力、意志、决心": RSG, 13.

10 "手握着艺术天堂的钥匙": PR, 51.

11 "既然只有乞丐的命": RSG, 18.

11 "你做得不对"……"我立刻就明白了": Judith Cladel, *Rodin: The Man and His Art, with Leaves from His Notebook*. New York: Century, 1917, 113.

12 "我多么想": Ronald R. Bernier, *Monument, Moment, and Memory: Monet's Cathedral in Fin de Siècle France*. Lewisburg: Bucknell University Press, 2007, 69.

12 "短暂陶醉": Frederick Lawton, *The Life and Work of Auguste Rodin*. New York: C. Scribner's, 1907, 16.

12 "我在哪里学会了解读雕塑": Jennifer Gough-Cooper, *Apropos Rodin*. London: Thames & Hudson, 2006, 20.

13 罗莎·博纳尔：Frederick Lawton, *The Life and Work of Auguste Rodin*. New York: C. Scribner's, 1907, 19.

13 "不错,很好":PR, 2.

13 "狮子死了":Quoted in Glenn F. Benge, *Antoine-Louis Barye: Sculptor of Romantic Realism*. University Park: Pennsylvania State University Press, 1984, 37.

14 "它们在奔跑"……"一个想法突然在我头脑中产生":FG, 29.

14 "继承并发扬了巴里的雕塑艺术":Quoted in FG, 270.

第二章

15 "非常大":Kaja Silverman, *Flesh of My Flesh*. Redwood City: Stanford University Press, 2009, 68.

17 "需要生活中有一些无穷的东西":To Ellen Key, April 3 1903, p. 98.

18 "一次,我的脸受到重击":RL, 27.

18 《三十年战争史》:BT, 141.

19 "童年的地牢":Arnold Bauer, *Rainer Maria Rilke*. New York: Ungar, 1972, 10.

19 "蔑视与不安":To Ludwig Ganghofer, April 16, 1897.

19 "梦想的孩子":LP, 55.

19 "根本算不上艺术家":To Ludwig Ganghofer, April 16, 1897.

19 "一颗明亮的流星":J. F. Hendry, *The Sacred Threshold: A Life of Rainer Maria Rilke*. Manchester, UK: Carcanet New Press, 1983, 20.

20 "他们所知的唯一变化":RR, 6.

20 "沉闷的夏季和不如意的童年":RL, 56.

20 "上帝之死":Friedrich Nietzsche first described this in *The Gay Science*, published in 1882, then again in *Thus Spoke Zarathustra*, 1884.

21 "思维计":*Wilhelm Wundt in History: The Making of a Scientific Psychology*. Edited by R. W. Rieber. New York and London: Plenum Press, 1980, 36.

22 "观者的介入":Alois Riegl, *The Group Portraiture of Holland*. Los Angeles: Getty, 2000, 11.

22 "感觉进入其中": Nancy Eisenberg, *Empathy and Its Development*. Cambridge: Cambridge University Press Archive, 1990, 18.

22 "走近并随形而动": James Henderson, *Reconceptualizing Curriculum Development*. London: Routledge, 2014, 115.

22 "奋力表演": Theodor Lipps, "Empathy, Inner Imitation, and Sense-Feelings." Translated by Max Schertel and Melvin Rader. In *A Modern Book of Esthetics: An Anthology*. Edited by Melvin Rader. California: Holt, Rinehart, and Winston, 1935, 379.

23 "沉浸"于李普斯的理论: *The Complete Letters of Sigmund Freud to Wilhelm Fliess*. August 26, 1898. Translated by Jeffrey Moussaieff Masson, Belknap Press of Harvard University Press, 1985, 324.

23 "勇气和能力": Sigmund Freud, *Wit and Its Relation to the Unconscious*. New York: Moffat, Yard, 1917, note on 4.

23 "将自己放在对方的处境中": Fritz Wittels, *Freud and His Time: The Influence of the Master Psychologist on the Emotional Problems in Our Lives*. New York: Liveright, 1931, 71.

24 "身处我们这个时代的渴的中心": To Frieda von Billow, August 13, 1897.

24 "在怀疑和自我分析的泥沼中": Quoted in Jens Peter Jacobsen, *Niels Lyhne*. Introduction and translation by Hanna Astrup Larsen. New York: American-Scandinavian Foundation, 1919, vi.

24 "目前我见过的最聪明的人": RL, 73.

24 "三位一体": Carol Diethe, *Nietzsche's Sister and the Will to Power*. Champaign: University of Illinois Press, 2003, 45.

25 "毕达哥拉斯式的友谊": Biddy Martin, *Woman and Modernity: The (life) styles of Lou Andreas-Salomé*. Ithaca: Cornell University Press, 1991, 64.

25 "我真的应该": Walter A. Kaufmann, *Nietzsche: Philosopher, Psychologist, Antichrist*. Princeton University Press, 2013, 61.

25 "大量": Weaver Santaniello, *Nietzsche, God, and the Jews*. Albany: State University of New York Press, 2012, 32.

25 "你要到女人那儿去": Friedrich Wilhelm Nietzsche, *Thus Spake Zarathustra, a Book for All and None*. London: T. Fisher Unwin, 1908, 87.

27 "做梦者般":LP, 68.
27 "他的头脑":LP, 60.
27 "著名作家":RR, 23.
27 "昨晚并不是"……"这将是我最大的快乐":RAS, 3－4.
27 "一定不是很喜欢它们"……"男性的优雅":LB, 68－69.
27 "温和但不容违抗":Julia Vickers, *Lou von Salomé: A Biography of the Woman Who Inspired Freud, Nietzsche and Rilke*. Jefferson, NC: McFarland, 2008, 111.
27 "当他们为爱情所控制时":LYP, 55.
28 "我依然很柔软":BT, 88.
28 "你的名字本身":Quoted in Simon Karlinsky, *Marina Tsvetaeva: The Woman, Her World, and Her Poetry*. Cambridge: Cambridge University Press Archive, 1985, 163.
28 "男仆":Quoted in Angela Livingstone, *Salomé: Her Life and Work*. East Sussex, UK: M. Bell Limited, 1984, 109.
28 "他的母亲或姐姐":LP, 113.
29 "什么!":RR, 96.
29 "把生活看作一条巨龙":J. F. Hendry, *The Sacred Threshold: A Life of Rainer Maria Rilke*. Manchester, UK: Carcanet New Press, 1983,32.
30 "永远在露的手中":Rainer Maria Rilke and Lou Andreas-Salomé, *The Correspondence*. Translated by Edward Snow and Michael Winkler. New York and London: W. W. Norton, 2006, 157.
30 "你把我的灵魂抱在怀里":BT, 91.
30 "蒙蔽我的眼睛":With permission—Rainer Maria Rilke, *Poems from The Book of Hours*. Translated by Babette Deutsch. New York: New Directions, 1975, 37.
30 "更多地独处":Julia Vickers, *Lou von Salomé: A Biography of the Woman Who Inspired Freud, Nietzsche and Rilke*. Jefferson, NC: McFarland, 2008, 142.
31 "走开"……"我能够做到":Quoted in Daniel Bullen, *The Love Lives of the Artists: Five Stories of Creative Intimacy*. Berkeley, CA: Counterpoint, 2013, 33.

第三章

32 "丑得恐怖"……"那简直太可怕了":Quoted in Robert K. Wittman and John Shiffman, *Priceless*. New York: Broadway Books, 2011, 37.

33 "这张脸中有一千个受折磨的呼喊":Quoted in Victor Frisch and Joseph T. Shipley, *Auguste Rodin*. Frederick A. Stokes, 1939, 410.

34 "在艺术中,只有没有个性的东西才是丑陋的":Auguste Rodin, Paul Gsell, *Art: Conversations with Paul Gsell*. Oakland: University of California Press, 1984, 19.

34 "这个面具对于我后来的工作"……"那是我做的第一个好的造型":Albert E. Elsen, *In Rodin's Studio*. New York: Phaidon, 1980, 157.

35 "她没有城里女人的优雅":RSG, 48.

35 "就像铁炮弹一样坚强":FG, 618.

35 "我使出了一切本领"……"她像动物一样依附于我":RSG, 48—49.

35 "有一个女人还是必要的":To Clara Westhoff, September 5, 1902.[里尔克在信中用法语引用了罗丹的话:*parce qu'il faut avoir une femme*。]

36 "不明":RSG, 49.

36 "迪南风景如画":FG, 93.

36 "等等!":FG, 95.

36 "不是他的作品的速写":FG, 95.

37 "这位伟大的魔术师":Catherine Lampert, *Rodin: Sculpture & Drawings*. New Haven, CT: Yale University Press, 1986, 13.

37 "一项研究,而非":Quoted in T. H. Bartlett, "Auguste Rodin," *American Architect and Architecture*, volume 25. March 2, 1889, 99.

37 "绝对意义上":RP, 3.

38 "我的身体和精神":RSG,110.

38 "非常罕见的造型能力":Jacques De Caso and Patricia B. Sanders, *Rodin's Sculpture*. San Francisco: Fine Arts Museum of San Francisco, 1977, 44.

40 "激烈地":Quoted in Albert E. Elsen, *Rodin's Art: The Rodin Collection of Iris and B. Gerald Cantor Center of Visual Arts at Stanford University*. Oxford: Oxford University Press, 2003, 21.

40 "就像一枚即将孵化的蛋": Quoted in Marie-Pierre Delclaux, *Rodin: A Brilliant Life*. Paris: Musée Rodin, 2003, 114.

40 "双脚向里收"……"丰富的思想": Albert E. Elsen, *Rodin's Art: The Rodin Collection of Iris and B. Gerald Cantor Center of Visual Arts at Stanford University*. Oxford: Oxford University Press, 2003, 175.

41 "整个身体": AR, 49.

41 "那是我的门": Albert E. Elsen, *The Gates of Hell by Auguste Rodin*. Redwood City, CA: Stanford University Press, 1985, 60.

42 "但丁、米开朗琪罗"……"总在计划": Edmond De Goncourt and Jules de Goncourt, *Paris and the Arts, 1851−1896: From the Goncourt Journal*. Ithaca, NY: Cornell University Press, 1971, 234.

42 "你最喜欢的男性品质": Odile Ayral-Clause, *Camille Claudel: A Life*. New York: Harry N. Abrams, 2002, 67.

43 "有点同情心吧": RSG, 184.

43 "给出一针见血的建议": Odile Ayral-Clause, *Camille Claudel: A Life*. New York: Harry N. Abrams, 2002, 50.

45 "罗丹先生一点不骄傲": Quoted in Alex Danchev, *Cézanne: A Life*. New York: Pantheon Books, 2012, 281.

45 "我只是感激地": Stefan Zweig, *The World of Yesterday: An Autobiography*. Lincoln: University of Nebraska Press, 1964, 149.

45 "雕塑界的左拉"……"感染了": Frederick Lawton, *The Life and Work of Auguste Rodin*. New York: C. Scribner's, 1907, 247.

46 "它像一记重拳": FG, 233.

47 "这个裸体的女孩": Quoted in Angelo Caranfa, *Camille Claudel: A Sculpture of Interior Solitude*. Plainsboro, NJ: Associated University Presses, 1999, 103.

47 "同时夺走了她的灵魂": Quoted in John R. Porter, "The Age of Maturity or Fate." Claudel and Rodin: Fateful Encounter. Paris: Musée Rodin, 2005, 193.

47 "我不得不继续"……"富翁": Angelo Caranfa, *Camille Claudel: A Sculpture of Interior Solitude*. Plainsboro, NJ: Associated University Presses, 1999, 28.

第四章

49 "在那些墙后面生活着"……"苦难的大市场":Janine Burke, *The Sphinx on the Table: Sigmund Freud's Art Collection and the Development*. New York: Bloomsbury, 2009, 74.

50 "神经症的拿破仑"……"瘫痪、痉挛":Quoted in Asti Hustvedt, *Medical Muses: Hysteria in Nineteenth-Century Paris*. London: A&C Black, 2012, 12－15.

50 "沙可非常有魅力":Ernest Jones, *Sigmund Freud: Life and Work: The young Freud*, 1856－1900. London: Hogarth Press, 1953, 228.

50 依赖所见而进行思考:Quoted in Peter Gay, *Freud: A Life for Our Time*. New York: W. W. Norton, 2006, 51.

51 用白灰作画……浓烈的原色:Max Simon Nordau, *Degeneration*. New York: D. Appleton, 1895, 28.

51 "一位灵感迸发的作家"……"我必须要展示":Albert E. Elsen, *In Rodin's Studio*. New York: Phaidon, 1980, 183.

52 "帮我在这些"……"我没能找到":RP, 94.

53 "极其美妙":Quoted in Sylvie Patin, *Monet: The Ultimate Impressionist*. New York: Harry N. Abrams, 1993, 142.

53 "妙极了":Quoted in RSG, 317.

53 "希望在像法国这样":Quoted in "Rodin and Monet," Musée Rodin Educational Files.

54 "我已经决定":FG, 384.

54 "财务危机":RP, 94.

54 "汽车和狩猎"……"等他的手开始":RSG, 384.

55 "他就像伦勃朗一样":William G. Fitzgerald, "A Personal Study of Rodin." In *The World's Work: A History of Our Time*, volume 11. New York: Doubleday, Page, 1905, 6818－6834.

55 "你只要见过他":FG, 406.

58 "可惜我不能"……"找个时间,我会请他":DF, 53.

58 "一些平庸的艺术家":FG, 406.

59 "如果巴黎是":William G. Fitzgerald, "A Personal Study of Rodin." In *The World's Work: A History of Our Time*, volume 11. New York: Doubleday, Page, 1905, 6818－6834.

59 "捷径":Sigmund Freud, *The Interpretation of Dreams*. Translated

by James Strachey. New York: Basic Books, 2010, 604.
60 "是一个人们为了消遣": Walter Benjamin, "Paris, Capital of the Nineteenth Century." In *Walter Benjamin and the Demands of History*, Michael P. Steinberg. Ithaca, NY: Cornell University Press, 1996, 139.
61 "蒙田大道上连一只猫都没有": FG, 411.
62 "他的头在哪里?"……"你们不懂吗": Isadora Duncan, *My Life*. New York: W. W. Norton, revised and updated edition, 2013, 55.
62 "在世的艺术家中"……"真正划时代的": RP, 104.
62 "我昨天去看了展览"……"罗丹以一种强力": PMB, 185, 192.

第五章

64 "这里的视野多么宽广": DYP, 163.
64 "我非常相信这个地方"……"在这里": DYP, 175.
65 "牵强、空洞、矫揉造作的": DYP, 143.
65 "艰深、不动感情"……"现实主义与理想主义的斗争": PMB, 198.
66 "美丽的深色脸庞" DYP, 155–156.
66 "我与一些人握手": DYP, 146.
66 "令人作呕": DYP, 155–156.
66 "面目全非": DYP, 157.
66 "半受着束缚": Daniel Joseph Polikoff, *In the Image of Orpheus*. Wilmette, IL: Chiron Publications, 2011, 202.
67 "俄国之旅中": DYP, 195.
67 "通过对话和沉默彼此接近": DYP, 168.
67 "金发的画家": DYP, 151.
67 "幻象": AR, 18.
68 "我渴望把你的所知装进我的语言": To Clara Westhoff, November 18, 1900.
68 "我要成为两个人当中更富有的那个人"……"最微不足道的乞丐": BT, 117.
68 "少女": Common reference throughout DYP.
68 "克拉拉·W.": PMB, 496.
68 "时刻关注他的安康"……"按照自私的想法行事": PMB, 242.
69 "做饭,做饭"……"你要知道": PMB, 255.

69	"我似乎不再属于她的生活"……"我必须首先":PMB, 265.
69	"最后的恳求"……"最走投无路的时刻":RAS, 41—42.
69	"如太阳般沉入":To Clara Westhoff, October 23, 1900.
70	"我的婚姻的意义":To Julie Weinmann, June 25, 1902.
70	"美丽的圣经里的名字":DF, 113.
71	"有了她,生活变得":To Julie Weinmann, June 25, 1902.
71	"小动物":To Countess Franziska von Reventlow, April 11, 1902.
71	"被困在家里"……"我曾经到别处":PMB, 267.
71	"我对你们两个之间的事"……"请千万、千万":PMB, 268—269.
72	"怀着欣喜"……"我认为":PMB, 270.
72	"尊贵的妻子"……"她也很了不起":PMB, 273.
73	"一场霜冻"……"就同死亡":To Gustav Pauli, January 8, 1902.
74	"在真实的世界中":J. F. Hendry, *The Sacred Threshold: A Life of Rainer Maria Rilke*. Manchester, UK: Carcanet New Press, 1983, 43.
74	"在图书馆中工作":To Julie Weinmann, June 25, 1902.
74	"多么可怕:"DF, 139.
74	"您是一位多么了不起的艺术家":FG, 440.
74	"一笔带过":H. F. Peters, "Rilke In His Letters to Rodin." *Modern Language Quarterly*, volume 4, University of Washington, 1943, 3.
75	"完全融入"……"我越是听说":To Arthur Holitscher, July 31, 1902.
75	"整个天空":Rainer Maria Rilke, *Stories of God*. Translated by M. D. Herter Norton. W. W. Norton, 1992, 77.
75	"对于那些感到自己":To Auguste Rodin, August 1, 1902.

第二部分

第六章

79	"像水坑一样即将干涸"……"直接穿过我":To Lou Andreas-Salomé, July 18, 1903.
81	"像眼睛一样":J. F. Hendry, *The Sacred Threshold: A Life of Rainer Maria Rilke*. Manchester, UK: Carcanet New Press, 1983, 45.

81　"雕塑家在教堂": Robert Descharnes and Jean-François Chabrun, *Auguste Rodin*. Translation from Edita Lausanne. Secaucus, NJ: Chartwell Books, 1967, 118.

81　"散布着灰色和尘土": AR, 115.

82　"出港的船"……"仿佛一个收到了很好的礼物的孩子": To Clara Westhoff, September 2, 1902.

83　"把小时压缩成分钟": To Clara Westhoff, April 19, 1906.

83　"他对我来说会"……"我立刻就意识到": To Clara Westhoff, September 2, 1902.

84　"无忧无虑的幸福": Anita Leslie, *Rodin: Immortal Peasant*. New York: Prentice-Hall, 1937, 167.

84　"我不赞成": RSG, 366.

85　"给人的感觉是": RSG, 363.

85　"我把我的青年时代": Quoted in Donald A. Prater, *A Ringing Glass: The Life of Rainer Maria Rilke*. Oxford, UK: Clarendon Press, 1986, 90.

86　"花了一个世纪"……"水族馆里的居民": To Clara Westhoff, September 2, 1902.

87　"砸碎了": Anita Leslie, *Rodin: Immortal Peasant*. New York: Prentice Hall, 1937, 219.

87　"许多手并不比": To Clara Westhoff, September 2, 1902.

88　"我在你的许诺中": With permission. Rainer Maria Rilke, *Poems from the Book of Hours*. Translated by Babette Deutsch. New York: New Directions, 1941, 17.

88　"我很高兴发现"……"我的眼睛很痛": To Clara Westhoff, September 2, 1902.

88　"越过了害羞的小手": To Clara Westhoff, September 5, 1902.

88　"移植到心上": Auguste Rodin and Paul Gsell, *Art: Conversations with Paul Gsell*. Oakland: University of California Press, 1984, 34.

89　"*Voilà*": To Clara Westhoff, September 5, 1902.

90　"既不向右看"……"我们只能选择": To Clara Westhoff, Sep-tember 5, 1902.

90　"一个晚上就足以": LP, 174.

90　"我谈到你": To Clara Westhoff, September 5, 1902.［里尔克在信中

用法语引用罗丹的话："*Oui, il faut travailler, rien que travailler. Et il faut avoir patience.*"。]

91 "甚至消除对于"……"我为什么要写下这些诗句"：To Auguste Rodin, September 11, 1902.

91 "您已经成为"……"我来找您不仅仅是为了"：RSG, 375.

91 "看,只需一个晚上"……"干得真不错"：FG, 500.

92 "不像一座从下到上"……"而是仅仅像"：Jean Cocteau, *Cocteau's World: An Anthology of Writings*. Edited by Margaret Crosland. New York: Dodd, Mead, 1972, 357.

92 "太伟大了"……"现世的天使"：Quoted in Sue Roe, *Gwen John: A Life*. London: Chatto & Windus, 2001, 101.

92 "并不知道他将会"：Rainer Maria Rilke, *Rodin and Other Prose Pieces*. Translated by G. Craig Houston. London: Quartet Books, 1986, 52.

92 "创作的艺术家"：Rainer Maria Rilke, *Auguste Rodin*. New York: Parkstone Press International, 2011, 131.

93 "奇迹"……"如果要靠灵感来创造这些大教堂"：To Clara Westhoff, September 26, 1902.

94 "工作就可以活下去"：To Auguste Rodin, September 22, 1902.

第七章

95 "平实而动人"：Rainer Maria Rilke, *Auguste Rodin*. New York: Parkstone Press International, 2011, 6.

96 "名誉不过是"：AR, 7.

96 "终于!"：Charles Baudelaire, *Paris Spleen*. Translated by Louise Varèse. New York: New Directions, 1869, 1970, 15.

96 "你的生活怎么样?"……"那时候我和其他人"：AR, 145.

97 "对他产生深远而持久的影响"：RAS, 116.

98 "致克拉拉"：LP, 176.

98 "在罗丹身边"……"被释放"：DF, 140–141.

98 "花朵对我来说"：To Lou Andreas-Salomé, August 8, 1903.

98 "创作我的艺术"：To Lou Andreas-Salomé, August 10, 1903.

99 "他的非洲"：Quoted in Lisa Gates, "Rilke and Orientalism: Another Kind of Zoo Story." *New German Critique*. No. 68, Spring–Sum-

mer. Durham, NC: Duke University Press, 1996, 69.

100 "你可能会笑我"……"但是如果你": To Magda von Hattingberg, February 17, 1914.

100 "欢快的黄色": Jon E. Roeckelein, *Dictionary of Theories, Laws, and Concepts in Psychology*. Santa Barbara, CA: Greenwood Publishing, 1998, 308.

100 "观者的介入": Alois Riegl, *The Group Portraiture of Holland*. Los Angeles: Getty, 2000, 11.

100 "它就是美"……"从这个小小的石膏模型上": To Clara Westhoff, September 27, 1902.

101 "情绪意象": Quoted in Donald A. Prater, *A Ringing Glass: The Life of Rainer Maria Rilke*. Oxford, UK: Clarendon Press, 1986, 92.

102 "诗歌并不像": Rainer Maria Rilke, *The Notebooks of Malte Laurids Brigge*. Translation by Stephen Mitchell. New York: Vintage, paperback, 1985, 19.

102 "物品诗": Rainer Maria Rilke, *New Poems (1907)*. Translation and introduction by Edward Snow. San Francisco: North Point Press, 1984, x.

102 "和艾略特或庞德的": John Banville, "Study the Panther!" *The New York Review of Books*. January 10, 2013.

102 "什么都没有发生"……"涌入一条河床": RAS, 72-73

102 "更清晰"……"在真实的事物之中": RAS, 92.

103 "老掉牙的言论": Stefan Zweig, *The World of Yesterday: An Autobiography*. Lincoln: University of Nebraska Press, 1964, 39.

103 "莱纳·马利亚·里尔克的诗"……"希望从这位诗人这里": LYP, 11-12.

104 "我都买不起": LYP, 32.

104 "我们在这里必须忍受"……"时间在他身上": To Otto Modersohn, December 31, 1902.

104 "那座可怕的、野蛮的": PMB, 226.

105 "被拴在犁上": DYP, 150.

106 "宣扬抑郁": PMB, 293.

106 "自从罗丹跟他们说": DF, 149.

106 "里尔克正在渐渐":PMB, 305.
106 "让我们拭目以待":DF, 149.
106 "一位非常杰出的画家的妻子":E. M. Butler, *Rainer Maria Rilke*. Cambridge: Cambridge University Press, 2013, 107.
106 "他不在乎世人"……"对于自然的崇拜":PMB, 303.
107 "工作,是我的乐趣。":DF, 151.
107 "是的,一切让艺术":PMB, 303.
107 "我再也受不了他了":PMB, 308.
108 "我完全写不出来":Quoted in Hugo Caudwell, *The Creative Impulse in Writing and Painting*. New York: Macmillan, 1951, 16.
108 "我必须在寂静中":Robin Skelton, *The Poet's Calling*. London: Heinemann, 1975, 5.
108 "我亲爱的先生":LYP, 17.
108 "漂亮、清晰"……"拿在手里很重":LYP, 12.
108 "寻找促使你写作的原因"……"无非是些或多或少":LYP, 17－19.
109 "当代以及未来其他":LYP, 13.
110 "漫长而可怕":Quoted in Michael Jackson, *The Other Shore: Essays on Writers and Writing*. Berkeley and Los Angeles: University of California Press, 2013, 95.
110 "我已经写了":To Ellen Key, April 3, 1903.

第八章
111 "我竭力强调":Rainer Maria Rilke, *Selected Letters of Rainer Maria Rilke*. Translated by R. F. C. Hull. London: Macmillan, 1946, 19.
112 "在这里无法衡量时间":LYP, 30.
112 "沉入他自己"……"将自己的心":To Lou Andreas-Salomé, August 8 1903.
112 "关于创造力的深度":LYP, 25－26
112 "由于无法做出"……"有一个极硬、极大":Lou Andreas-Salomé, *You Alone are Real to Me: Remembering Rainer Maria Rilke*. Rochester, NY: BOA Editions, 2003, 54.
113 "他创造的躯体":AR, 48.
113 "从这本关于奥古斯特·罗丹":Rainer Maria Rilke, *Poems of Rai-*

ner *Maria Rilke*. Introduction by H. T. Tobias A. Wright. New York: Tobias A. Wright, 1918, xxxiv—xxxv.

113 "充满激情"……"这是一首散文诗": Henry F. Fullenwider, "Rilke and His Reviewers: An Annotated Bibliography." Lawrence: University of Kansas Publications, 1978, 6—8.

113 "自从开始写这本小书"……"而且从此它们将出现在": Rainer Maria Rilke, Briefe an Auguste Rodin. Leipzig: Insel-Verlag, 1928, 67. [Translated from the German: "Denn mit diesem kleinen Buch hat Ihr Werk nicht aufgehört, mich zu beschäftigen … und von diesem Moment an wird es da sein in jeder Arbeit, in jedem Buch, das zu vollenden mir noch erlaubt sein wird."]

113 "在海浪声和风声": Rainer Maria Rilke, *Briefe an Auguste Rodin*. Leipzig: Insel-Verlag, 1928, 68. [Translated from the German: "*um Ihre Stimme zusammen mit denen des Meeres und des Windes zu hören.*"]

114 "非常感谢您": RSG, 375.

114 "不安、暴躁": Rainer Maria Rilke, *Selected Letters of Rainer Maria Rilke*. Translated by R. F. C. Hull. London: Macmillan, 1946, 21.

114 "但如果是你": LB, 79.

115 "几个星期以来": Rainer Maria Rilke and Lou Andreas-Salomé, *The Correspondence*. Translated by Edward Snow and Michael Winkler. New York and London: W. W. Norton, 2006, 44.

115 "一个农妇": Rainer Maria Rilke and Lou Andreas-Salomé, *The Correspondence*. Translated by Edward Snow and Michael Winkler. New York and London: W. W. Norton, 2006, 90.

115 "心灵的调整": RAS, 67.

115 "你投身于和自己相反"……"毫无疑问": Rainer Maria Rilke and Lou Andreas-Salomé, *The Correspondence*. Translated by Edward Snow and Michael Winkler. New York and London: W. W. Norton, 2006, 65.

115 "从现在起": RAS, 67.

115 "我不会抱怨": Rainer Maria Rilke and Lou Andreas-Salomé, *The Correspondence*. Translated by Edward Snow and Michael Winkler.

New York and London: W. W. Norton, 2006, 45.
- 116 "除了你"……"两个老笔杆":LP, 184.
- 116 "我没有什么是真实的":To Lou Andreas-Salomé, August 8 1903.
- 116 "被他的恐惧所吸引":To Lou Andreas-Salomé, July 18, 1903.
- 116 "我仿佛累坏了":RAS, 56.
- 117 "你已经变得像":RAS, 59.
- 118 "视野狭窄":DF, 133.
- 118 "成长过程中":DF, 130.
- 118 "到处是漂亮话":PMB, 305.
- 119 "男人"……"好人":Rainer Maria Rilke and Lou Andreas-Salomé, *The Correspondence*. Translated by Edward Snow and Michael Winkler. New York and London: W. W. Norton, 2006, 62.
- 119 "罗马之冬":Rainer Maria Rilke and Lou Andreas-Salomé, *The Correspondence*. Translated by Edward Snow and Michael Winkler. New York and London: W. W. Norton, 2006, 88.
- 119 "雅科布森的城市":RL, 194.
- 119 "很难联系到里尔克"……"他没有房子":Stefan Zweig, *The World of Yesterday: An Autobiography*. Lincoln: University of Nebraska Press, 1964, 141.
- 120 "历经一段艰难时期":To Clara Westhoff, July 27, 1904.
- 120 "优美的对人生的担忧"……"在他们面前必须保持坚定、冷静":LYP, 33—39.
- 120 "不要写爱情诗":LYP, 19.
- 120 "几乎没有人看到":LYP, 34.
- 120 "精神上的恶心":RAS, 261.
- 120 "莫名的恐惧":To Ellen Key, April 3, 1903.
- 120 "用文字来描述文字":To Lou Andreas-Salomé, May 13, 1904.
- 121 "坚定、严密的文字":To Lou Andreas-Salomé, May 12, 1904.
- 121 "星空那么壮丽":RAS, 117.
- 121 "让我更有信心地":RAS, 119.
- 121 "去爱也是很好的":LYP, 53.
- 121 "爱起初并不意味着"……"一种负担":LYP, 54—58.
- 122 "有声望的老师"……"疑问和需求":Rainer Maria Rilke and Lou Andreas-Salomé, *The Correspondence*. Translated by Edward Snow

122 "保护性的器官"……"激烈的情感历程": Quoted in Scott Appelrouth and Laura Desfor Edles, *Classical and Contemporary Sociological Theory: Text and Readings*. Thousand Oaks, CA: Pine Forge Press, 2008, 262—273.

122 "每一次激烈的情感": Rainer Maria Rilke, *Letters to a Young Poet*. Translated by Stephen Mitchell. New York: Random House, 2004, 101.

123 "罗丹为关节创造了": Quoted in Debora L. Silverman, *Art Nouveau in Fin-de-siècle France*. Berkeley and Los Angeles: University of California Press, 1992, 313.

123 "人们不该把非必需的": Rainer Maria Rilke, *Selected Letters of Rainer Maria Rilke*. Translated by R. F. C. Hull. London: Macmillan, 1946, 76.

124 "内心成长"……"不可或缺的重要人物": To Clara Westhoff, June 16, 1905.

124 "可爱的小家伙"……"能多见一些欧洲": PMB, 375.

124 "泪水一滴又一滴": Quoted in Diane Radycki, *Paula Modersohn-Becker: The First Modern Woman Artist*. New Haven, CT: Yale University Press, 2013, 130.

124 "保拉现在所做的"……"在很大程度上": PMB, 377—378.

125 "我最亲爱的朋友": LP, 228.

125 "我的导师": Auguste Rodin, *Correspondance de Rodin*, II, Editions du Musée Rodin, 1987, 167. [原文法语: C'est le besoin de vous revoir, mon Maître, et de vivre un moment la vie ardente de vos belles choses, qui m'agitent.]

125 "这样你们就可以好好谈话了": To Clara Westhoff, September 7, 1905, in French.

125 "从罗丹住宅的花园": To Clara Westhoff, September 7, 1905.

125 "像我一样吧": DF, 178.

126 "毫无疑问": DYP, 166.

126 "声块": Quoted in Malcolm MacDonald, *Varèse: Astronomer in Sound*. London: Kahn & Averill, 2003, 15.

126 "令人作呕的屠杀"……"根本就不会画画":FG, 497.
127 "愚蠢可笑的话"……""仿佛他是全能":Louise Varèse, *Varèse: A Looking-Glass Diary*. New York: W. W. Norton, 1972, 34.
127 "对于音乐一无所知":FG, 493.
127 "实际上音乐有三个维度"……"声音投射":Edgard Varèse, "The Liberation of Sound." *Audio Culture: Readings in Modern Music*. Edited by Christoph Cox and Daniel Warner. London: A&C Black, 2004. Originally published in 1936. 18.
127 "他的身边生长":To Clara Westhoff, September 15, 1905.
127 "罗丹生活的方式":Rainer Maria Rilke, *Selected Letters of Rainer Maria Rilke*. Translated by R. F. C. Hull. London: Macmillan, 1946, 78.
127 "像一只大狗一样"……"他探寻地":To Clara Westhoff, September 15, 1905.
128 "弥补我遭到的":FG, 502—503.
128 "我的学生们认为"……"他们都跟我":FG, 495.
129 "头晕目眩":FG, 493.
129 "他最深切的愿望":LB, 78.
129 "我将追随"……"他希望我":To Countess Luise Schwerin, September 10, 1905.
129 "假如您愿意":FG, 493.
130 "变成了一个诗节":To Arthur Holitscher, December 13, 1905.
130 "生活乐趣":FG, 492.

第九章
131 "里尔克全力投入"……"罗丹的信件":Victor Frisch and Joseph T. Shipley, *Auguste Rodin*. Frederick A. Stokes, 1939, 272.
131 "无话不谈":FG, 492.
132 "对于年轻人":To Arthur Holitscher, December 13, 1905.
132 "他向你展示一切":Rainer Maria Rilke, *Selected Letters of Rainer Maria Rilke*. Translated by R. F. C. Hull. London: Macmillan, 1946, 77.
132 "最微小的事物": To Arthur Holitscher, December 13, 1905.
132 "在寒冷的空气中": Rainer Maria Rilke, *Selected Letters of Rainer*

132 "将自己抛向墙壁"……"无法言说": Rainer Maria Rilke, *Selected Letters of Rainer Maria Rilke*. Translated by R. F. C. Hull. London: Macmillan, 1946, 81.

133 "善良而忠诚的人": Rainer Maria Rilke, *Selected Letters of Rainer Maria Rilke*. Translated by R. F. C. Hull. London: Macmillan, 1946, 77.

133 "白鸟": Clara Westhoff, December 2, 1905.

134 "法国的雅典卫城": CF, 203.

134 "重要的是怀着谦卑之心": Auguste Rodin, "The Gothic in France." *The North American Review*, volume 207, 1918, 116.

135 "柔韧": CF, 206.

135 "暴风雨要来了"……"你不知道": Rainer Maria Rilke, *Selected Letters of Rainer Maria Rilke*. Translated by R. F. C. Hull. London: Macmillan, 1946, 81. 〔Rodin's quote translated from the original French〕.

136 "长期对罗丹施加侮辱": FG, 503.

136 "自由": FG, 421.

136 "大量来不及转化的材料": Rainer Maria Rilke, *Selected Letters of Rainer Maria Rilke*. Translated by R. F. C. Hull. London: Macmillan, 1946, 84.

136 "抒情诗所能涉及": Ralph Freedman, "Das Stunden-Buch and Das Buch der Bilder: Harbingers of Rilke's Maturity." In *A Companion to the Works of Rainer Maria Rilke*, Edited by Erika A. Metzger and Michael M. Metzger. Rochester, NY: Camden House, 2001, 90.

137 "我需要的'只是时间'": Rainer Maria Rilke, *Selected Letters of Rainer Maria Rilke*. Translated by R. F. C. Hull. London: Macmillan, 1946, 83.

137 "没有爱的能力": BT, 131.

138 "暗示着猥亵的想法"……"面容如野兽": FG, 504.

138 "我为自己报仇": RSG, 427.

139 "比以往任何时候": To Karl von der Heydt, Wednesday after Easter

1906.
- 139 "过了盛年还不太久"……"开头的十五分钟": George Bernard Shaw, "G. B. S. On Rodin." *The Nation*. London, December 1912.
- 140 "无法形容的快乐": RSG, 391.
- 141 "萧先生的法语": RSG, 390.
- 141 "贝赫纳赫·舒夫": FG, 511.
- 141 "肖像制作的过程": RSG, 390.
- 141 "这位极富创造力的": RP, 120.
- 142 "还没有哪张照片"……"头从衣服里伸出来的样子": Alvin Langdon Coburn, *Alvin Langdon Coburn, Photographer*. Edited by Helmut and Alison Gernsheim. New York: Dover, 1978, 40.
- 142 "发着光的": FG, 570.
- 142 "他看到了我": George Bernard Shaw, "G. B. S. On Rodin." *The Nation*, London, December 1912.
- 143 "萧伯纳:" Quoted in Sally Peters, *Bernard Shaw: The Ascent of the Superman*. New Haven, CT: Yale University Press. 1996, 235.

第十章

- 144 "肉馅"……"他们本该崇拜": LYR, 75–76.
- 145 "一磅脂肪": FG, 522.
- 145 "他疯了": FG, 517.
- 145 "我当然是一个"……"并非性的愉悦": FG, 514.
- 145 "比男人们更了解我": Frederick Lawton, *The Life and Work of Auguste Rodin*. New York: C. Scribner's, 1907, 276.
- 146 "色情狂"……"整个巴黎": Quoted in Auguste Rodin, Dominique Viéville, *Rodin: The Figures of Eros: Drawings and Watercolours, 1890–1917*. Paris: Musée Rodin, 2006, 64.
- 146 "默东的苏丹": Alexander Sturgis, *Rebels and Martyrs: The Image of the Artist in the Nineteenth Century*. New Haven, CT: Yale University Press, 2006, 166.
- 146 "第一次来"……"她发着抖": LYR, 75–76.
- 146 "总有一个涂着": Alma Mahler, *Gustav Mahler: Memories and Letters*. Translated by Basil Creighton. New York: Viking, 1946, 136.

147 "细节对她来说"……"她要充分地生活":Jean Cocteau, *Paris Album: 1900—1914*. London: W. H. Allen, 1956, 108—109.

148 "他用手摸着它们"……"我多少次为自己":Isadora Duncan, *My Life*. New York: W. W. Norton, revised and updated, 2013, 74—75.

149 "小妻子":RSG, 457.

149 "穿得很糟糕":FG, 487.

150 "是的,我感到很自豪":RSG, 415.

150 "有我在,就不必打扰他了":Bernard Harper Friedman, *Gertrude Vanderbilt Whitney: A Biography*. New York: Doubleday, 1978, 288.

150 "流感":James Wyman Barrett, *Joseph Pulitzer and his World*. New York: Vanguard, 1941, 288.

151 "惊人的强力":Rainer Maria Rilke, *Selected Letters of Rainer Maria Rilke*. Translated by R. F. C. Hull. London: Macmillan, 1946, 86.

152 "罗丹的性情开始变了"……"粗暴而毫无道理":Judith Cladel, *Rodin*. Translated by James Whitall. New York: Harcourt, Brace, 1937, 203.

152 "像一个偷了东西的仆人":To Auguste Rodin, May 12, 1906.

152 "可怜的里尔克"……"难相处":William Rothenstein, *Since Fifty*. Volume 3. London: Faber & Faber, 1939, 314—315.

152 "他停下来的时候":Lou Tellegen, *Women Have Been Kind: The Memoirs of Lou Tellegen*. New York: Vanguard, 1931, 80.

152 "总是把铁锹叫作铁锹":Quoted in FG, 564.

153 "没有教养、粗野"……"跟他相差极远":Anthony Ludovici, online excerpt from *Confessions of an Anti-Feminist: The Autobiography of Anthony M. Ludovici*. Edited by John V. Day. Counter-Currents.

153 "坚定不移的同情":PR, vii.

153 "寓言中的陶罐和铁罐":Anthony M. Ludovici, "Rilke's Rodin." *London Forum*, 1.1, 1946, 41—50.

154 "雕塑家、荣誉军团指挥官":RSG, 480.

154 "因为一场微不足道的误解":Anthony Ludovici, online excerpt from

注释

Confessions of an Anti-Feminist: The Autobiography of Anthony M. Ludovici. Edited by John V. Day. Counter-Currents.

154 "他对于努力工作的教导"……"发表关于罗丹的新观点":To Clara Westhoff, June 28, 1907.

155 "里尔克天性宽厚":Anthony M. Ludovici, "Rilke's Rodin." *London Forum*, 1.1, 1946, 41—50.

155 "我不是莫德松":PMB, 384.

156 "愉快":To Clara Westhoff, May 12, 1906

156 "这件事深深地":To Auguste Rodin, May 12, 1906.

156 "只在外表看来"……"实际上是可以":LB, 78.

156 "如果我只是秘书"……"我明白":To Auguste Rodin, May 12, 1906.

156 "本该是嘴的地方":To Clara Westhoff, June 14, 1906.

157 "是莫德松":Quoted in Diane Radycki, *Paula Modersohn-Becker: The First Modern Woman Artist*. New Haven, CT: Yale University Press, 2013, 136.

157 "请让我们两人都":PMB, 408.

158 "我每天跪下":To Clara Westhoff, June 29, 1906.

158 "关于我们的生活":Rainer Maria Rilke, "L'Ange du Méridien." *New Poems*. Translated by Edward Snow. New York: Macmillan, 2001, 5.

159 "这不是一个儿子":Rainer Maria Rilke, *Rodin and Other Prose Pieces*. Translated by G. Craig Houston. London: Quartet Books, 1986, 39.

159 "最近这段时期":To Karl von der Heydt, July 31, 1906.

160 "精神婚姻":LP, 175.

161 "在那个最后的":To Clara Westhoff, December 17, 1906.

161 "被爱意味着":Rainer Maria Rilke, *The Notebooks of Malte Laurids Brigge*. Translation by Stephen Mitchell. New York: Vintage, paperback, 1985, 250.

161 "从她最初与罗丹":Rainer Maria Rilke, *Selected Letters of Rainer Maria Rilke*. Translated by R. F. C. Hull. London: Macmillan, 1946, 115.

162 "我再次在心里积聚起":To Elisabeth von der Heydt, February

10, 1907.

162 "天哪":RAS, 192.

162 "你周围的空间":Rainer Maria Rilke, *Letters to a Young Poet*. Translated by Stephen Mitchell. New York: Random House, 1984, 40.

第十一章

164 "在一种完全由他的在场所创造的氛围中"……"众多想法的突然的":Wilhelm Worringer, *Abstraction and Empathy: A Contribution to the Psychology of Style*. Chicago: Ivan R. Dee, 1997, xvi—xvii

165 "拥有比任何其他关于":Ursula Helg, "'Thus we forever see the ages as they appear mirrored in our spirits': Wilhelm Worringer's Abstraction and Empathy as longseller, or the birth of artistic modernism from the spirit of the imagined other." *Journal of Art Historiography*, number 12, June 2015, 3.

165 "仿佛架起了一座神秘而意义深远的桥梁":Wilhelm Worringer, *Abstraction and Empathy: A Contribution to the Psychology of Style*. Chicago: Ivan R. Dee, 1997, xxx.

165 "完全同意":Quoted in Neil H. Donahue, *Invisible Cathedrals: The Expressionist Art History of Wilhelm Worringer*. University Park, PA: Penn State Press, 1995, 1.

166 "总算有一位学者能够":Quoted in Neil H. Donahue, *Invisible Cathedrals: The Expressionist Art History of Wilhelm Worringer*. University Park, PA: Penn State Press, 1995, 70.

166 "小立方体":Quoted in Alex Danchev, *Georges Braque: A Life*. New York: Arcade, 2005, 79.

166 "武器"……"《亚维农的少女》的想法":André Malraux, *Picasso's Mask*. Boston: Da Capo, 1995, 11.

167 "源自西班牙":Quoted in Mary Ann Caws, *Pablo Picasso*. Clerkenwell: Reaktion, 2005, 32.

167 "年轻人想让艺术过快地进步"……"努力追求原创性":Herman Bernstein, *With Master Minds: Interviews*. New York: Universal Series, 1913, 126.

167 "对于大多数想要发展出自己的风格的年轻艺术家来说":*Quoted in*

Leaving Rodin behind? *Sculpture in Paris, 1905–1914*. Edited by Catherine Chevillot. Paris: Musee d'Orsay, 2009.

167 "我开始学雕塑时"……"他的作品完全没有打动我":FG, 578.

168 "大树底下是长不出什么东西的":Quoted in David W. Galenson, *Old Masters and Young Geniuses: The Two Life Cycles of Artistic Creativity*. Princeton, NJ: Princeton University Press, 2011, 115.

168 "任何人都不可能靠模仿事物":Pam Meecham and Julie Sheldon, *Modern Art: A Critical Introduction*. London and New York: Routledge, 2000, 88.

168 "他说我的手很灵巧":Dorothy M. Kosinski, Jay McKean Fisher, and Steven A. Nash, *Matisse: Painter as Sculptor*. New Haven, CT: Yale University Press, 2007, 106.

168 "再精细一些":André Gide, *Journals: 1889–1913*. Translated by Justin O'Brien. Urbana and Chicago: University of Illinois Press, 2000, 174.

168 "只表现出了他小气的一面"……"他也没办法":Henri Matisse, Jack D. Flam, *Matisse on Art*. Berkeley: University of California Press, 1995,126.

169 "反面"……"用活生生的、联想性的综合":Jean Leymarie, *Henri Matisse, Issue 2*. Berkeley: University of California Press, 1966, 20.

169 "中世纪的人":Catherine Lampert, *Rodin*. London: Royal Academy of Arts, 2006, 15.

169 "在家里,我有众神的残片"……"比活人更响亮地对我说话":Jennifer Gough-Cooper, *Apropos Rodin*. London: Thames & Hudson, 2006, 56.

170 "这些画没有任何的'艺术性'":RSG, 407.

171 "美妙的宫殿"……"他见到我和女儿喜欢他的作品":Mary French, *Memories of a Sculptor's Wife*. Boston and New York: Houghton Mifflin, 1928, 203.

171 "一位年轻的美国人":FG, 530.

171 "这位老人能有耐心忍受":JA, 495.

171 "并不在他最好的作品之列":FG, 570.

171 "如今世人看到的所有东西都是复制品":Helen Zimmern, "Auguste

Rodin Loquitur." *The Critic*, volume 41, 1902, 518.

172 "马蒂斯的画中没有垂直的线条":Quoted in Jerry Saltz, *Seeing Out Loud: The Village Voice Art Columns*. Great Barrington, MA: The Figures, 2003, 38.

172 "教授":Quoted in Hilary Spurling, *The Unknown Matisse: A Life of Henri Matisse: The Early Years*, 1869—1908. Oakland: University of California Press, 2001, 378.

172 "我只是想在完全了解了传统的前提下":Henri Matisse, Jack D. Flam, *Matisse on Art*. Berkeley and Los Angeles: University of California Press, 1995, 81.

174 "一群喧闹的人涌了进来":Quoted in Francis Steegmuller, *Cocteau: A Biography*. New York: Little, Brown, 1970, 38.

174 "巴黎为猎奇人士提供的探索之旅":Jean Cocteau, *Paris Album: 1900—1914*. London: W. H. Allen, 1956, 134.

第十二章

176 "一家夜间咖啡馆"……"有着压倒性的力量":To Clara Westhoff, June 7, 1907.

177 "我根本无法走开":To Clara Westhoff, June 13, 1907.

177 "不再那样满脑子幻想"……"那种能够独自面对生活的女性":PMB, 413.

177 "我是个可怜的小动物":PMB, 409.

177 "要是我们都能到天堂去就好了":PMB, 418.

177 "我对我们的友谊太不上心了":Quoted in Kaja Silverman, *Flesh of My Flesh*. Redwood City, CA: Stanford University Press, 2009, 72.

178 "起初让人感到陌生":To Clara Westhoff, August 30, 1907.

178 "由于情况发生了变化":To Clara Westhoff, June 26, 1907.

178 "我立刻感受到他那种疯狂中的节律":To Clara Westhoff, June 19, 1907.

179 "双腿蜷缩得很厉害":To Clara Westhoff, June 21, 1907.

179 "焦油、松节油"……"奋力用自己的红色":To Clara Westhoff, September 13, 1907.

179 "布格罗沙龙":Alex Danchev, *Cézanne: A Life*. New York: Pan-

	theon, 2012, 3.
179	"色彩癫狂":Jacqueline Munck, "Vollard and the Fauves: Derain and Vlaminck." *Cézanne to Picasso*. New York: Metropolitan Museum of Art, 2006, 127.
180	"笑得歇斯底里":Quoted in Hilary Spurling, *The Unknown Matisse: A Life of Henri Matisse: The Early Years, 1869－1908*. Oakland: University of California Press, 2001, 371.
180	"好像他是一只恶狗":LC, 31.
180	"毋庸置疑的、真正的观察的兴趣":LC, 74－75.
181	"仿佛一切现实":LC, 27.
181	"绘画史上第一张"……"画面内部振动":LC, 71.
181	"绘画是由色彩组成的":LC, 28.
181	"灰色"……"我应该说":LC, 76.
181	"自摩西以来":Quoted in LC, x.
181	"雷暴蓝"……"湿深蓝":LC, xix－xx.
182	"荷马式前辈":Anna A. Tavis, "Rilke and Tolstoy: The Predicament of Influence." *The German Quarterly*, 65.2, Spring 1992, 192－200.
182	"完全沉迷于塞尚":JA, 539.
182	"我要用一个苹果让巴黎震惊":Paul Cézanne, *Conversations with Cézanne*. Edited by P. Michael Doran. Oakland: University of California Press, 2001, 6.
182	"我在这些画作中看出的是转折点":LC, 57.
182	"正确的眼睛":LC, 39.
182	"你可以想象"……"现在我对他了解多了":To Clara Westhoff, October 19, 1907.
183	"他的任务就是去观察"……"你能否让自己躺在麻风病人身边":Rainer Maria Rilke, *The Note-books of Malte Laurids Brigge*. Translation by Stephen Mitchell. New York: Vintage, paperback, 1985, 72.
183	"像浮雕一般可触摸的诗句":AR, 29.
183	"通过自己对事物的体验":LC, 305.
184	"这尊天使是来自柬埔寨的人物":Hans Belting, *The Invisible Masterpiece*. Translated by Helen Atkins. Chicago: University of Chi-

cago Press, 2001, 247.
184 "一种幸福的惊异"……"对我来说":FG, 520.
185 "一些可怕的老太太":RL, 232.
185 "可怜的、贪图享乐的动物":To Valery David-Rhonfeld, December 4, 1894.
185 "感觉都像旧病复发一样":LB, 83.
185 "只是叙述事件":To Clara Westhoff, November 4, 1907.
186 "非常美":BT, 193.
186 "我们都需要真理"……"太多的事情":To Clara Westhoff, November 11, 1907.〔原文翻译自法语〕
186 "我简直不敢相信"……"这位亲切":To Clara Westhoff, November 11, 1907.
186 "我对于您和您的友谊"……"我在工作中取得的进步":BT, 193.
186 "饱满、洪亮":Quoted in RL, 234.
187 "我看出":PMB, 424.
187 "现在有五十六件塞尚的作品"……"要不是我此刻有绝对的必要留在这里":PMB, 425.
188 "可惜":DF, 222.
188 "保拉已经不在了":DF, 223.

第十三章

189 "还不到三步宽、三步长":To Clara Westhoff, June 14, 1906.
190 "谣言"……"在五个月的时间里":To Alfred Schaer, February 26, 1924.
190 "如果可以的话":*Correspondance de Rodin, III*. Editions du Musée Rodin, 1987, 39.〔原文翻译自法语:*venez vous demain dans l'après midi à Meudon, si vous le pouvez..*〕
190 "像坚果一样把自己关在家里":*Correspondance de Rodin, III*, Editions du Musée Rodin, 1987, 44.〔原文翻译自法语:*je suis enfermé chez moi comme le noyau l'est dans son fruit..*〕
190 "我会非常高兴见到您":*Correspondance de Rodin, III*. Editions du Musée Rodin, 1987, 44.〔原文翻译自法语:*j'aurai du plaisir à vous voir, à causer, à vous montrer des antiques..*〕
191 "非常害怕":FG, 297.

192 "广大的沃野": Quoted in Christian Borngräber, *Berliner Design-Handbuch*. Berlin: Merve, 1987, 61. [原文翻译自德语："*die große fruchtbare Ebene.*"。]

192 "这就是罗丹": BT, 195.

192 "一座乡下的旧房子": JA, 554.

192 "您必须来看看这座漂亮的建筑": FG, 551.

192 "我没有朋友"……"对我们的需要比当初": To Clara Westhoff, September 3, 1908.

194 "没人能找到他": To Clara Westhoff, September 3, 1908.

194 "寂静之池": RSG, 459.

194 "我等待了多久": FG, 554.

195 "没有人想要": To Clara Westhoff, November 3, 1909.

195 "像哥特式艺术塑造阴影那样": Quoted in Malcolm MacDonald, *The Symphonies of Havergal Brian*. London: Kahn & Averill, 1983, 249.

195 "仿佛一场大风暴即将来临"……"他常常一直待在峰顶": To Clara Westhoff, November 3, 1909.

195 "那你也来住在这里吧"……"对,但是礼拜堂还空着": Frederick Brown, *An Impersonation of Angels: A Biography of Jean Cocteau*. New York: Viking, 1968, 30−31.

197 "我相信我当时确实懂很多事"……"成功让我走上了错误的道路": Jean Cocteau, *Paris Album: 1900—1914*. London: W. H. Allen, 1956, 135.

197 "她只有一个愿望": William H. Gass, *Reading Rilke: Reflections on the Problems of Translation*. New York: Knopf, 1999, 132. [1.5 lines.]

197 "我已见证死亡": Rainer Maria Rilke, *Selected Poems/Ausgewahlte Gedichte: A Dual-Language Book*. Edited and translated by Stanley Appelbaum. New York: Dover, 2011, 141.

198 "我控诉所有男人": Rainer Maria Rilke, *Selected Poems: With Parallel German Text*. Translated by Susan Ranson and Marielle Sutherland. Oxford: Oxford University Press, 2011, 53.

198 "不要回来": Rainer Maria Rilke, *Requiem and Other Poems*. Translated by J. B. Leishman. London: Hogarth, 1949, 136.

198 "人们在那里挥舞着锤子"……"告诉我们痛处在哪儿": Rainer Maria Rilke, *Requiem: And Other Poems*. Translated by J. B. Leishman. London: Hogarth, 1949, 139−140.

199 "放下一切": Rainer Maria Rilke, *The Selected Poetry of Rainer Maria Rilke*. Translated by Stephen Mitchell. New York: Vintage, 1989, 29.

199 "我们要像建造大教堂一般构建文字"……"如果对方是别人": To Auguste Rodin, December 29, 1908.

200 "像囚犯一样": To Anton Kippenberg, January 2, 1909.

200 "没有完成他的童年"……"我对她的感情比她能想象的要深。": RAS, 164.

201 "即使是我感觉最好的时候": To Jakob Baron Uexküll, August 19, 1909.

201 "空气浴": To Lou Andreas-Salomé, October 23, 1909.

201 "仿佛被蜘蛛网覆盖了": JA, 495.

201 "而且显然我成功地完成了这个任务": F. W. van Heerikhuizen, *Rainer Maria Rilke: His Life and Work*. London: Routledge and Kegan Paul, 1951, 241.

201 "强大得多": LP, 299.

202 "可怜的马尔特": To Anton Kippenberg, Good Friday 1910.

202 "宗教是没有艺术性的人的艺术": Quoted in Rainer Maria Rilke, *The Book of Hours: Prayers to a Lowly God*. Translated by Annemarie S. Kidder. Evanston: Northwestern University Press, 2001, x.

202 "爱这桩伟大的任务": To Georg Brandes, November 28, 1909.

203 "我并不是去寻找幸福": Alan Sheridan, *André Gide: A Life in the Present*. Cambridge, MA: Harvard University Press, 2000, 221.

203 "极其强烈和迫切": *The Letters of Rainer Maria Rilke and Princess Marie Von Thurn und Taxis*. New York: New Directions, 1958, 1.

203 "里尔克先生": Quoted in Rainer Maria Rilke, *Sonnets to Orpheus*. Translation and introduction by Willis Barnstone. Boston and London: Shambhala, 2013.

204 "精致的贵族气质": Angela Livingstone, *Salomé, Her Life and Work*. East Sussex, UK: M. Bell, 1984, 101.

204 "那些追捧里尔克的老女人": Quoted in Ulrich Baer, *The Rilke Alphabet*. New York: Fordham University Press, 2014, 53.

204 "我相信他立即感受到我对他强烈的同情": Nora Wydenbruck, *Rilke, Man and Poet: A Biographical Study*. Westport, CT: Greenwood Press: 1950, 181.

204 "海滨城堡": *The Letters of Rainer Maria Rilke and Princess Marie Von Thurn und Taxis*. New York: New Directions, 1958, 3.

第十四章

206 "他想离开这些房间"……"而且他说的那种方式也很奇特": JA, 495.

208 "你在做什么?" LYR, 32.

208 "我听说其他人都伤心欲绝……我很高兴": *The Letters of Rainer Maria Rilke and Princess Marie Von Thurn und Taxis*. New York: New Directions, 1958, 23.

208 "坐在宝座上的东方神祇"……"那是世界的中心": To Clara Westhoff, September 15, 1905.

208 "它就独自存在于空间之中": Lou Andreas-Salomé, *You Alone Are Real to Me: Remembering Rainer Maria Rilke*. Rochester: BOA Editions, 2003, 51.

208 "古典时代的神": To Clara Westhoff, September 3, 1908.

208 "极其伟大、超凡、神圣的": Rainer Maria Rilke, *Selected Letters of Rainer Maria Rilke*. Translated by R. F. C. Hull. London: Macmillan, 1946, 359.

209 "把它带到上帝面前": To Clara Rilke, September 4, 1908.

209 "一个人如果永远只做学生": Friedrich Wilhelm Nietzsche, *Thus Spake Zarathustra: A Book for All and None*. Translated by Thomas Wayne. New York: Algora, 2003, 59.

210 "显然还是太刻意"……"花朵、动物和风景": To Clara Westhoff, June 24, 1907.

210 "罗丹所有无臂的雕像": Rainer Maria Rilke, *Auguste Rodin*. Translated by Jessie Lemont and Hans Trausil. New York: Sunwise Turn, 1919, 39.

212 "我很高兴你能拥有那种稳定的"……"残酷的现实": LYP, 77—78.

212 "生活驱赶我来到的":LYP, 13.
212 "空山"……"艺术也无非就是一种生活方式":LYP, 76－78.

第十五章

213 "想象一下年迈的大师":Sylvia Beach, "A Musée Rodin in Paris." *The International Studio*, volume 62, 1917, xlii－xliv.

213 "迷人的住所":RSG, 461.

213 "石膏、青铜、":RSG, 462.

214 "理论的结果":Quoted in Henri Matisse, *Matisse on Art*. Edited by Jack Flam. Berkeley and Los Angeles: University of California Press, 1995, 261.

214 "德·马克斯就像海洋":Francis Steegmuller, *Cocteau: A Biography*. New York: Little, Brown, 1970, 21.

214 "童话王国":Jean Cocteau, *Paris Album: 1900－1914*. London: W. H. Allen, 1956, 133.

215 "原来这就是人们前来生活的地方":Rainer Maria Rilke, *The Notebooks of Malte Laurids Brigge*. Translation by Stephen Mitchell. New York: Vintage, paperback, 1985, 3.

215 "我正在学习如何观察"……"我不知道是什么原因":Rainer Maria Rilke, *The Notebooks of Malte Laurids Brigge*. Translation by Stephen Mitchell. New York: Vintage, paperback, 1985, 6.

216 "他们怎么可能了解他呢":Rainer Maria Rilke, *The Notebooks of Malte Laurids Brigge*. Translation by Stephen Mitchell. New York: Vintage, paperback, 1985, 260.

216 "一个不想被爱的人的故事":BT, 51.

216 "归根结底":Rainer Maria Rilke, *The Notebooks of Malte Laurids Brigge. Translation by Stephen Mitchell*. New York: Vintage, paperback, 1985, 189.

216 "现在的他很难有人来爱":Rainer Maria Rilke, *The Notebooks of Malte Laurids Brigge*. Translation by Stephen Mitchell. New York: Vintage, paperback, 1985, 260.

216 "这个困境难住了他"……"以至于他本能地去挑战它":To Clara Westhoff, October 19, 1907.

216 "之所以消亡":Rainer Maria Rilke, *Selected Letters of Rainer Ma-

ria Rilke. Translated by R. F. C. Hull, London: Macmillan, 1946, 184.

216 "马尔特不是一幅肖像": Quoted in George C. Schoolfield, "Malte Laurids Brigge." In *A Companion to the Works of Rainer Maria Rilke*. Edited by Erika A. Metzger and Michael M. Metzger. Rochester, NY: Camden House, 2001, 185.

217 "马尔特·劳里茨的办公桌": LP, 300.

217 "它已经成形了,脱离了我": LP, 301.

218 "[我]拉伸我的轮廓"……"无与伦比": To Clara Westhoff, July 6, 1906.

219 "《马尔特手记》并不是为大众而写的"……"我们都渴望内化": Henry F. Fullenwider, *Rilke and His Reviewers: An Annotated Bibliography*. Lawrence: University of Kansas Publications, 1978, 2—3.

219 "难以理解的散文": LP, 314.

219 "拥有属于自己的死亡"……"你拥有死亡": Rainer Maria Rilke, *The Notebooks of Malte Laurids Brigge*. Translation by Stephen Mitchell. New York: Vintage, paperback, 1985, 9—10.

220 "像幸存者一样搁浅了": Rainer Maria Rilke, *Selected Letters of Rainer Maria Rilke*. Translated by R. F. C. Hull. London: Macmillan, 1946, 184—185.

220 "先知的故事仿佛就发生在昨天": To Clara Westhoff, December 21, 1910.

220 "安拉多么强大": To Clara Westhoff, November 26, 1910.

221 "只是以它的方式告诉我": Quoted in Lisa Gates, "Rilke and Orientalism: Another Kind of Zoo Story." *New German Critique*, No. 68, Spring-Summer 1996, 61.

221 "只写简短的信": To Clara Westhoff, November 3, 1909.

221 "并不跟我在一起"……"(显然我对她来说终归是有害的)": RAS, 190.

第十六章

224 "巴黎本身就是一部你在不知不觉中完成的作品"……"我要感谢巴黎": Rainer Maria Rilke, *Selected Letters of Rainer Maria Rilke*.

	Translated by R. F. C. Hull, London: Macmillan, 1946, 125.
224	"瓦雷纳街那座令人难忘、令人厌烦的": To Viktor Emil von Gebsattel, January 14, 1912.
224	"没有人比他更值得获得这样的殊荣": FG, 605.
225	"兽性色情的卑鄙动作": RSG, 471.
225	"一直缠着我": *The Letters of Rainer Maria Rilke and Princess Marie Von Thurn und Taxis*. New York: New Directions, 1958, 18.
225	"幕布升起": Sjeng Scheijen, *Diaghilev: A Life*. Oxford: Oxford University Press, 2010, 248—249.
225	"神魂颠倒的崇拜者": Quoted in Derek Parker, *Nijinsky: God of the Dance*. Wellingborough: Equation, 1988, 125.
225	"令人难以置信的是": FG, 606.
225	"放在隔壁的礼拜堂里": RSG, 472.
226	"战争委员会"……"非常受打击": JA, 601.
226	"有人恶意破坏了他最好的大理石雕塑": Sjeng Scheijen, *Diaghilev: A Life*. Oxford: Oxford University Press, 2010, 249.
227	"还好我在!"……"还好我有枪!": FG, 600.
228	"您还在容忍我已经无法承受的局面": RSG, 458.
228	"我的猫咪": LYR, 56.
229	"唯一的话题"……"对这位大师施加的影响非常大": "Rodin and Duchess Quarrel," *New York Times*. September 16, 1912.
229	"我们这个时代最美躯干的塑造者"……"已经摆脱了看守它的三头狗": RSG, 474.
229	"可怕的": To Princess Marie von Thurn und Taxis, March 21, 1913.
229	"荒唐和可笑": To Lou Andreas-Salomé, December 28, 1911.
229	"我的生命停止了": RSG, 474.
229	"您就见见她吧": RSG, 474.
229	"把这位女士带出去!": FG, 608.
229	"现在的我就像一个": Mary McAuliffe, *Twilight of the Belle Epoque: The Paris of Picasso, Stravinsky, Proust*. Lanham: Rowman & Littlefield, 2014, 231.
230	"湿润的红唇"和"平静": Denys Sutton, *Triumphant Satyr: The World of Auguste Rodin*. New York: Hawthorn, 1966, 80.

第三部分

第十七章

233 "一位年轻却已经很著名的诗人"……"沉默寡言的":Sigmund Freud, "On Transience." In *Writings on Art and Literature*. Redwood City, CA: Stanford University Press, 1997, 176.

234 "另一个人"……"非凡而罕见的精神命运":Julia Vickers, *Lou von Salomé: A Biography of the Woman Who Inspired Freud, Nietzsche and Rilke*. Jefferson, NC: McFarland, 2008, 159.

234 "因为我所做的无非是":LB, 104.

235 "他的身边就是我最想待的地方":Lou Andreas-Salomé, *The Freud Journal*. New York: Basic Books, 1964, 169.

235 "看到弗洛伊德与他的'孩子'荣格决裂":Lou Andreas-Salomé, *The Erotic*. New Brunswick and London: Transaction, 2012, 24.

235 "你真的在慕尼黑见到了诗人里尔克吗":Anna Freud, *Gedichte, Prosa*, Übersetzungen. Wien, Köln, Weimar: Böhlau Verlag, 2014, 48.[原文译自德语:"Hast Du in München wirklich den Dichter Rilke kennengelernt? Wieso? Und wie ist er?"。]

235 "本来会喜爱、会欣赏的一切":Sigmund Freud, "On Transience." *Writings on Art and Literature*. Redwood City, CA: Stanford University Press, 1997, 176.

236 "夺走了世界的美丽"……"更经久的事物":Sigmund Freud, "On Transience." *Writings on Art and Literature*. Redwood City, CA: Stanford University Press, 1997, 178—179.

236 "……因为美只是":Rainer Maria Rilke, *The Poetry of Rilke*. Translated by Edward Snow. New York: Macmillan, 2009, 283.

236 "广阔而毫无特征的虚空":*The Letters of Rainer Maria Rilke and Princess Marie Von Thurn und Taxis*. New York: New Directions, 1958,21.

237 "经过对罗丹的这番观察":To Princess Marie von Thurn und Taxis, July 12, 1912.

237 "令人不愉快":To Lou Andreas-Salomé, January 20, 1912.

237 "终于见到了他的偶像里尔克"……"里尔克无论如何不肯": Sigmund Freud and Lou Andreas-Salomé, *Letters*. Edited by Ernst Pfeiffer. Translated by William and Elaine Robson-Scott. New York: Harcourt Brace Jovanovich, 1966, 39.

237 "亲爱的露": To Lou Andreas-Salomé, December 28, 1911.

238 "若我呼喊": Rainer Maria Rilke, *Duino Elegies and Sonnets to Orpheus*. Translated by Stephen Mitchell. New York: Random House, 2009, 3.

238 "那个借用我来写作的声音": *The Letters of Rainer Maria Rilke and Princess Marie Von Thurn und Taxis*. New York: New Directions, 1958, 30.

239 "其实一直都只是一种自我治疗": To Viktor Emil von Gebsattel, January 14, 1912.

239 "非创造性的": To Viktor Emil von Gebsattel, January 24, 1912.

239 "曾记得"……"和狮子一起供人参观": Lou Andreas-Salomé, *The Freud Journal*. New York: Basic Books, 1964, 184.

240 "我不敢奢望罗丹会愿意为我做模特": LP, 364.

240 "这段时间显然不想再提": *The Letters of Rainer Maria Rilke and Princess Marie Von Thurn und Taxis*. New York: New Directions, 1958, 95.

241 "任何事都不能再指望他了": LP, 364.

241 "无法预料"……"很可能彻底决裂": LP, 365.

第十八章

243 "满怀敬畏和狂喜地"……"亚述的气质": CF, 184.

244 "巨大的阴影会加强它的效果": CF, 186.

244 "有谁敢说自己把这些都看过了呢?": CF, 161.

244 "建造这座大教堂的艺术家们": CF, 160.

244 "病态的法国": CF, 118.

244 "一位带领他的人民前往应许之地的先知": FG, 619.

244 "谁能相信进步"……"如果无限进步论是正确的": CF, 245.

245 "想尽一切办法让我不痛快": FG, 620.

245 "热情洋溢的评价": FG, 621.

245 "非常绝望"……"我真希望我们没有去默东": Magda von Hatting-

berg, *Rilke and Benvenuta*. Translated by Cyrus Brooks. New York: W. W. Norton, 1949, 66.

246 "他的内心深处": To Lou Andreas-Salomé, August 8, 1903.
246 "一定要去创造"……"一旦你创造了一点什么": To Clara Westhoff, September 5, 1902.
246 "没有空气、没有爱的空间"……"在一种虚弱、悲惨的状态下": LP, 378.
246 "谁会愿意离开这一切呢?": FG, 596.
247 "痛苦地被众多意象活理": RAS, 244.
247 "或许现在我该学着": To Princess Marie von Thurn und Taxis, August 30, 1910.
247 "如果我要活下去": RAS, 242.
247 "眼睛的工作已经完成": Rainer Maria Rilke, *The Selected Poetry of Rainer Maria Rilke*. Translated by Stephen Mitchell. New York: Vintage, 1989, 313.
248 "像个孩子": Nora Wydenbruck, *Rilke, Man and Poet: A Biographical Study*. Westport, CT: Greenwood: 1950, 264.
249 "他的脸色变得煞白": RSG, 496.
250 "人们会称之为'兰斯的陷落'": RSG, 496.
250 "这不仅仅是一场战争": Ruth Butler, *Hidden in the Shadow of the Master*. New Haven, CT: Yale University Press, 2008, 300.
250 "我怎么能为法国的敌人做雕像": FG, 613.
250 "杰作": Albert E. Elsen, *Rodin's Art: The Rodin Collection of Iris and B. Gerald Cantor Center of Visual Arts at Stanford University*. Oxford: Oxford University Press, 2003, 490.
251 "独角兽存在一样令人震惊" Nora Wydenbruck, *Rilke, Man and Poet: A Biographical Study*. Westport, CT: Greenwood Press: 1950, 269.
251 "被紧急送往鬼知道什么地方": RAS, 273.
251 "我很害怕,很害怕": Quoted in LP, 406.
251 "包装英雄": LP, 407.
252 "他认真地连续几个小时": Nora Wydenbruck, *Rilke, Man and Poet: A Biographical Study*. Westport, CT: Greenwood Press: 1950, 278.

252	"很累;战争让他感到震惊":LYR, 145.
252	"我一点也不害怕死":LYR, 188.
252	"像一尊雕像一样"……"只有我一个人了":LYR, 192.
253	"他的命运三姐妹":LYR, 216.
253	"而人们居然说":Judith Cladel, *Rodin*. Translated by James Whitall. New York: Harcourt, Brace and Co., 1937, 328.
253	"他不在了":LP, 416.
254	"你将像我一样沉浸在回忆与悲伤之中":To Clara Westhoff, November 19, 1917.
254	"从战场归来":Sylvia Beach, "A Musee Rodin in Paris." *The International Studio*, volume 62, 1917, xlii—xliv.

第十九章

255	"我身后有那么多荒废的岁月":To Helene von Nostitz, January 27, 1914.
255	"手盘":Patricia Pollock Brodsky, *Rainer Maria Rilke*. Boston: Twayne, 1988, 35.
257	"学校的极端迂腐":Nicholas Fox Weber, *Balthus: A Biography*. New York: Knopf, 1999, 41.
258	"有人了解猫吗"……"猫就只是猫":Balthus, *Mitsou: Quarante Images*. Preface by Rainer Maria Rilke. Translated by Richard Miller. New York: Metropolitan Museum of Art, 1984, 9.
258	"令人惊讶":Sabine Rewald, *Balthus*. New York: Metropolitan Museum of Art, 1984, 13.
258	"女士"……"大加赞扬":Nicholas Fox Weber, *Balthus: A Biography*. New York: Knopf, 1999, 19.
258	"一个了不起的人"……"完全相同的快乐":Nicholas Fox Weber, *Balthus: A Biography*. New York: Knopf, 1999, 42.
258	"精神的风暴":Quoted in Donald A. Prater, *A Ringing Glass: The Life of Rainer Maria Rilke*. Oxford, UK: Clarendon Press, 1986, 347.
259	"我非常渴望什么都不做":Rainer Maria Rilke, *Briefe*, 1914 *bis* 1926. Insel-Verlag, 1950, 509. [原文译自法语:"*J'ai grande envie de ne rien affirmer. Si vous vous imaginiez qu'un mauvais sorc-*

ier m'a changé en tortue, vous seriez tout près de la réalité: je porte une forte et solide carapace d'une indifférence à toute épreuve ..."。]

259 "但我们是人":Quoted in Donald A. Prater, *A Ringing Glass: The Life of Rainer Maria Rilke*. Oxford, UK: Clarendon Press, 1986, 320.

259 "他开始有自己的观众群了"……"勒内,你会看到的":Nicholas Fox Weber, *Balthus: A Biography*. New York: Knopf, 1999, 102.

260 "猫那样的高傲的自信":Nicholas Fox Weber, *Balthus: A Biography*. New York: Knopf, 1999, 51.

260 "H.M.猫之王":Sabine Rewald, *Balthus*. New York: Metropolitan Museum of Art, 1984, 62.

260 "那天她是窗的心情"……"生活似乎只意味着凝望":Rainer Maria Rilke, *The Roses and the Windows*. Translated by A. Poulin, Jr. Minneapolis: Graywolf Press, 1979, 95.

261 "……啊,因为想要成长":Quoted in Ritchie Robertson, "From Naturalism to National Socialism." In *The Cambridge History of German Literature*. Edited by Helen Watanabe-O'Kelly. Cambridge: Cambridge University Press, 1997, 351.

262 "意识的边缘":J. F. Hendry, *The Sacred Threshold: A Life of Rainer Maria Rilke*. Manchester, UK: Carcanet New Press, 1983, 149.

262 "柔和而坦白":William H. Gass, *Reading Rilke: Reflections on the Problems of Translation*. New York: Knopf, 1999, 187.

262 "来吧,你是我认出的最后一件事"……"不要把早年那些":Rainer Maria Rilke, *Uncollected Poems*. Translated by Edward Snow. New York: Farrar, Straus and Giroux, 1996, 251.

263 "这本书中你的那部分工作":Rainer Maria Rilke, Balthus, *Rilke-Balthus: Lettres à un Jeune Peintre Suivi de Mitsou Quarante Images par Balthus*. Paris: Somogy Èditions d'Art, 1998, 27. [原文译自法语: *Votre part à cette oeuvre était toute travail et douleur; la mienne sera mince et elle ne sera que plaisir.*]

索引*

abstract art 抽象艺术,23,163－69

Abstraction and Empathy: A Psychology of Style(Worringer)《抽象与移情:对艺术风格的心理学研究》(沃林格),23,163－66

Aesop 伊索,153

aesthetics 美学,21,24,100

Africa, Rilke and 非洲,里尔克与非洲,220－21

Afternoon of a Faun(Debussy and Nijinsky)《牧神的午后》(德彪西和尼金斯基),225

Age of Bronze, The(Rodin)《青铜时代》(罗丹),37,210

Age of Maturity, The(Claudel)《成熟》(克洛岱尔),47

Albert-Lasard, Loulou 卢卢·阿尔伯特-拉萨德,251

"Alcestis"(Rilke)《阿尔克斯蒂斯》(里尔克),210

Anarchists 无政府主义者,227

Andreas, Carl 卡尔·安德烈亚斯,26,28

Andreas-Salomé, Lou 露·安德烈亚斯-莎乐美,24－31
 Freud and 弗洛伊德与,117,233－35
 Nietzsche and 尼采与,24－25,25
 Rilke and 里尔克与,24,26－31,64,69,114－18,122,123,126,129,137,156,160－61,165,200－201,204,216,220,221,237－39,240,247,248
 Westhoff and 韦斯特霍夫与,69,123－24,137,160－61,200－201

"Angel with the Sundial, The"(Rilke)《持日晷的天使》(里尔克),158

---

* 索引页码为原书页码,可按本书边码检索。

索引

anti-Semitism 反犹太主义,53,235

Apollinaire, Guillaume 纪尧姆·阿波利奈尔,196

Apollo 阿波罗,209—11,243,254

Apollonios 阿波罗尼奥斯,40

Arabian Nights, *The*《一千零一夜》,220

"Archaic Torso of Apollo, The"(Rilke) 《古代阿波罗躯干雕像》(里尔克),209—11

art 艺术:

  abstractionism and 抽象主义与,23,163—69

  act of looking and 观看的行为与,22

  empathy and 共情与,ix,21—24,100,102,117,164

Art, *L'*《艺术》周刊,37

Artistic Life, *The*(Geffroy)《艺术人生》(古斯塔夫·杰弗罗伊),98

Auguste Rodin(Rilke monograph)《罗丹论》(里尔克),74—76,92,95—97,98,104,106,107,113—14,115,125,154—55,185,210,240,256

Aurore, *L'*《曙光报》,53

Austro-Hungarian Empire 奥匈帝国,17,28,248,255

Bacchante(Rodin)《酒神女祭司》(罗丹),35

Baedeker, Karl 卡尔·贝德克尔,86

Bagatelle Palace 巴加泰尔宫,176

Ballet Russes 俄国芭蕾舞团,218,225

Balthus(Balthasar Klossowski) 巴尔蒂斯(巴尔塔萨·克洛索夫斯基),257—58,257,259—60,263

Balzac, Honoré de 奥诺雷·德·巴尔扎克,5,45

  Rodin's monument to 罗丹为他做的雕像,51—54,52,61,141,192,201

Banat Daily《巴纳特日报》,212

Banville, John 约翰·班维尔,102

Barye, Antoine-Louis 安托万-路易·巴里,13—14,98—99,101

Baudelaire, Charles 夏尔·波德莱尔,4,5,33,40,45,80,93,95,96,174,176,182—83,196,216

Beach, Sylvia 西尔维亚·比奇,213,254

Beauvais, France 法国,博韦,3—4,5,55,134,243

Becker, Paula 保拉·贝克尔, 56—57, 57, 62, 64—67, 111, 124—26, 176, 177—78
    daughter's birth and 女儿的出世, 187
    death of 她的去世, 188, 189, 193, 197—98, 206
    Modersohn's engagement to 与莫德松订婚, 67, 70
    Paris and 巴黎与, 56—57, 59, 62, 105—7, 155—59, 177
    Rilke's portrait by 她为里尔克画的肖像, 157—58, 157
    Rilke's Worpswede monograph and 里尔克为沃普斯韦德的艺术家们做的专论, 118—19
    Rodin and 罗丹与, 106—7
    Westhoff's distancing from 韦斯特霍夫疏远她, 68—69, 71—72
    Worpswede and 沃普斯韦德与, 56, 57, 64—67, 71—72, 105, 125—26, 155, 187—88
Beethoven, Ludwig van 路德维希·范·贝多芬, 192
Beethoven Frieze (Klimt)《贝多芬横饰带壁画》(克里姆特), 74
Belgium 比利时, 250
Belgrade News《贝尔格莱德新闻报》, 212
Benedict XV, Pope 教皇本笃十五世, 250, 252
Benjamin, Walter 沃尔特·本雅明, 60
Berlin, Germany 德国, 柏林, 28, 29, 31, 122, 124, 159, 160, 217, 259
Bernhardt, Sarah 莎拉·伯恩哈特, 175
Besnard, Paul-Albert 保罗-阿尔伯特·贝斯纳, 51
Betz, Maurice 莫里斯·贝茨, 109
Beuret, Auguste-Eugène 奥古斯特-欧仁·伯雷, 35—36, 153—54, 248, 249, 252, 253
Beuret, Rose 萝丝·伯雷, 37, 38, 153, 229, 230, 246
    birth of son and 儿子的出世, 35—36
    Choiseul and 舒瓦瑟尔与, 227—28
    death of 她的去世, 252
    marriage of 婚礼, 252
    Rilke and 里尔克与, 84, 85—86, 88, 132—34, 133, 162
    Rodin's affair with Claudel and 罗丹和克洛岱尔的恋情与, 44, 45—46
    Rodin's first meeting with 罗丹与她的第一次见面, 34—35

tomb of 她的墓,253

World War I and 第一次世界大战与,249,250

Bibi (Rodin model) 毕毕(罗丹的模特),32—34

Bible《圣经》,155,203

Bibliothèque Nationale 法国国家图书馆,7,93,121

binaries 二元说,23

Biskra, Tunisia 突尼斯,比斯克拉,220

Blaue Reiter, Der (Blue Rider group) "蓝骑士",166

Bloch, Jeanne 珍妮·布洛赫,175

"Blue Hydrangea" (Rilke)《蓝色绣球花》(里尔克),181

Bonheur, Rosa 罗莎·博纳尔,13

Bonnard, Pierre 皮埃尔·博纳尔,182,258

Book of Hours, The (Rilke)《时祷书》(里尔克),30,70,87—88,114,123,136—37,186,256

Book of Pictures (Rilke)《图像集》(里尔克),137

Botticelli, Sandro 桑德罗·波提切利,24

Boucher, Alfred 阿尔弗雷德·布歇,42

Bouguereau, William-Adolphe 威廉·阿道夫·布格罗,6,179

Bourdelle, Antoine 安托万·布尔德尔,55

Brancusi, Constantin 康斯坦丁·布朗库西,24,168

Brandes, Georg 乔治·布兰德斯,171

Braque, Georges 乔治·布拉克,166,180

Brigge, Malte Laurids (char.) 马尔特·劳里茨·布里格(人物角色),102,118,183,201—2,206,211,215—17,220,239

Burghers of Calais, The (Rodin)《加莱义民》(罗丹),viii,8,43—44,249

Byzantine Empire 拜占庭帝国,165

Calmette, Gaston 加斯顿·卡尔梅特,225,226

Cambodian Royal Ballet 柬埔寨王家芭蕾舞团,184

"Carcass, A" (Baudelaire)《腐尸》(波德莱尔),182—83

Carpeaux, Jean Baptiste 让-巴蒂斯特·卡尔波,33

Carrièr, Eugène 欧仁·卡里埃,113,129,138

Carrier-Belleuse, Albert-Ernest 阿尔伯特-欧内斯特·卡里尔-贝勒斯,

35，38，87

Cathedral，*The*(Rodin)《大教堂》(罗丹)，167

Cathédral Saint-Pierre 圣皮埃尔主教座堂，3－4

Cathedrals of France(Rodin)《法国的教堂》(罗丹)，243－45

Cézanne，Paul 保罗·塞尚，33，44－45，53，57，166，169，179－83，187

  Baudelaire and 波德莱尔与，182－83

Chanel，Gabrielle Bonheur"Coco" 可可·香奈儿，225

Charcot，Jean-Martin 让-马丁·沙可，49－51，116，138

Charcot Museum 沙可博物馆，50

Chartres cathedral 沙特尔主教座堂，134－35，158，184，243

Château d'Issy 伊西城堡，127

Chat Noir cabaret 黑猫卡巴莱，56

Chekhov，Anton 安东·契诃夫，64

Choiseul，Charles-August，Duc de 查尔斯-奥古斯特·德·舒瓦瑟尔伯爵，149，228

Choiseul，Claire Coudert，Duchesse de 克莱尔·库德特·德·舒瓦瑟尔伯爵夫人，148－50，150，169－71，194－95，196，213，226，227－29

Cladel，Judith 朱迪特·克拉黛尔，224，249

Claretie，Jules 朱尔·克拉勒蒂，49

Claudel，Camille 卡米耶·克洛岱尔，42－44，45－48，51，61，84，148，149，228

Claudel，Paul 保罗·克洛岱尔，47，48

Clemenceau，Georges 乔治·克列孟梭，44

Club des Haschischins 大麻体验者俱乐部，174

Coburn，Alvin Langdon 阿尔文·兰登·科本，142

Cocteau，Jean 让·科克托：

  drug use and 精神药物的使用与，196，197，218

  Duncan and 邓肯与，147

  Hôtel Biron and 比隆宅邸与，174－75，194，196－97，198，214

  Rodin's art style and 罗丹的艺术风格与，92

Colarossi Academy 科拉罗西学院，55

Concordia literary club 康考迪亚文学俱乐部，185

Connoisseur《鉴赏家》杂志，169

Coquiot，Gustave 古斯塔夫·科奎特，174

Counterfeiters, *The* (Gide) 伪币制造者(纪德)，259

Courbet, Gustave 古斯塔夫·库尔贝，61，172

Cri de Paris, *Le*《巴黎呼声》，229

Cubism 立体主义，163，172，180，199

Cunard, Nancy 南希·库纳德女勋爵，54

Czech language 捷克语，17

Czechoslovakia 捷克斯洛伐克，255

Dante Alighieri 但丁·阿利吉耶里，38，40，42，51，95，204－5

Darwin, Charles 查尔斯·达尔文，24，53

David (Michelangelo)《大卫》(米开朗琪罗)，123

"Death of a Poet, The" (Rilke)《诗人之死》(里尔克)，262

Debussy, Claude 克劳德·德彪西，126，224，225

defense mechanisms 心理防御机制，236

Degas, Edgar 埃德加·德加，53

Déjeuner sur l'herbe, *Le* (Manet)《草地上的午餐》(马奈)，33，176

Delacroix, Eugène 欧仁·德拉克罗瓦，13，42，61

Demoiselles d'Avignon, *Les* (Picasso)《亚维农的少女》(毕加索)，166－67

"Departure of the Prodigal Son, The" (Rilke)《浪子离家》(里尔克)，159

Derain, André 安德烈·德兰，179

Desbois, Jules 朱尔斯·德布瓦，55

Descartes, René 勒内·笛卡尔，117

Diaghilev, Sergei 谢尔盖·佳吉列夫，64，218，225，226

Diriks, Edvard 爱德华·迪里克斯，178

Divine Comedy (Dante)《神曲》(但丁)，38，40，205

Dôme café 多摩咖啡厅，56

Dongen, Kees van 基斯·凡·东根，80

Doolittle, Eliza (char.) 伊丽莎·杜利特(人物角色)，140

doppelgänger 分身，216

Dreyfus, Alfred 阿尔弗雷德·德雷福斯，53，54

Duino Castle (Trieste, Italy) 杜伊诺城堡(意大利,的里雅斯特)，204－5，217，223，224，236－39，254

Duino Elegies (Rilke)《杜伊诺哀歌》里尔克 ，236，238，239，251，258

Dujardin-Beaumetz, Henri 亨利·杜雅尔丹-博麦茨, 141

Duncan, Isadora 伊莎多拉·邓肯, 61, 147–48, 147, 175, 194, 196

Dupuytren museum 迪皮特朗医学博物馆, 12

Dürer, Albrecht 阿尔布雷希特·丢勒, 218

Düsseldorf Art Academy 杜塞尔多夫艺术学院, 63

Echo and Narcissus (Poussin)《厄科与纳西索斯》(普桑), 260

École Impériale Spéciale de Dessin et de Mathématiques (Petite École) 皇家绘画与数学学院(小学院), 6, 8, 9, 12

Egypt 埃及, 161–62, 165, 177, 220

Eiffel Tower 埃菲尔铁塔, 60, 60

einfühlung (feeling into) "感觉进入其中", 22, 117, 164

einsehen (inseeing) "入视", 99–100, 218

Eliot, T. S. T. S. 艾略特, 102

Elsen, Albert 阿尔伯特·埃尔森, 167

empathy, art and 共情,艺术与共情, ix, 21–24, 100, 102, 117, 164

Enfants Terribles, Les (Cocteau)《可怕的孩子》(科克托), 174

England, Rodin and 英国,罗丹与英国, 54–55

Erdmann-Macke, Elizabeth 伊丽莎白·埃德曼-麦克, 166

Ernst, Paul 保罗·恩斯特, 165

eugenics movement 优生学运动, 154

Existentialism 存在主义, 219

Exposition Universelle (Paris World's Fair) (1900) 巴黎世界博览会(1900), 58–62, 60, 63, 86, 128, 153

Expressionist movement 表现主义运动, 163, 165–66

Falguière, Alexandre 亚历山大·法尔吉耶, 38

Family of Saltimbanques (Picasso)《卖艺人家》(毕加索), 251

Faure, Élie 艾黎·福尔, 136

fauvists 野兽派, 179

Fiedler, Fyodor 费奥多尔·费德勒, 28

Figaro, Le《费加罗报》, 225

Fleurs du Mal, Les (Baudelaire)《恶之花》(波德莱尔), 4, 40, 176, 183

Florence, Italy 意大利,佛罗伦萨, 36

Fourquet, Léon 莱昂·福尔盖, 9

France, Anatole 阿纳托尔·法朗士, 224

France, World War I and 法国, 第一次世界大战与法国, 248—50, 249

Francesca 弗兰采斯加, 40

Franz Ferdinand, Archduke of Austria 奥匈帝国的弗朗茨·斐迪南大公, 247

French, Daniel Chester 丹尼尔·切斯特·弗伦奇, 170—71

French Revolution 法国大革命, 4, 136

French Symbolists 法国象征主义诗人, 93

Freud, Anna 安娜·弗洛伊德, 234, 235

Freud, Ernst, 235, 237

Freud, Sigmund 西格蒙德·弗洛伊德, 23, 59, 145
    Andreas-Salomé and 安德烈亚斯-莎乐美与, 117, 233—35
    Charcot and 沙可与, 50
    Rilke and 里尔克与, 233, 234—36, 237

Friends of the Louvre 卢浮宫之友俱乐部, 214

Fry, Roger 罗杰·弗莱, 151

Fuller, Loie 洛伊·富勒, 194

Futurism 未来主义, 163

Galerie Bernheim-Jeune 小伯恩海姆画廊, 176, 183—84

Gates of Hell (Rodin)《地狱之门》(罗丹), 38—42, 39, 43, 51, 61, 87, 113

Gates of Paradise (Ghiberti)《天堂之门》(吉贝尔蒂), 38

Gauguin, Paul 保罗·高更, 191

Gebsattel, Viktor Emil von 维克托·埃米尔·冯·格布萨特尔, 221

Geffroy, Gustave 古斯塔夫·杰弗罗伊, 14, 44, 98

German Empire, World War I and 德意志帝国, 第一次世界大战与, 248, 249—50

German Romanticism 德国浪漫主义, 216

Ghiberti, Lorenzo 洛伦佐·吉贝尔蒂, 38

Gide, André 安德烈·纪德, 202—3, 214
    North Africa and 北非与, 220
    Rilke and 里尔克与, 218—19, 259

Goethe, Johann Wolfgang von 约翰·沃尔夫冈·冯·歌德, 18
Gogh, Vincent Van 文森特·凡·高, 176, 191
Goncourt, Edmond de 埃德蒙·德·龚古尔, 14, 42
Gonne, Maud 莫德·冈, 145
Gothic architecture 哥特式建筑, 3–4, 36, 41, 93, 119, 134–35, 195, 242–45
Göttingen, Germany 德国, 哥廷根, 115, 123, 124, 247
Goya, Francisco 弗朗西斯科·戈雅, 126
Grande École des Beaux-Arts 巴黎美术学院, 6, 8, 9, 44, 55, 136, 172
Greco, El 埃尔·格列柯, 97, 126, 167, 238
Greece, ancient 古希腊, 164, 244
Gregorian chants, Rodin and 罗丹与格列高利圣咏, 195

Hahn, Reynaldo 雷纳尔多·哈恩, 196
Hattingberg, Magda von 玛格达·冯·哈廷伯格, 245
Hauptmann, Carl 卡尔·豪普特曼, 65, 66, 158
Hauptmann, Gerhart 格哈特·豪普特曼, 217
Haussmann, Georges-Eugène 乔治-欧仁·奥斯曼, 5–6, 34
Heidegger, Martin 马丁·海德格尔, 182
Helg, Ursula 乌苏拉·赫尔格, 165
Heller, Hugo 雨果·海勒, 185
Heydt, Karl von der 卡尔·冯·德·海特, 137
"History of the Thirty-Years War" (Rilke)《三十年战争史》(里尔克), 18
Hitler, Adolf 阿道夫·希特勒, 154
Hofmannsthal, Hugo von 雨果·冯·霍夫曼斯塔尔, 216, 226
Horaček, Franz 弗朗茨·霍拉塞克, 103, 108
Horse Fair, The (Bonheur)《马市》(博纳尔), 13
Hôtel Biron 比隆宅邸, 170–71, 172–75, 173, 190, 191–208, 213–15, 217, 223–30, 237, 245, 248, 250, 252, 254
Hôtel du Quai Voltaire 伏尔泰河岸旅店, 176–77
Hugo, Victor 维克多·雨果, 4, 8, 42, 45, 80, 128, 135, 201, 218
Husserl, Edmund 埃德蒙·胡塞尔, 21
hysteria 歇斯底里症, 49–51
Ibsen, Henrik 亨利克·易卜生, 48

Imitation of Christ, The(Thomas à Kempis)《效法基督》(坎皮斯的托马斯)，263

Immoralist, The(Gide)《背德者》(纪德)，218

Impressionists 印象派，50，61，179，190

In Celebration of Myself(Rilke)《为我庆祝》(里尔克)，103

Industrial Revolution 工业革命，4

inseeing（einsehen）入视，99－100，218

Insel-Verlag 岛屿出版社，109，123，215，219

Institut Rodin 罗丹学院，55，56，59

International Congress of Psychology 国际心理学大会，59

International Psychoanalytical Association 国际精神分析学会，234

Interpretation of Dreams(Freud)《梦的解析》(弗洛伊德)，59，145

Italy 意大利：

  Duino Castle and 杜伊诺城堡与，204－5，217，223，224，236－39，254

  Rilke and 里尔克与，111－14，189，217，236－39

  Rodin and 罗丹与，36－37，38，95，250

"J'Accuse!"(Zola)《我控诉!》(左拉)，53

Jacobsen, Jens Peter 延斯·彼得·雅科布森，24，98，112，121

Jaguar Devouring a Hare(Barye)《豹子吞噬野兔》(巴里)，14

James, Henry 亨利·詹姆斯，99

Jardin des Plantes 巴黎植物园，13，32，49，99，176－77

Javert (char.) 沙威(人物角色)，4

"Jesus the Jew"(Salomé)《犹太人耶稣》(莎乐美)，26

John, Gwen 格温·约翰，147

Jokes and Their Relation to the Unconscious(Freud)《诙谐及其与无意识的关系》(弗洛伊德)，23

Julian Academy 朱利安学院，55

Jung, Carl 卡尔·荣格，233－34

Justice, La《正义报》，14

Kafka, Franz 弗朗茨·卡夫卡，216，258，259

Kairouan, Tunisia 突尼斯,凯鲁万, 220

Kalckreuth, Wolf, Graf von 沃尔夫·格拉夫·冯·卡尔克罗伊特, 198

Kandinsky, Wassily 瓦西里·康定斯基, 24, 166

Kappus, Franz Xaver 弗朗茨·克萨韦尔·卡普斯, viii, 103—4, 108—10, 112, 113, 119—20, 121, 122, 211—12, 216

Kassner, Rudolf 鲁道夫·卡斯纳, 62, 187, 217

Kessler, Harry 哈里·凯斯勒, 171, 182, 192, 201, 206, 207, 218, 226, 230, 254

Kippenberg, Anton 安东·基彭伯格, 263

Kiss, The (Brancusi)《吻》(布朗库西), 168

Kiss, The (Rodin)《吻》(罗丹), viii, 8, 44, 61, 75, 82, 171

Klimt, Gustav 古斯塔夫·克里姆特, 20, 74, 145

Klossowska, Baladine 巴拉蒂尼·克洛索夫斯卡, 256—57, 257, 259, 260, 262

Klossowski, Balthasar "Balthus" 巴尔塔萨·克洛索夫斯基,"巴尔蒂斯", 257—58, 257, 259—60, 263

Klossowski, Erich 埃里希·克洛索夫斯基, 256

Klossowski, Pierre 皮埃尔·克洛索夫斯基, 257, 259

Knoop, Wera 韦拉·努普, 258

Kunst und Künstler《艺术与艺术家》, 55, 165, 185, 186, 256

La Closerie des Lilas café 丁香园咖啡厅, 56

Laon, France 法国,拉昂, 243

Larue's nightclub 拉吕餐厅的夜间聚会, 218

Last of Their Line, The (Rilke)《最后一位后裔》(里尔克), 73

Law of Separation (France) (1904)《政教分离法》(法国), 173—74

Lecoq de Boisbaudran, Horace 霍拉斯·勒考克·德·布瓦博德朗, 6—8, 36, 55, 88

Legion of Honor 法国荣誉军团, 128, 178

Legros, Alphonse 阿方斯·勒格罗, 55

Leipzig, Germany 德国,莱比锡, 215, 217, 247

Leonardo da Vinci 列奥纳多·达·芬奇, 74, 206

Letters on Cézanne (Rilke)《有关塞尚的信》(里尔克), 182

Letters to a Young Painter (Rilke)《致一位年轻画家的信》(里尔克), 263

Letters to a Young Poet(Rilke)《给青年诗人的信》(里尔克), vii–viii, x, 109, 219

Lévi-Strauss, Claude 克洛德·列维-施特劳斯, 220

Life and Songs(Rilke)《生活与诗歌》(里尔克), 19

Linz, Austria 奥地利, 林茨, 19

Lipps, Theodor 特奥多尔·李普斯, 21–24, 99, 100, 117, 164, 261

Lipscomb, Jessie 杰西·利普斯科姆, 43

London, England 英国, 伦敦, 139, 249, 250

Lorrain, Claude 克劳德·洛兰, 45

Lorrain, Jean 让·洛兰, 61

Louis-Philippe, King of France 法国国王路易-菲力浦, 4

Louvre 卢浮宫, 7, 36, 92, 93, 102, 127, 181, 209, 218, 260

Ludovici, Albert 阿尔伯特·卢多维奇, 153

Ludovici, Anthony 安东尼·卢多维奇, 153–55

Luke, Book of《路加福音》, 155

Luxembourg Gardens 卢森堡公园, 9, 91, 95, 127

Macke, August 奥古斯特·麦克, 166

Mackensen, Fritz 弗里茨·麦肯森, 56, 63

Mahler, Alma 阿尔玛·马勒, 146

Mahler, Gustav 古斯塔夫·马勒, 128, 146

Maillol, Aristide 阿里斯蒂德·马约尔, 167–68, 218

Major Barbara(Shaw)《芭芭拉少校》(萧伯纳), 139

Mâle, Émile 埃米尔·马勒, 245

Manet, Édouard 爱德华·马奈, 33, 74, 176

Mann, Thomas 托马斯·曼, 204

Mannheim, Germany 德国, 曼海姆, 240

Man with the Broken Nose(Rodin)《塌鼻人》(罗丹), 32–34, 36, 54

Marc, Franz 弗朗兹·马尔克, 166

Marne, Battle of the (1914) 马恩河战役(1914年), 249

Mary Magdalene 抹大拉的玛丽亚, 103

Mastbaum, Jules 朱尔斯·马斯特鲍姆, 171

Matin, Le《晨报》, 225

Matisse, Henri 亨利·马蒂斯, 166, 172–75, 179

Ballet Russes and 俄国芭蕾舞团与, 225

Hôtel Biron and 比隆宅邸与, 172—75, 214

Rodin and 罗丹与, 168—69, 172

Max, Édouard de 爱德华·德·马克斯, 175, 195—96, 214, 226

McLaren, Ottilie 奥蒂莉·麦克拉伦, 55

Medici, Lorenzo de 洛伦佐·德·美第奇, 36

Medici Chapel 美第奇礼拜堂, 36

Meier-Graefe, Julius 朱利叶斯·迈耶-格雷夫, 74

Mendès, Catulle 卡图勒·门德斯, 196

"Metropolis and Mental Life, The" (Simmel)《大都会与精神生活》(齐美尔), 122

Metropolitan Museum of Art 大都会博物馆, 41, 151, 167, 170—71, 214

Meudon, France 法国, 默东, 83—90, 91, 106—7, 126—37, 138—43, 150—55, 186, 190, 191, 200—201, 207, 208, 227, 240, 244, 245—47, 248, 249, 252, 253

Michelangelo Buonarroti 米开朗琪罗·博纳罗蒂, 9, 36—37, 38, 42, 62, 95, 123, 209, 254

Michelet, Jules 儒勒·米什莱, 121

Mirbeau, Octave 奥克塔夫·米尔博, 44

mirroring 镜像(心理学理论), 216

Misérables, Les (Hugo)《悲惨世界》(雨果), 4

Mitsou (Balthus)《米苏》(巴尔蒂斯), 257—58, 259, 263

Modersohn, Mathilde 玛蒂尔德·莫德松, 187, 188

Modersohn, Otto 奥托·莫德松, 63, 67, 68—69, 70, 72, 74, 104—5, 106, 107, 118, 124—25, 155, 157, 177, 188

Modersohn-Becker, Paula 保拉·莫德松-贝克尔, 参见 Becker, Paula

Modigliani, Amedeo 阿梅代奥·莫迪利亚尼, 168

Mona Lisa (Leonardo da Vinci)《蒙娜丽莎》(列奥纳多·达·芬奇), 218

Monet, Claude 克劳德·莫奈, 4, 33, 44, 57, 84, 163, 191, 224

Mont Sainte-Victoire (Provence, France) 圣维克多山(法国,普罗旺斯), 181

Monument to Balzac (Rodin)《巴尔扎克》(罗丹), 51—54, 52, 61, 141, 192, 201

Moore, George 乔治·摩尔, 54

Morice, Charles 夏尔·莫里斯, 129, 244—45
Moulin Rouge cabaret 红磨坊卡巴莱, 56, 190
Munich, Germany 德国,慕尼黑, 99, 100, 165
  Rilke and 里尔克与, 20, 24, 26, 28, 80, 233, 235, 247, 248, 251, 254, 255
  Westhoff and 韦斯特霍夫与, 56, 221, 238, 240—41
Munich, University of 慕尼黑大学, 20, 24, 28
Munich Secession (1892) 慕尼黑分离派(1892年), 20
muscular empathy "肌肉共情", 22
Musée Rodin 罗丹博物馆, 48, 254
Muslims, Islam 伊斯兰教,穆斯林, 220
Muther, Richard 理查德·穆瑟, 74, 106
Muzot chateau (Switzerland) 穆佐城堡(瑞士), 256—63, 261

Nádherný, Sidonie 西多妮·纳德尼, 241
Napoleon III, Emperor of France 拿破仑三世,法国皇帝, 5
narcissism 自恋(心理学理论), 216
"Narcissus" (Rilke)《纳西索斯》(里尔克), 259
Nast, Condé 康泰·纳仕, 149
Nausea (Sartre)《厌恶》(萨特), 219
neurology 神经病学, 50
New Poems (Rilke)《新诗集》(里尔克), 102, 158, 185, 190, 191, 192, 198—99, 200, 201, 209, 224, 239
New York Press《纽约周报》, 170
New York Review of Books《纽约书评》, 102
New York Times《纽约时报》, 229
Niels Lyhne (Jacobsen)《尼尔斯·伦奈》(雅科布森), 24, 98, 111
Nietzsche, Friedrich 弗里德里希·尼采, 20, 103, 154, 209, 219, 259
  Andreas-Salomé and 安德烈亚斯-莎乐美与, 24—25, 25
Nietzsche Archive (Weimar, Germany) 尼采档案馆(德国,魏玛), 219
Nijinsky, Vaslav 瓦斯拉夫·尼金斯基, 218, 225, 226
Noailles, Anna de 安娜·德·诺阿耶伯爵夫人, 203—4
Nordau, Max 马克思·诺尔道, 50, 138
Notebooks of Malte Laurids Brigge, The (Rilke)《马尔特手记》(里尔

克),118,119,121,122,161,183,185,197,200,201－2,209,215－17,219－20,224

"Notes of a Painter"(Matisse)《画家手记》(马蒂斯),214

Notre Dame Cathedral 巴黎圣母院,93,133,134,135,176

Nouvelle Revue Française, Le《法国新评论》,218,219

"One O'clock in the Morning"(Baudelaire)《凌晨一点钟》(波德莱尔),96

"On Transience"(Freud)《论无常》(弗洛伊德),235－36,237

Osbach, Joseph 约瑟夫·奥斯巴赫,39

Panthéon(Paris, France)先贤祠(法国,巴黎),135－36,138,141,151,152

"Panther, The"(Rilke)《豹》(里尔克),101－2,103

Paolo 保罗,40

Paris, France 法国,巴黎:

 Bagatelle Palace in 巴加泰尔宫,176

 Balthus and 巴尔蒂斯与,259－60

 Becker and 贝克尔与,56－57,59,62,105－7,155－59,177

 Champs Élysées in 香榭丽舍大道,60,196

 Eiffel Tower in 埃菲尔铁塔,60,60

 Galerie Bernheim-Jeune in 小伯恩海姆画廊,176,183－84

 Haussmann's redesign of 豪斯曼改造,5－6,34

 horse fair in 马市,13

 Hôtel Biron in 比隆宅邸,170－71,172－75,173,190,191－208,213－15,217,223－30,237,245,248,250,252,254

 Hôtel du Quai Voltaire in 伏尔泰河岸旅店,176－77

 Jardin des Plantes in 巴黎植物园,13,32,49,99,176－77

 Klossowska and 克洛索夫斯卡与,256

 Larue's nightclub in 拉吕餐厅的夜间聚会,218

 Louvre in 卢浮宫,7,36,92,93,102,127,181,209,218,260

 Marble Depot in 大理石仓库,38,39,81

 Métro subway in 巴黎地铁,60

 Montmartre in 蒙马特,56,80,191

 Montparnasse in 蒙帕纳斯,56,189

Moulin Rouge in 红磨坊，56，190

Musée Rodin in 罗丹博物馆，254

Notre Dame Cathedral in 巴黎圣母院，93，133，134，135，176

Panthéon in 先贤祠，135—36，138，141，151，152

Pont Alexandre III in 亚历山大三世，60

Revolution of 1848 and 1848年法国革命与，4—5

Rilke and 里尔克与，viii，79—81，88，92—94，114—15，116，127，155—60，161—62，176—84，187，189—205，209，213—15，217，218—20，223—24，239—41，245—48，254，256

Rodin's academy in 罗丹学院，54—55，56

Rodin's studio in 罗丹的工作室，32—35，38—40，42，45，58，81—83，100，106，129，139，144—50

Rodin's withdrawal from 罗丹在战时离开巴黎，242

Salon d'Automne in 秋季沙龙，166，174，179—82，183，187

Salpêtrière in 硝石库精神病院，49—50

Trocadéro Museum in 特罗卡德罗民族志艺术博物馆，164，166—67

Villa Montmorency in 蒙莫朗西别墅，218

Westhoff and 韦斯特霍夫与，55，56—59，62，97—98，104—7，111，112，114，124，175，190，191，240，254

World's Fair (1878) in 世界博览会(1878年)，164

World's Fair (1900) in 世界博览会(1900年)，58—62，60，63，86，128，153

World War I and 第一次世界大战与巴黎，248—49

Paris Album (Cocteau)《巴黎专辑》(科克托)，197

Paris Opera 巴黎歌剧院，33

Paris Salon 巴黎沙龙，13—14，33，34，36，37

Paris Spleen (Baudelaire)《巴黎的忧郁》(波德莱尔)，96

Paris Uprising (1832) 巴黎共和党人起义(1832年)，4

Paris Zoo 巴黎动物园，99，100

Parliament, British 英国议会，249

Parthenon 帕特农神庙，244

Pasternak, Boris 鲍里斯·帕斯捷尔纳克，28

Péladan, Joséphin 约瑟芬·佩拉丹，138

Personal Reminiscences of Auguste Rodin (Ludovici)《关于奥古斯特·罗丹的回忆》, 153

Petrarch 彼特拉克, 204

phenomenology 现象学, 21

Philadelphia, Pa., Rodin Museum in 费城罗丹博物馆, 171

Picasso, Pablo 巴勃罗·毕加索, 80, 166—67, 172, 180, 190, 225, 251

Piper, Reinhard 莱因哈德·派珀, 165

Plato 柏拉图, 132

Poincaré, Raymond 雷蒙德·庞加莱, 224, 226

Postimpressionists 后印象派, 258

Pound, Ezra 艾兹拉·庞德, 102

Poussin, Nicolas 尼古拉·普桑, 260

Prague, Bohemia 波希米亚,布拉格, 17, 19—20, 73, 74, 104, 137—38, 184—85, 223

Prayer (Rodin)《跪祷者》(罗丹), 159

Prodigal Son, The (Rodin)《浪子》(罗丹), 159

Prodigal Son parable 关于浪子的寓言, 155, 158—59, 202—3, 209, 215—16

Profound Thought (Claudel)《深思》(克洛岱尔), 61

Proust, Marcel 马塞尔·普鲁斯特, 22, 53

Provence, France 法国,普罗旺斯, 181, 201

Puvis de Chavannes 普维斯·德·夏凡纳, 50—51, 242, 253

psychoanalysis 精神分析学, 21, 23, 50, 145, 216, 221, 233—36, 237—39

Psychoanalytic Congress 精神分析大会, 233

psychology 心理学, 21, 23, 49—51, 59, 117, 216

Pulitzer, Joseph 约瑟夫·普利策, 128

Pygmalion (Shaw)《皮格马利翁》(萧伯纳), 140

Pygmalion and Galatea (Rodin)《皮格马利翁和加拉泰亚》(罗丹), 171

Raphael 拉斐尔, 9

Redon, Odilon 奥迪隆·雷东, 4

Red Rider, The (Kappus)《红骑士》(卡普斯), 212

Rée, Paul 保罗·雷, 24—26, 25

Reims cathedral 兰斯主教座堂，243—44，249—50，249

Rembrandt van Rijn 伦勃朗·梵·莱因，7

Renaissance 文艺复兴，24，123，164

Renoir, Pierre Auguste 皮埃尔·奥古斯特·雷诺阿，6，33，61，182，242，245

"Requiem to a Friend"（Rilke）《给一位朋友的安魂曲》（里尔克），197—98，200，202

"Return of the Prodigal Son, The"（Gide）《浪子归来》（纪德），202—3，219

 Rilke and 里尔克与，218—19

Revolution of 1848　1848年法国革命，4—5

Riegl, Alois 阿洛伊斯·李格尔，22，23，100

Rilke, Jaroslav von 雅罗斯拉夫·冯·里尔克，19

Rilke, Josef 约瑟夫·里尔克，16—17，73，137—38，262

Rilke, Rainer Maria 莱纳·马利亚·里尔克，vii—viii，80

 Africa and 非洲与，220—21

 Andreas-Salomé and 安德烈亚斯-莎乐美与，24，26—31，64，69，114—18，122，123，126，129，137，156，160—61，165，200—201，204，216，220，221，237—39，240，247，248

 animals and 动物与，99—102

 Apollo statue and 阿波罗雕像与，209—11

 Balthus and 巴尔蒂斯与，257—58，257，259—60，263

 Becker and 贝克尔与，65—67，69，72，105—7，111，155—58，176，177—78，187

 Becker's death and 贝克尔之死与，189，193，197—98，206

 Becker's portrait of 贝克尔为他画的肖像，157—58，157

 Berlin and 柏林与，28，29，31，124，160，217

 Beuret and 伯雷与，84，85—86，88，132—34，133，162

 birth of 他的出生，15

 Cézanne and 塞尚与，179—83

 Chartres cathedral and 沙特尔主教座堂与，134—35，158，184

 childhood and youth of 他的童年和少年时期，15—19，16

 Cocteau and 科克托与，197，198

 daughter of 他的女儿，70—71，73

death as concern of 他对死亡的思考，235，262

death of 他的死亡，262－63

dreams and 他的梦，15，114，239

early writings of 他的早期写作，18，19

education and 他的教育，17－19，20，24，28，103，104

European wandering and 他的欧洲游历，119－26

family and 家人与，69－70，71，72－73，74，134，160－61，189

father's death and 父亲的去世与，137－38，262

Freud and 弗洛伊德与，233，234－36，237

Gide and 纪德与，218－19，259

given name and 他的名字，15，251，256

health issues and 他的健康问题，18，107，111，114，116，120，189，201－2，206，238，262

"Homeric elders" of 他的"荷马式前辈"，182

Hôtel Biron and 比隆宅邸与，191－208，215，223，237

inseeing and "入视"与，99－100，218

Italy and 意大利与，111－14，189，217，236－39

Kappus and 卡普斯与，viii，103－4，108－10，112，113，119－20，121，122，211－12，216

Klossowska and 克洛索夫斯卡与，256－57，257，259，260，262

languages and 语言与，17，28，111－12，255－56

letters to Rodin by 他写给罗丹的信，90－91，156，184，190，192，199，240

letters to Westhoff by 他写给韦斯特霍夫的信，69，83，88，90，125，156，160－61，178，181，182，183，185－86，187，193－94，208－9，221，254

letter writing habit and 他写信的习惯，109

Louvre and 卢浮宫与，93，181，209，218

love and 爱与，121－22，192

manners and 他的举止，204

marriage mythology and 婚姻的神话与，72

medicine and 药物与，220

Mediterranean trip and 他的地中海之旅，111－14

Munich and 慕尼黑与，20，24，26，28，80，233，235，247，248，

251，254，255

name change and 改名，28

naming of 父母为他取名，15

Nietzsche and 尼采与，209

Nijinsky and 尼金斯基与，225

Paris and 巴黎与，viii，79－81，88，92－94，114－15，116，127，155－60，161－62，176－84，187，189－205，209，213－15，217，218－20，223－24，239－41，245－48，254，256

Provence and 普罗旺斯与，201

psychoanalysis and 精神分析与，237－39

readings and lectures by 他的公开朗读与演讲，65，137，184－85，186－87，189，256

Rodin compared to 他与罗丹的对比，viii－ix

Rodin as inspiration to 罗丹对他的启发，112，182

Rodin monograph and 关于罗丹的专论，74－76，92，95－97，98，104，106，107，113－14，115，125，154－55，185，210，240，256

Rodin's death and 罗丹的去世与，253－54

Rodin's final break with 与罗丹最后一次决裂，240－41，242－45

Rodin's first meeting with 与罗丹的第一次会面，81－83

Rodin's *Kiss* and 罗丹的《吻》与，75

Rodin's letters to 罗丹给他的信，185，186，190

Rodin's *Man with the Broken Nose* and 罗丹的《塌鼻人》与，33

Rodin's Meudon villa and studio and 罗丹在默东的房子与，83－90，91，127－37，138－43，150－52，207，208，240，245－47

Rodin's reconciliation with 罗丹与他和解，190，191－93，208

Rodin's secretaryship and 担任罗丹的秘书，129－32，134，136－37，150－52，156，190

Rodin's *Thinker* and 罗丹的《思想者》与，41，75

self-study course of 自学课程，121－22

Shaw and 萧伯纳与，141，151，152

Simmel and 齐美尔与，23，122－23，124，125，126

sister and 姐姐与，15，217

Switzerland and 瑞士与，256－63，257，261

Thurn und Taxis and 图恩和塔克西斯公主与, 203—5, 208, 217, 223, 224, 237, 238, 251

Tolstoy and 托尔斯泰与, 28—29, 64, 84, 106, 182, 202

"Visions of Christ" cycle and《基督异象》组诗, 26

Vogeler collaboration and 与沃格勒的合作, 64

Westerwede and 韦斯特尔韦德与, 70, 70

Westhoff courted by 追求韦斯特霍夫, 65—68

Westhoff's divorce from 与韦斯特霍夫的离婚, 221—22

Westhoff's engagement to 与韦斯特霍夫订婚, 68—69

Westhoff's marriage to 与韦斯特霍夫结婚, 70, 70, 160—61, 162, 176, 189, 217, 221—22

windows and 窗的意象与, 260

women and 女性与, ix, 192—93

"worldinnerspace" and "世界内在空间"与, 260—61

World War I and 第一次世界大战与, 247—48, 250—52, 255

Worpswede and 沃普斯韦德与, 64—70, 71, 74, 94, 114, 118—19, 120, 126

Rilke, Ruth 露丝·里尔克, 70—71, 73, 109, 119, 124, 134, 160, 175, 221, 248, 258—59, 262

Rilke, Sophia 索菲亚·里尔克, 15—17, 185

Rodin, Auguste 奥古斯特·罗丹, 11, 80, 243, 257

abstract art and 抽象艺术与, 126, 163—69

American art market and 美国艺术市场与, 170—71

animals and 动物与, 98—99, 100—101

antiquities and 古董与, 169

Barye and 巴里与, 13—14, 98—99, 101

Becker and 贝克尔与, 106—7

Beuret and 伯雷与, 34—36, 37, 38, 44, 45—46, 84, 85—86, 88, 132—34, 133, 153, 227—28, 229, 230, 246, 249, 250, 252

birth of 他的出世, 4

Cambodian drawings by 他的柬埔寨绘画, 183—84, 185, 220

Cathédral Saint-Pierre and 圣彼得主教座堂与, 3—4

cathedral visits and 他的大教堂拜访之旅, 132—35, 242—45

Cézanne and 塞尚与, 44—45, 169, 182

Chartres cathedral and 沙特尔主教座堂与，134－35，184，243

Choiseul and 舒瓦瑟尔与，148－50，150，169－71，194－95，213，226，227－29

Claudel and 克洛岱尔与，42－44，45－48，51，61，84，148，149，228

Coburn's photograph of 科本为他拍摄的肖像照，142，143

death of 他的死亡，253－54

despotic behavior and 他的专制的行为，151－52，153

Duncan and 邓肯与，147－48

education of 他的教育，3－10，13，32，36，55，88，136

England and 英国与，54－55

English exile and 流亡英国，249－50

fabrication and manufacturing of works of 他的作品的生产，153，171，207

fear of death and 他对死亡的恐惧，207，237，262

female models and 女模特与，144－46

Fourquet and 福尔盖，9

Gates of Hell project of《地狱之门》，38－42，39，43，51，61，87，113

Gregorian chants and 格里高利圣咏，195

hands as specialty of 他对塑造手的钟爱，87

health issues of 健康问题，137，139，230，237，253

Hôtel Biron and 比隆宅邸与，194－95，198，206－8，213－15，217，223－30，245，248，252，254

human form and 人体与，9，12－14，34，36

Italy and 意大利与，36－37，38，95，250

Kiss and《吻》与，viii，8，44，61，75，82，171

Lecoq and 勒考克，6－8，36，55，88

letters to Rilke from 给里尔克的信，185，186，190

Letters to a Young Poet and《给青年诗人的信》与，viii，110，112，120，212

literature and 文学与，74－75

Louvre and 卢浮宫与，7，36，92，102，127

Ludovici and 卢多维奇与，153－55

Man with the Broken Nose of 他的《塌鼻人》，32－34，36，54

Matisse and 马蒂斯与，168－69，172

Metropolitan Museum and 大都会博物馆与，41，170－71，214

Meudon villa and studio of 默东的房子和工作室，83－90，91，106－7，126－37，138－43，150－55，186，190，191，200－201，207，208，227，240，244，245－47，248，249，252，253

Monument to Balzac of 他的《巴尔扎克》雕像，51－54，52，61，141，192，201

nature and 自然与，11－12，89，230

nude drawings of 裸体画，145，146，169，170，223，225

Paris studio of 巴黎工作室与，32－35，38－40，42，45，58，81－83，100，106，129，139，144－50

Paris World's Fair and 巴黎世界博览会，58－62，86，128，153

Prague and Secession exhibitions and 布拉格、分离派展览与，74

press and 媒体与，225－26

Reims cathedral and 兰斯主教座堂与，243－44，249－50

Renoir and 雷诺阿与，242，245

Rilke compared to 与里尔克的对比，viii－ix

Rilke's final break with 与里尔克最后一次决裂，240－41，242－45

Rilke's first meeting with 与里尔克第一次见面，81－83

Rilke's letters to 里尔克写给他的信，90－91，156，184，190，192，199，240

Rilke's monograph on 里尔克关于他的专论，74－76，92，95－97，98，104，106，107，113－14，115，125，154－55，185，210，240，256

Rilke's *New Poems* and 里尔克的《新诗集》，199

Rilke's reconciliation with 里尔克与他和解，190，191－93，208

Rilke's secretaryship and 里尔克为他作秘书，129－32，134，136－37，150－52，156，190

Rodin museum proposal and 他关于博物馆的提议，213－14，217，223，224－26

sexuality and 性与，145－48，169－70

Shaw and 萧伯纳与，139－43，143，151，152

Simmel and 齐美尔与, 124, 145, 146, 164

Simon and 西蒙与, 11—12

son of 他的儿子, 参见 Beuret, August-Eugène

Spanish trip and 西班牙之旅与, 126, 167

style developed by 他发展出自己的风格, 8, 14

success and 他的成功, 127—28, 136, 153, 171

"Sultan of Meudon" nickname and 人们对他的戏称"默东的苏丹", 146

surmoulage charge and 对他进行"包覆成型"操作的指控, 37—38

tactile intelligence and 他灵敏的触觉, 6

teaching and 他的教学, 54—55, 56, 58, 59

Thinker and《思想者》与, viii, 36, 40—41, 61, 75, 135—36, 138, 141, 151, 152, 243, 252

tomb of 他的墓, 253

trade sculpting work and 作为雕塑工匠, 10—12, 32, 35

Varèse and 瓦雷兹与, 126—27

vision problems and 视力问题, 6—7

Westhoff and 韦斯特霍夫与, 58, 75, 114, 125, 175, 191, 240, 246

women and 女性与, ix, 44, 97, 144—50, 153, 169—70, 192—93, 206, 207, 229—30

work as ideal of 以工作为理想, 85, 93, 106, 107, 199, 207, 211, 246, 247

working style of 工作风格, 91—92

World War I and 第一次世界大战与, 248—50

Zola's falling out with 左拉与他不和, 53—54

Rodin, Jean-Baptiste 让-巴蒂斯特·罗丹, 4—5, 10

Rodin, Marie 玛利·罗丹, 5

Rodin Museum (Philadelphia, Pa.) 罗丹博物馆(费城), 171

"Rodin's Work as an Expression of the Modern Spirit" (Simmel)《论罗丹作品对现代精神的表达》(齐美尔), 123

Roman Catholic Church 罗马天主教会, 221—22

Romanelli, Mimi 咪咪·罗曼内利, 189

Romantic movement 浪漫主义运动, 216

Rome, Italy 意大利,罗马, 36, 250

Rostand, Edmond 埃德蒙·罗斯坦, 196

Rostand, Maurice 莫里斯·罗斯坦, 196

Rothenstein, William 威廉·罗森斯坦, 54, 151, 152

Rougon-Macquart novels (Zola)《卢贡-马卡尔家族》系列小说(左拉), 51

Rousseau, Henri 亨利·卢梭, 99

Rousseau, Jean-Jacques 让-雅克·卢梭, 135

Royal Court Theatre 伦敦皇家宫廷剧院, 139

Rubens, Peter Paul 彼得·保罗·鲁本斯, 7

Russian Empire 俄罗斯帝国, 28, 248

Ryan, Thomas Fortune 托马斯·福琼·瑞安, 170

Rysselberghe, Théo Van 泰奥·范·里塞尔伯格, 219

Sacré-Cœur school 圣心女子学校, 173

Sade, Marquis de 萨德侯爵, 259

St. Denis, Ruth 露丝·圣·丹尼斯, 146

St. John the Baptist (Rodin)《施洗者圣约翰》(罗丹), 169

St. Pölten military academy 圣珀尔滕军事学院, 17—19, 103, 104

Salomé, Lou 露·莎乐美, 参见 Andreas-Salomé, Lou

Salon d'Automne 秋季沙龙, 166, 174, 179—82, 183, 187

Salon de la Société Nationale 法国国家美术协会沙龙, 51—52

Salon des Refusés 落选者沙龙, 33

Salpêtrière (Paris hospital) 硝石库精神病院(巴黎), 49—50

Sartre, Jean-Paul 让-保罗·萨特, 219

Saturday Review《星期六评论》, 139

Schaer, Alfred 阿尔弗雷德·谢尔, 190

Schéhérazade《山鲁佐德》, 196

Schiele, Egon 埃贡·席勒, 145

Schiller, Friedrich 弗里德里希·席勒, 17, 103

Schröder, Martha 玛莎·施罗德, 70

Seagull, The (Chekhov)《海鸥》(契诃夫), 64

Secession Exhibition (Vienna, 1902) 分离派展览(维也纳,1902), 74

"Self-Portrait from the Year 1906" (Rilke)《1906年的自画像》(里尔克), 156

Serbia 塞尔维亚, 248

Serf, *The* (Matisse)《农奴》(马蒂斯), 169

Seurat, Georges 乔治·修拉, 6

Shakespeare and Company 莎士比亚书店, 213

Shaw, George Bernard 萧伯纳, 139–43, 143, 151, 152

Sieber, Carl 卡尔·西伯, 109, 259

Simmel, Georg 格奥尔格·齐美尔, 23, 122–23, 124, 125, 126, 145, 146, 164, 165

Simon, Constant 康斯坦特·西蒙, 11–12

Sistine Chapel 西斯廷礼拜堂, 36

Society of Men of Letters 法国文人作家协会, 45, 141

Socrates 苏格拉底, 132

Sonnets to Orpheus (Rilke)《致俄耳甫斯的十四行诗》(里尔克), 258

Sorbonne 索邦大学, 80

Spain, Rodin and 西班牙, 罗丹与西班牙, 126, 167

Steichen, Edward 爱德华·斯泰肯, 41, 52, 61, 142, 169–70

Stieglitz, Alfred 阿尔弗雷德·施蒂格利茨, 170

Stein, Gertrude 格特鲁德·斯坦因, 172

Stein, Leo 利奥·斯坦因, 180

Strait is the Gate (Gide)《窄门》(纪德), 202

surmoulage 包覆成型, 37–38

Switzerland, Rilke and 瑞士, 里尔克与瑞士, 256–63, 257, 261

Symbolists 象征主义者, 93, 244

Tardieu, Charles 夏尔·塔尔迪厄, 37

Tellegen, Lou 洛乌·特勒根, 152

Théâtre de la Gaîté 欢乐剧院, 34

Thinker, *The* (Rodin)《思想者》(罗丹), viii, 36, 40–41, 61, 75, 135–36, 138, 141, 151, 152, 243, 252

    Panthéon installation of 将之安放在先贤祠, 135–36, 138, 141, 151, 152

Three Essays on the Theory of Sexuality (Freud)《性学三论》(弗洛伊德), 145

Thurn und Taxis, Marie von 玛丽·冯·图恩和塔克西斯公主, 203–5,

208，217，223，224，237，238，251

Thus Spoke Zarathustra（Nietzsche）《查拉图斯特拉如是说》（尼采），25，209

Thyssen-Bornemisza, Heinrich 海因里希·蒂森 - 博内米萨男爵，151

Timișoara, Romania 蒂米什瓦拉，104

Tirel, Marcelle 马塞尔·蒂雷尔，228，252

Titchener, Edward 爱德华·铁钦纳，22

Titian 提香，7，206

Tolstoy, Leo 列夫·托尔斯泰，28—29，64，84，106，182，202

Tolstoy, Sophia 索菲亚·托尔斯泰，29

Torso of Belvedere（Apollonios）《贝尔维德雷躯干》（阿波罗尼奥斯），40，209

Toulouse-Lautrec, Henri de 亨利·德·图卢兹 - 劳特累克，163，191

Trakl, Georg 奥尔格·特拉克尔，250

Trocadéro Museum 特罗卡德罗民族志艺术博物馆，164，166—67

Tunisia, Rilke and 突尼斯，里尔克与，220—21

"Turning"（Rilke）《转折点》（里尔克），247

Turquet, Edmond 埃德蒙·图尔盖，38

Ugolino 乌戈利诺，40

Valerie（Rilke girlfriend） 瓦莱丽（里尔克的女朋友），19

Valéry, Paul 保罗·瓦莱里，53，93

Varèse, Edgard 埃德加·瓦雷兹，126—27，129

Velde, Henry van de 亨利·范·德·维尔德，219

Venice Biennale（1902） 威尼斯双年展（1902年），97

Venus de Milo《米洛的维纳斯》，92，93

Versailles, Château de 凡尔赛宫，132

Viareggio, Italy 意大利，维亚雷焦，111—14

Victoria and Albert Museum 维多利亚和阿尔伯特博物馆，250

Villa des Brillants（Rodin villa） 布里昂宅邸（罗丹的家），83—90，91，106—7

Villa Montmorency (Paris, France) 蒙莫朗西宅邸(法国,巴黎), 218

Vischer, Robert 罗伯特·费肖尔, 22

Vision of St. John, The (Greco)《圣约翰的幻象》(格列柯), 167

"Visions of Christ" cycle (Rilke)《基督异象》组诗(里尔克), 26

Vlaminck, Maurice de 莫里斯·德·弗拉明克, 179

Vogeler, Heinrich 海因里希·沃格勒, 63−64, 70, 114, 118

Vogue《时尚》杂志, 149

Voltaire 伏尔泰, 135

Wagner, Richard 理查德·瓦格纳, 176

Wagner, Siegfried 齐格弗里德·瓦格纳, 24

Walking Man, The (Rodin)《行走的人》(罗丹), 61, 169, 194

Wassermann, Jakob 雅各布·瓦瑟曼, 24, 26

Weber, Max 马克斯·韦伯, 172

Weber, Nicholas Fox 尼古拉斯·福克斯·韦伯, 260

Weimar, Germany, Nietzsche Archive in 尼采档案馆,德国,魏玛, 219

weltinnenraum ("worldinnerspace") "世界内在空间", 260−61

Westerwede, Germany 德国,韦斯特尔韦德, 70

Westhoff, Clara 克拉拉·韦斯特霍夫, 131, 134

  Andreas-Salomé and 安德烈亚斯-莎乐美与, 69, 123−24, 137, 160−61, 200−201

  Becker's childbirth and 贝克尔的分娩与, 187

  Becker's death and 贝克尔之死与, 188

  Becker's estrangement from 贝克尔与她的疏远, 68−69, 71−72

  Egypt and 埃及与, 161−62, 177, 220

  father's death and 她父亲的去世, 127

  Munich and 慕尼黑与, 56, 221, 238, 240−41

  Paris and 巴黎与, 55, 56−59, 62, 97−98, 104−7, 111, 112, 114, 124, 175, 190, 191, 240, 254

  psychoanalysis and 精神分析与, 221, 238

  Rilke's courtship of 里尔克对她的追求, 65−69

Rilke's divorce from 里尔克与她离婚, 221—22

Rilke's letters to 里尔克给她的信, 63, 69, 83, 88, 90, 125, 156, 160—61, 178, 181, 182, 183, 185—86, 187, 193—94, 208—9, 221, 254

Rilke's marriage to 里尔克与她结婚, 70, 70, 160—61, 162, 176, 189, 217, 221—22

Rilke's posthumous works and 里尔克去世后出版的作品与, 109

Rilke's "Requiem to a Friend" and 里尔克的《给一位朋友的安魂曲》与, 198

Rilke's Rodin monograph and 里尔克关于罗丹的专论与, 74, 113—14

Rodin and 罗丹与, 58, 75, 114, 125, 175, 191, 240, 246

Rodin's death and 罗丹的去世与, 253

Worpswede and 沃普斯韦德与, 56, 57, 64—75, 73, 118—19, 124, 177, 178, 187, 188, 217

Wharton, Edith 伊迪丝·沃顿, 150

When We Dead Awaken (Ibsen)《当我们死人醒来时》(易卜生), 48

Whitney, Gertrude Vanderbilt 格特鲁德·范德比尔特·惠特尼, 150

Whitney, Sarah 莎拉·惠特尼, 55

"Why Sculpture Is Boring" (Baudelaire)《雕塑为什么无聊》(波德莱尔), 33

Wilde, Oscar 奥斯卡·王尔德, 61, 141, 176, 214

Wilhelm II, Emperor of Germany 德意志皇帝威廉二世, 250

Windows (Rilke)《窗》(里尔克), 260

Winged Victory of Samothrace《萨莫色雷斯的胜利女神》, 93

Wittgenstein, Ludwig 路德维希·维特根斯坦, 251

Wolff, Kurt 库尔特·沃尔夫, 258

Woman with a Hat (Matisse)《戴帽子的女人》(马蒂斯), 214

World of Art《艺术世界》, 64

"worldinnerspace" (*weltinnenraum*) "世界内在空间", 260—61

World's Fair (1878) 世界博览会(1878年), 164

World's Fair (1900) 世界博览会(1900年), 58—62, 60, 63, 86,

128, 153
World War I 第一次世界大战, 212, 236, 247—52, 249, 254, 255
Worpswede, Germany 德国, 沃普斯韦德, 62, 63—70, 106
    Becker and 贝克尔与, 56, 57, 64—67, 71—72, 105, 125—26, 155, 187—88
    Kalckreuth and 卡尔克罗伊特与, 198
    Rilke and 里尔克与, 64—70, 71, 74, 94, 114, 118—19, 120, 126
    Rilke's monograph on artists in 里尔克关于沃普斯韦德艺术家们的专论, 70, 74, 118—19
    Westhoff and 韦斯特霍夫与, 56, 57, 64—75, 73, 118—19, 124, 177, 178, 187, 188, 217
Worringer, Wilhelm 威廉·沃林格, 23, 163—66, 259
Wright, H. T. Tobias A. 托比亚斯·A. 怀特, 113
Wundt, Wilhelm 威廉·冯特, 21

Yeats, William Butler 威廉·巴特勒·叶芝, 145
Young, Ella 艾拉·扬, 145

Zola, Émile 埃米尔·左拉, 4, 45, 51, 52, 53—54, 135
Zuloaga, Ignacio 伊格纳西奥·祖洛阿加, 97, 107, 121, 126, 167
Zweig, Stefan 斯蒂芬·茨威格, 28, 45, 103, 119